NEW ERA

保育原理

実践を支える保育のこころ

近藤幹生・倉田　新　編著

石井章仁・猪熊弘子・大内善広・小谷宜路
内藤知美・野村明洋・広瀬美和・源　証香

ななみ書房

プロローグ

― 保育のこころと哲学 ―

保育や子育ての実際は

　保育という営み，あるいは子育て（子どもを育てること）は，いつの時代も行われてきた。では，保育や子育てにおいて，肝心なことは何かと問われたとき，どのように応えるかを考えてほしい。

　保育するとは，専門家である保育者により子どもを預かる行為である。しかし，預かればよいのかというと，そう簡単ではない。保育者には，一人一人の子どもの成長・発達を保障することが求められる。では，成長・発達を保障するとは，どのようなことだろうか。保育の場において，子どもたちは，仲間たちと遊び，生活をしていく。そして，食事・排泄・衣服の着脱など，基本的な生活習慣の自立を獲得していく。心身が育っていくことであり，保育者により，年齢に応じた発達が促されていくことである。こうして，乳幼児期において，心と体が形成されていき，一人一人，人間としての基礎が築かれていくのである。保育の営みは，生涯の土台になっていくのである。

　また，保育者が子どもを預かることにより，親は就労することができる。したがって，保育とは，親が就労するためには，不可欠な行為である。保育する時間は，原則 8 時間だが，不足する場合がある。実際には，11 〜 12 時間開所されていて，長時間の保育が行われている。親の勤め先への通勤時間なども加味しなければならないからである。このように，保育という営みは，保育の対象である子ども，そして親の就労状況の課題を視野におき行われることは理解できただろうか。

　では，主として家庭における営みとして，子育てということを考えた場合，どのような課題があるのだろうか。両親が，共に労働に従事している時間は，保育者による保育に委ねているが，家庭においても，子どもの日常生活が行われている。もちろん，保育の場に預けずに，家庭で子育てをしている方々もいる。自治体や保育施設により，子育て支援の取り組みなどが，多彩に実施され，親子が利用している。子育て支援の内容には，育児不安への相談対応，遊びの場の開催，育児サークルなど多彩である。また，家庭環境には，さまざまな状況がある。母子家庭，父子家庭もあるが，懸命に奮闘している親たちも少なくない。そして，家庭の経済状況についても，子どもの貧困と言われる深刻な問題もある。近年，外国籍の家庭や日本語を母語としない乳幼児，親子も増加してきている。こうしたケースに対応する子育て支援の課

題は，複雑・多岐にわたっている。

　大まかに，保育や子育ての実情や課題を取り上げてみた。では，その際，保育するにあたって，肝心なことは何か。どのように考えられるだろうか。

保育をめぐる人間関係　—保育のこころ，哲学を考えるために—

　保育には，さまざまな人間関係がある。保育者と子ども，親と子ども，子ども同士，保育者と親，親同士，地域の大人たち同士，子どもと地域の人たちなど，保育をめぐっては，いくつもの人間関係が存在している。

　ここで考えてほしいのは，人間関係をつないでいるのが，子どもであるということである。同時に，保育や子育ての対象は，一人一人の子ども・人間だということである。その子ども・人間をどのように考えているのか。この基本的視点を「保育のこころ」，あるいは「哲学」という言葉で表現していきたい。どのような保育の心が大事になるのだろうか。そして，子ども・人間を，どのように観るべきなのか。こうした問いに向き合い，ゆっくりと思考を重ねてほしいのである。

　日本の保育を見つめようとするとき，一人の保育学者・倉橋惣三を紹介しておきたい。倉橋は，戦後に発足した日本保育学会の初代会長であるが，著書『育ての心』において，次のように書いている。

　「子どもらが帰った後」

　子どもが帰った後，その日の保育が済んで，まずほっとするのはひと時。大切なのはそれからである。

　子どもといっしょにいる間は，自分のしていることを反省したり，考えたりする暇はない。子どもの中に入り込みきって，心に一寸の隙間も残らない。ただ一心不乱。

　子どもが帰った後で，朝からのいろいろのことが思いかえされる。われながら，はっと顔の赤くなることもある。しまったと急に冷汗の流れ出ることもある。ああ済まないことをしたと，その子の顔が見えてくることもある。—— 一体保育は…。一体私は …。とまで思い込まれることも屢々である。

　大切なのは此の時である。此の反省を重ねている人だけが，真の保育者になれる。翌日は一歩進んだ保育者として，再び子どもの方へ入り込んで行けるから。

　さあ，どうだろうか。保育者として，子どもに向き合うとき，この記録に

見られるように，自らを振り返る行為に注目すべきであるという。つまり「此の反省を重ねている人だけが，真の保育者になれる。翌日は一歩進んだ保育者として，再び子どもの方に入り込んで行けるから」という。このことを，あなたは，どのように考えるだろうか。

新型コロナウイルス感染症（COVID-19）の猛威のなかで

　さて，21世紀もすでに20年間を経過してきた。2020年はじめ，私たちは未曾有の経験をすることになった。新型コロナウイルス感染症との遭遇である。保育の場・教育の場では，どのような事態がおこったのだろうか。たとえば，以前より注目されてきたが，子どもの虐待や貧困問題などが，さらに浮き彫りにされた面がある。

　そして，この4年間，保育の場では，感染拡大による臨時休園が繰り返された。また，日常的にも，保育実践の場では，さまざまな感染対策が求められてきている。家庭での子育ての日々においても，保育の休止により，親たちの就労は，大きな影響を受けたのである。就労先の状況の急変により経済的困難に見舞われた家庭もある。

　保育の対象である乳幼児にとっては，新型コロナウイルス感染症に罹患した子ども，感染が広がったことをはじめ，他にも課題は山積しており，未だ収束してはいない。こうした中でも，保育者たちは，懸命に職務に向かっているのである。

　以上，ごく一部をふれてきたに過ぎないが，子どもの保育や子育てにおいて，肝心なことは何か。この問いを続ける作業を，保育のこころと哲学と表現してみた。本書で学びを深めながら自ら積極的にチャレンジしてほしい。

近藤幹生

　倉橋惣三について，福元真由美は，以下のように紹介している。「明治期末期から昭和期半ばにかけ，日本における保育の理論，実践，研究の発展を先導した教育者。静岡市に生まれる。東京帝国大学文科大学哲学科に入学して元良勇次郎教授のもとで児童心理学を学んだ（中略）。日本保育学会の創設（1948）に際し初代会長に就任する。1989（平成元）年の「幼稚園教育要領」の改訂では，倉橋の保育思想，理論が継承されつつ，環境を通した教育，自発的な活動としての遊びの重視という保育の基本が示された。著書には『幼稚園雑草』（1926）『日本幼稚園史』（新庄よし子との共著，1934）『育ての心』（1936）『子供讃歌』（1954）などがある。」（秋田喜代美監修『保育学用語辞典』中央法規，308頁より引用）

　コロナ禍での保育所等の新たな課題として，子どもの虐待・貧困問題などが明らかになっている。2021年度の「児童相談所における児童虐待対応件数は」20万7660件で前年度に比べて2616件増（1.3%増）となっている。「子ども虐待による死亡事例等検証結果等について」によると，2020年4月1日から2021年3月31日までに発生または表面化した子ども虐待による死亡事例77人であった。そのうち「心中以外の虐待死」が」49人，「心中による虐待死」が28人で，半数以上が3歳未満児であった（こども家庭庁「令和4年度児童相談所における児童虐待相談対応件数」（速報値））。

も く じ

第6章　多様化する保育ニーズと保育原理

【執筆担当】（執筆順）

近藤幹生：プロローグ，第 1 講，第 2 講，第 3 講，第 6 講，
　　　　　コラム「保育と平和と命」
倉田　新：第 4 講，第 5 講，第 7 講，第 16 講，第 17 講，
　　　　　第 18 講，エピローグ
源　証香：第 8 講
内藤知美：第 9 講
広瀬美和：第 10 講
石井章仁：第 11 講
小谷宜路：第 12 講
野村明洋：第 13 講
猪熊弘子：第 14 講
大内善広：第 15 講

第1章　保育のこころと保育原理

第1講

保育の意義と子どもの最善の利益

1．保育の理念 ── 保育とは何か

　保育は，保育者により行われる意図をもった行為である。保育者と子ども
との相互交流の営みとして行われる。このことをよく考えてみよう。保育と
は，人間が人間を育てる営みで，内容はとても豊かである。保育のあり方は，
制度の制約も受けるし，社会の需要によっても変化する。

　しかし，時代が変化しても，保育を成り立たせている理念には普遍性があ
るといえる。保育の基本的役割とはどのようなことだろうか。端的にいえば，
子どもの成長・発達を保障していくこと，保育を通して親が働くこと，生活
することを支えていくこと，さらには，地域社会の子育てを応援していくこ
とでもある。

　ところで，誰もが子ども時代を経験している。乳幼児期を過ごし，学童期・
青年期を進み成人して社会人となる。乳幼児期は，一人一人の人生のスター
トラインである。しかし，乳幼児期のことが，社会全体の課題になりにくい
のはなぜだろうか。大人からみて，乳幼児期は，遥か遠い過去の出来事にす
ぎないかもしれない。いまさら時間をとって考えてみてもしかたがない。そ
れにその頃の記憶といっても，人により異なるだろうし，あまりはっきりし
ない。あるいは，大人になってから自分の子ども時代を振り返るには，様々
な感情をともなうだろう。乳幼児期が，なかなか社会全体の課題にならない

保育という営み：
近藤幹生『保育とは何か』
（岩波新書，2014）の序
章他を参照されたい。

保育の歴史：
浅井幸子は，保育（early
childhood education and
care）について，以下の
ように説明している。—
「保育」という言葉は，
東京女子師範学校附属
幼稚園の「幼稚園規則」
（1876（明治9）年）に
おいて，用いられた。江
戸時代には，「教育」と
いう語が広く使用される
一方，care に近い言葉
として「養護」や「養育」
が使用されていたが，幼
稚園の成立にあたってつ
くられた新しい言葉が
「保育」であった。その
後「保育」は，幼稚園の
営みを表現する言葉とし
て普及する。幼稚園の法
的な整備は幼稚園保育及
設備規程（1899（明治
32）年）によって行われ，
最初の独立した勅令であ
る幼稚園令（1926（大
正15）年）では，幼稚
園の目的が「幼児ヲ保育
シテ其ノ心身ヲ健全ニ発
達セシメ善良ナル性情ヲ
涵養シ家庭教育ヲ補フ」
と記された。その時期に
託児所は，「保育所」「保
育園」「保育施設」といっ
た名称を付されるように
なる（後略）—秋田喜代
美監修『保育学用語辞
典』中央法規，2019年，
250頁より引用。

表1–1
基本原則
（「保育所保育指針」）

のは，こうした事情もあるだろう。

　それでも一人一人の子どもたちは，乳幼児期を経て時間をかけて大人に
なっていく。乳幼児期に行われる**保育という営み**について，直視することが
求められているといえる。

　保育とは何か，基本理念を学びながら一人一人が深めてほしい。

2．保育という言葉の由来について

　ところで，日本においては，「保育」という言葉は，東京女子師範<ruby>学校<rt>しはん</rt></ruby>附
属幼稚園の「幼稚園規則」（1876年〈明治9〉）において用いられた。すでに，
150年近く前のことである。明治期に幼稚園が成立し，「保育」という言葉
が使われた。そして，第二次世界大戦後の1947（昭和22）年，幼稚園の
目的が「幼児を**保育**し，適当な環境を与えて，その心身の発達を助長する」（学
校教育法）と規定された。保育所の目的は「日々保護者の委託を受けて，そ
の乳児又は幼児を**保育**する」と児童福祉法（1947年）で規定された。明治期・
大正期・昭和期の**保育の歴史**にも関心をもち学んでほしい。

3．子どもの最善の利益と保育

　保育を行う際，子どもの最善の利益を守るということが言われる。

　保育所の保育における基本原則については，「**保育所保育指針**」（2017年）
において，以下のように記されている。

第1章　総則
1　保育所保育における基本原則
⑴保育所の役割
　ア　保育所は，児童福祉法第39条の規定に基づき，保育を必要と
　　する子どもの保育を行い，その健全な心身の発達を図ることを目
　　的とする児童福祉施設であり，入所する子どもの最善の利益を考
　　慮し，その福祉を増進することに最もふさわしい生活の場でなけ
　　ればならない。

　「子どもの最善の利益を考慮する」とは，文字通り，大人や社会の都合よ
りも子どもの最善の利益が優先されるという意味である。

　「児童の権利に関する条約」（以下，子どもの権利条約）第三条では，次の
ように明記されている。

第三条１．児童に関するすべての措置をとるに当たっては，公的若しくは私的な社会福祉施設，裁判所，行政当局又は立法機関のいずれによって行われるものであっても，児童の最善の利益が主として考慮されるものとする。２．締約国は，児童の父母，法定保護者又は児童について法的に責任を有する他の者の権利及び義務を考慮に入れて，児童の福祉に必要な養護を確保することを約束し，このため，すべての適当な立法及び行政上の措置をとる。３．締約国は，児童の養護又は保護のための施設，役務の提供及び設備が，特に安全及び健康の分野に関し並びにこれらの職員の数及び適格性並びに適正な監督に関し権限のある当局の設定した基準に適合することを確保する。

（日本政府による訳）

表1-2
児童の権利に関する条約

では，「子どもの権利条約」について詳しく見ていこう。

「子どもの権利条約」は，1989年11月20日，第44回国連総会において採択された。契約国・地域の数は196。日本は，1994年に条約を批准している。第1条から第54条まで明記されている。

ユニセフは，全体を「４つの原則」として以下のように整理している（**表1－3**）。「差別の禁止」「子どもの最善の利益」「生命，生存及び発達に対する権利」「子どもの意見の尊重」である。

差別の禁止 （差別のないこと）	すべての子どもは，子ども自身や親の人種や国籍，性，意見，障がい，経済状況などどんな理由でも差別されず，条約の定めるすべての権利が保障されます。
子どもの最善の利益 （子どもにとって最もよいこと）	子どもに関することが決められ，行われる時は，「その子どもにとって最もよいことは何か」を第一に考えます。
生命，生存及び発達に対する権利 （命を守られ成長できること）	すべての子どもの命が守られ，もって生まれた能力を十分に伸ばして成長できるよう，医療，教育，生活への支援などを受けることが保障されます。
子どもの意見の尊重 （子どもが意味のある参加ができること）	子どもは自分に関係のある事柄について自由に意見を表すことができ，おとなはその意見を子どもの発達に応じて十分に考慮します。

ユニセフ：
国際連合児童基金 / UNICEF は，「子どもの権利の保護および子どもの基本的ニーズの充足，子どもの潜在的能力を十分に引き出すための機会の拡大を推進する」という使命のもと，1946年に設立された国際機関。保健，HIV/ エイズ，水と衛生，栄養，教育，子どもの保護，社会のインクルージョン，緊急支援・人道支援，ジェンダーの平等の９つの分野において，2018年現在，190の国と地域で支援活動を行っている。（林悠子），秋田喜代美監修『保育学用語辞典』2019年，中央法規，241頁より）

表1-3
子どもの権利条約４つの原則

さて，この４つの原則をどのように考えるだろうか。身近な場所（家庭や地域社会，あるいは保育の場）で，子どもたちの４つの原則が認められているといえるのかどうかを考えてみてほしい。できれば，議論し合ってほしい。

4．子どもの権利宣言の歩み

　子どもの権利に関する宣言はどのような歩みをしてきたのか，大まかに説明しておく。

　最初の子どもの権利宣言は，1924 年の「ジュネーブ宣言」（児童の権利に関するジュネーブ宣言）である。第一次世界大戦で被害を受けた子どもたちの救済・保護を目的に「5 つの原則」を掲げている。

表 1–4
児童の権利に関するジュネーブ宣言
（1924.9.26）
国際連盟総会第 5 会期採択

　　広くジュネーブ宣言として知られているこの児童の権利宣言によって各国の男女は，人類にたいして最善の努力を尽くさなければならぬ義務のあることを認め，人種，国籍，信条の如何を一切問わず，つぎのことを，その責任なりと宣言し承認する。

① 児童が身体上ならびに精神上正当な発達を遂げるために，必要なあらゆる手段が講ぜられなければならない。
② 児童にして飢えたる者は，食を給せられなければならない。病める者は，治療されなければならない。知能の遅れた者は，援護されなければならない。不良の者は，教化させられなければならない。孤児や浮浪児は，住居を与えられ救護されなければならない。
③ 児童は，危難に際して最先に救済されるものでなければならない。
④ 児童は，生計を立てうる地位に導かれ，またあらゆる種類の搾取から保護されなければならない。
⑤ 児童は，その能力が人類同胞への奉仕のために捧げられなければならないことを自覚して，育てられなければならない。

　1959 年の「児童の権利宣言」は，第二次世界大戦後，国際連合において「子どもの権利宣言」として再び採択された。1924 年の「ジュネーブ宣言」を拡大した内容である。

　日本においては，1947（昭和 22）年「児童福祉法」が制定された。戦前の制度的，実践的な一定の積み重ねの上に戦後の状況を反映し，すべての子どもを対象とする総合的な児童福祉の法律として制定されたのである。

　1951（昭和 26）年 5 月 5 日には，「児童憲章」が制定された。

　「われらは，日本国憲法の精神にしたがい，児童に対する正しい観念を確立し，すべての児童の幸福をはかるために，この憲章を定める。児童は，人として尊ばれる。児童は社会の一員として重んぜられる。児童は，よい環境のなかで育てられる。」という宣明に続き，12 項目が掲げられている。

批准：
児童の権利に関するジュネーブ宣言，児童の権利宣言，児童福祉法，児童憲章を掲載

　1989 年，「児童の権利に関する条約」（子どもの権利条約）が国連により制定された。前述したが，日本は 1994 年になり批准したのである。

　子どもの権利条約の制定から，すでに 35 年（日本の批准から 30 年）を経過しようとしている。こうした子どもの権利宣言の歩みを知るとき，遅れて批准した日本の取り組みの現状には未だ多くの課題があるといえるだろう。

（近藤）

課題1　「子どもの権利条約」（4 つの原則）について，身近な例を書き出してみよう。

第1章　保育のこころと保育原理

第2講

保育の本質と目的

1．保育における養護と教育

　日本の保育においては，保育は**養護と教育**を一体的に行うこととされ実践が積み重ねられてきた。

　たとえば，0歳児の保育においては，授乳，食事，排泄，睡眠，体温調節などの生理的欲求を満たすために，保育者の側から働きかけを行う。その他にも，子どもが落ち着いて過ごせるように抱くことも日常においてよくあることである。こうした保育者による幅広い行為が「養護」とされている。

　そして保育者は，離乳食を与えるときには子どもの表情や気持ちをくみとりながら話しかけ，目と目を合わせて子どもの願いをつかもうとする。保育者が行う養護には，子どもに対する意図的な行為も含まれており，ここに「教育」的働きがあるとされている。

　保育における「**養護と教育の一体性**」の意味については，本書第4章「保育所保育指針における保育の基本」の内容をよく学んでほしい。日本の保育においては，「保育所保育指針」の制定以来，養護と教育の一体性という考え方は，実践しながら蓄積されてきた大事な保育の理念であることを知ってほしい。

養護と教育の一体性：保育所保育指針が2017年に告示され，2018年から改定・実施されている。その際，「養護と教育の一体性」も議論の焦点でもあり，文献資料も多く発行された。大宮勇雄ほか編著『どう変わる？何が変わる？現場の視点で新要領・指針を考えあう』（ひとなる書房，2017年）

第9講「養護と教育の一体性」(p.97)

2．児童福祉法における保育士・保育所の役割

　これまで述べてきたように，保育の意味自体は普遍性をもつ。ただ，社会状況の大きな変化により，保育に求められる役割は従来よりもさらに深く・広いものが求められてきている。

　保育や子育ての背景を考えてみよう。少子高齢化，そして核家族化の進行をあげることができる。同時に，親の就労状況にも大きな変化があり，保育需要は増大してきている。

　この間，**少子化**の改善は見られたであろうか。2021 年の出生数は，81万 1,604 人で過去最少を更新してきている。国は，出生数が 81 万人台前半まで減るのは，2027 年としていたが，80 万人の大台割れはすでに現実のものとなってしまっている。

　1990 年代後半，少子化対策が進められてはきた。しかし，長時間労働など仕事と子育ての両立の難しさ，あるいは若い世代の経済状況の厳しさも問題になってきた。また，保護者がかかえる育児への不安が高まり，身近な相談相手が得られにくいなど，子育ての孤立化が指摘されている。こうしたことが影響し，残念なことだが，**児童虐待件数**が急増してきている。少子化の要因分析を踏まえた総合的な施策を進めることが求められている。

少子化：
2023 年 9 月 15 日，厚生労働省は，2022 年の人口動態統計を（概数）発表した。女性一人が生涯に産む子どもの推定人数「合計特殊出生率」は，1.26 となり，2005 年と並び過去最低となった。出生数は，770,759 人で，80 万人を割った。

児童虐待：
児童相談所における児童虐待対応件数は，1990年から増加の一途をたどっている。2021 年には，207,659 件となっている。

第 15 講「3. 児童虐待」(p.179)

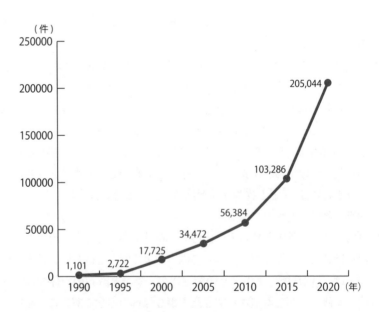

図 2-1
児童相談所における児童虐待相談対応件数の推移
（厚生労働省「福祉行政報告例」）

　以上のようなことから，保護者の子育てを支援するという役割が，保育者にとっての重要な課題の一つになってきている。

　2001（平成 13）年，「児童福祉法」が改正され，保育士の定義が「児童の保育に従事する者」から「児童の保育及び児童の保護者に対する保育に関する指導を行うことを業とする者」に改められた。そして，保育所は「保育に関する相談に応じ，及び援助を行うよう努めなければならない」とされた。

保育士：
第 8 講「2. 保育者の倫理観と専門性」「❷保育士の専門性」（p.89）

保育所：
第 7 講「3. 教育・保育給付」「❷保育所」(p.77)

表 2-1
児童福祉法「児童福祉法にみる保育士・保育所の役割

> **第 18 条の 4**　この法律で，保育士とは，第 18 条の 18 第一項の登録を受け，保育士の名称を用いて専門的知識及び技術をもって，児童の保育及び児童の保護者に対する保育に関する指導を行うことを業とする者をいう。
> **第 48 条の 4**　保育所は，当該保育所が主として利用される地域の住民に対してその行う保育に関し情報の提供を行い，並びにその行う保育に支障がない限りにおいて，乳児，幼児等の保育に関する相談に応じ，及び助言を行うよう努めなければならない。

3．保育者と保護者との信頼関係

　保育者は，日々の保育において，一人一人の子どもの姿をていねいに見ていきたい。そのうえで子どもが成長し発達していく場面においては，保育者も共に喜びを見出してほしい。そのことが，保育者と保護者との信頼関係を築く中心だと考えられるからである。

　たとえば，1 歳を過ぎた子どもが，目の前で歩行し始めたとしよう。この瞬間に出会える保育者は幸せ者だといえる。歩き始めた子どもの姿に出会い，喜びの気持ちを保育士間で伝え合うことだろう。そして，迎えにくる保護者・家族に「早く報告したい」という気持ちをもつのではないだろうか。

　こうした日常の保育の場面を，ていねいに保護者・家族に伝えていくこと自体が，信頼関係を築いていくことになる。子どもを真ん中にし，保護者と保育者とがつながり，信頼関係が形成されていく。そうした関係が作られていくなかで，相談や助言がスムーズに進められていくのである。

　第 1 講で述べてきたことを踏まえて，保育の基本的役割を整理すると（**図2-2**）のようになる。

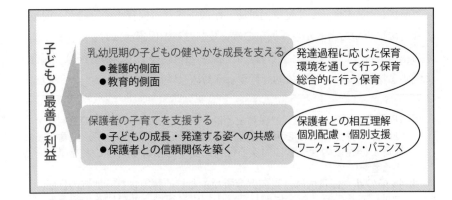

図 2–2
保育の基本的役割

4．幼稚園における保育と教育基本法

　「保育」という言葉については，第1講「2.保育という言葉の由来について」（p.12）において述べたように，1876（明治9）年の東京女子師範学校附属幼稚園の「幼稚園規則」に用いられたことが始まりである。

　では，現在の幼稚園ではどうであるだろうか。学校教育法22条では「幼稚園は，義務教育及びその後の教育の基礎を培うものとして，幼児を**保育**し，幼児の健やかな成長のために適当な環境を与えて，その心身の発達を助長することを目的とする」と規定されている。幼稚園は，幼稚園教諭がその任にあたり「教諭は，幼児の**保育**をつかさどる」と学校教育法第27条に規定されている。つまり，現在も幼稚園は「保育」をする場なのである。

　児童福祉法と前後して1947（昭和22）年に制定された「**教育基本法**」には，教育の理想，目的が示されている。2006（平成18）年の改正教育基本法では，教育は「民主的で文化的な国家を更に発展させるとともに，世界の平和と人類の福祉の向上に貢献する」ことを理想として掲げている。教育の目的を「人格の完成を目指し，平和で民主的な国家及び社会の形成者として必要な資質を備えた心身ともに健康な国民の育成を期して行わなければならない」と定めている。

　教育基本法第11条は，「幼児期の教育」について示されている。また2006年の改正教育基本法では「幼児期の教育は，生涯にわたる人格形成の基礎を培う重要なものであることにかんがみ，国及び地方公共団体は，幼児の健やかな成長に資する良好な環境の整備その他適当な方法によって，その振興に努めなければならない」とされている。

5. 保育所保育指針，幼稚園教育要領，幼保連携型認定こども園教育・保育要領における改訂（改定）の方向性

❶　乳児保育における3つのねらい及び内容

　2017（平成29）年，「保育所保育指針」「幼稚園教育要領」「幼保連携型認定こども園教育・保育要領」は，同時に改訂（改定）された。その方向性のうち2点ほど説明しておく。

　第一は，乳児，1歳以上3歳未満児保育の記載が充実されたことである。
　特に，乳児期は発達の諸側面が未分化であるため，「健やかに伸び伸びと育つ」「身近な人と気持ちが通じ合う」「身近なものと関わり感性が育つ」の3つの視点から，ねらい及び内容として，以下のように保育内容が整理されている。

身体的発達に関する視点「健やかに伸び伸びと育つ」

健康な心と体を育て，自ら健康で安全な生活をつくり出す力の基礎を培う。

〈ねらい〉
❶　身体感覚が育ち，快適な環境に心地よさを感じる。
❷　伸び伸びと体を動かし，はう，歩くなどの運動をしようとする。
❸　食事，睡眠等の生活のリズムの感覚が芽生える。

〈内　容〉
❶　保育士等の愛情豊かな受容の下で，生理的・心理的欲求を満たし，心地よく生活をする。
❷　一人一人の発育に応じて，はう，立つ，歩くなど，十分に体を動かす。
❸　個人差に応じて授乳を行い，離乳を進めていく中で，様々な食品に少しずつ慣れ，食べることを楽しむ。
❹　一人一人の生活のリズムに応じて，安全な環境の下で十分に午睡をする。
❺　おむつ交換や衣服の着脱などを通じて，清潔になることの心地よさを感じる。

表2-2
「保育所保育指針」1乳児保育に関わるねらい及び内容〈身体的発達に関する視点〉

社会的発達に関する視点「身近な人と気持ちが通じ合う」

受容的・応答的関わりの下で，何かを伝えようとする意欲や身近な大人との信頼関係を育て，人と関わる力の基礎を培う。

〈ねらい〉
❶ 安心できる関係の下で，身近な人と共に過ごす喜びを感じる。
❷ 体の動きや表情，発声等により，保育士等と気持ちを通わせようとする。
❸ 身近な人と親しみ，関わりを深め，愛情や信頼感が芽生える。

〈内　容〉
❶ 子どもからの働きかけを踏まえた，応答的な触れ合いや言葉がけによって，欲求が満たされ，安定感をもって過ごす。
❷ 体の動きや表情，発声，喃語等を優しく受け止めてもらい，保育士等とのやり取りを楽しむ。
❸ 生活や遊びの中で，自分の身近な人の存在に気付き，親しみの気持ちを表す。
❹ 保育士等の語りかけや歌いかけ，発声や喃語等への応答を通じて，言葉の理解や発語の意欲が育つ。
❺ 温かく，受容的な関わりを通じて，自分を肯定する気持ちが芽生える。

表 2-3
「保育所保育指針」1 乳児保育に関わるねらい及び内容〈社会的発達に関する視点〉

精神的発達に関する視点「身近なものと関わり感性が育つ」

身近な環境に興味や好奇心をもって関わり，感じたことや考えたことを表現する力の基礎を培う。

〈ねらい〉
❶ 身の回りのものに親しみ，様々なものに興味や関心をもつ。
❷ 見る，触れる，探索するなど，身近な環境に自分から関わろうとする。
❸ 身体の諸感覚による認識が豊かになり，表情や手足，体の動き等で表現する。

〈内　容〉
❶ 身近な生活用具，玩具や絵本などが用意された中で，身の回りのものに対する興味や好奇心をもつ。
❷ 生活や遊びの中で様々なものに触れ，音，形，色，手触りなどに気付き，感覚の働きを豊かにする。
❸ 保育士等と一緒に様々な色彩や形のものや絵本などを見る。
❹ 玩具や身の回りのものを，つまむ，つかむ，たたく，引っ張るなど，手や指を使って遊ぶ。
❺ 保育士等のあやし遊びに機嫌よく応じたり，歌やリズムに合わせて手足や体を動かして楽しんだりする。

表 2-4
「保育所保育指針」1 乳児保育に関わるねらい及び内容〈精神的発達に関する視点〉

❷　幼児教育の積極的位置づけ

　第二は，保育所保育における幼児教育が積極的に位置づけられたことである。幼児教育を行う施設として共有すべき事項として，「育みたい資質・能力」「幼児期の終わりまでに育ってほしい姿」が，以下のように明記された。

（1）育みたい資質・能力
　　　「知識及び技能の基礎」
　　　「思考力・判断力・表現力等の基礎」
　　　「学びに向かう力・人間性等」

表 2-5
育みたい資質・能力

　ここで示した，「**育みたい資質・能力**」の内容については，次のように説明されている。

「知識及び技能の基礎」
具体的には，豊かな体験を通じて子どもが自ら感じたり，気付いたり，分かったり，できるようになったりすること
「思考力，判断力，表現力等の基礎」
具体的には，気付いたことや，できるようになったことなどを使い，考えたり，試したり，工夫したり，表現したりすること
「学びに向かう力，人間性等」
具体的には，心情，意欲，態度が育つ中でよりよい生活を営もうとすること

表 2-6
資質・能力の内容
（『保育所保育指針解説』71
頁より作成）

（2）幼児期の終わりまでに育ってほしい姿（10 の姿）
- ❶　健康な心と体
- ❷　自立心
- ❸　協同性
- ❹　道徳性・規範意識の芽生え
- ❺　社会生活との関わり
- ❻　思考力の芽生え
- ❼　自然との関わり生命尊重
- ❽　数量や図形，標識や文字などへの関心・感覚
- ❾　言葉による伝え合い
- ❿　豊かな感性と表現

表 2-7
幼児期の終わりまでに
育ってほしい姿

　「幼児期の終わりまでに育ってほしい姿」（**10 の姿**）については，「到達目標ではない」「個別に取り出されて指導されるものではない」こと，この点が肝心であり，以下のように説明されている。

表 2–8
指導を行う際に考慮する
こと
（『保育所保育指針解説』73
頁）

　保育所の保育士等は，遊びの中で子どもが発達していく姿を「幼児期の終わりまでに育ってほしい姿」を念頭に置いて捉え，一人一人の発達に必要な体験が得られるような状況をつくったり必要な援助を行ったりするなど，指導を行う際に考慮することが求められる。
　実際の指導では，「幼児期の終わりまでに育ってほしい姿」が到達すべき目標ではないことや，個別に取り出されて指導されるものではないことに十分留意する必要がある。

　では，乳児保育，１・２歳の保育，３〜５歳児の保育をどのように進めていくのか，本書第３章・４章で詳しく学んでほしい。

（近藤）

課題1　保育所保育指針で乳児の保育の記述が充実した理由を考えてみよう。

課題2　「"10の姿"が到達すべき目標ではない」とはどんな意味だろうか。

第1章　保育のこころと保育原理

第3講

児童観と保育観の確立

1．児童（子ども）とは

　はじめに，児童（子ども）とは何かについてふれておこう。

　児童は，「児童福祉法」および「児童の権利に関する条約」（子どもの権利条約）では，「誕生後から 18 歳未満までの子ども」を指している。このうち，満 1 歳に満たない者は「乳児」，満 1 歳から小学校の始期に達するまでの者を「幼児」としている。

2．児童観（子ども観）・保育観の変遷

　では，児童観・保育観とは何か。児童観（子ども観）とは，児童（子ども）をどのように観るかということである。そして，それは時代とともに移り変わってきた学問的追究に値する深遠なテーマであり，保育の思想や歴史に関わる多くの研究から様々な知見を得ることができる。

　ここでは，概略的にふれておこう。

　近代の保育・幼児教育をたどるとき，ロックによる「『タブラ・ラサ』（白紙）としての子ども」という見方がある。そして，ルソーの「『自然』としての子ども」などもあげられる。1840 年代には，幼児教育として，フレーベルにより「幼稚園」が誕生した。また，産業革命の進展とともに工場労働

児童：
辻谷真知子は，児童の定義として，一小学校の始期からは「少年」と分けられている。一方，学校教育法での「児童」は，小学生を指し，「幼児」（就学前），生徒（中学・高校生），学生（大学生）と区別されている。また，発達心理学での「児童期」は，幼児期と青年期の間の時期，すなわち，小学校就学から第2次性徴発現頃を指す。このように「児童」は文脈や分野により定義が異なる。一秋田喜代美監修『保育学用語辞典』6頁より。

ルソー：
第4章「4ジャン＝ジャック・ルソー」（p.42）

（前頁）

👍
フレーベル：
第4章「**6**フリードリッ
ヒ・フレーベル」(p.45)

👍
オウエン：
第4章「**8**ロバート・オ
ウエン」(p.46)

👍
ケイ：
第4章「**9**エレン・ケイ」
(p.47)

に従事する子どもが注視され，**オウエン**による「性格形成学院」は保育施設の始まりであった。

19世紀以降には，子どもに関する新たな知見も蓄積されていく。ダーウィンによる生物進化論などの影響下，子どもの発達ということが追究されていく。さらに，20世紀初めには，ケイの『児童の世紀』(1900)にあるように，子どもの権利にも目が向けられるようになっていくのである。

こうした児童観（子ども観）の影響を受けながら，日本においては，明治期以降，大正期・昭和期と，保育・幼児教育の歩みが築かれてきた。こうした変遷については，第2章「保育の思想と歴史的変遷」において，さらに学びを深めてほしい。

3．再び，子どもの権利条約について

第1講において，子どもの権利の歩みを踏まえ，子どもの権利条約についてふれてきた。今日的課題をより深めていくために，子どもの権利条約と保育との関連についてさらに考えてみよう。

「**子どもの権利条約**」は，第1条から第54条まで明記されているが，子どもの権利はどのように規定されているのだろうか。人権としての権利，子どもに特有の固有の権利について，詳しく明記されていることを知ってほしい（**表3-1，p.27**）。

このうち，子どもの意見表明権（第12条）と，休息・余暇・遊び，文化的・芸術的生活への参加（第31条）について，具体的にていこう。

1 子どもの意見表明権（第12条）

子どもの権利条約第12条に，以下のように意見表明権が記されている。

表3-2
子どもの意見表明権

第12条
1．締約国は，自己の意見を形成する能力のある児童がその児童に影響を及ぼすすべての事項について自由に自己の意見を表明する権利を確保する。この場合において，児童の意見は，その児童の年齢及び成熟度に従って相応に考慮されるものとする。
2．このため，児童は，特に，自己に影響を及ぼすあらゆる司法上及び行政上の手続きにおいて，国内法の手続規則に合致する方法により直接に又は代理人若しくは適当な団体を通じて聴取される機会を与えられる。

権利の分類	Ⓐ人権としての権利一般	Ⓑ子どもに特有の固有の権利			
		❶原理的・原則的な権利	❷親・家族，国との関係	❸特別な状況におかれた子どもに対して	❹子どもであるということによる特別な保護
具体的内容と該当条文	ⓐ差別の禁止（2条） ⓑ生命への権利（6条1項） ⓒ表現・情報の自由（13条） ⓓ良心・宗教の自由（14条） ⓔ結社・集会の自由（15条） ⓕプライバシー・通信・名誉の保護（16条） ⓖ適切な情報へのアクセス（17条） ⓗ健康・医療への権利（24条） ⓘ社会保障への権利（26条） ⓙ生活水準への権利（27条1項） ⓚ教育への権利（28条）	ⓐ子どもの最善の利益（3条） ⓑ生存と発達の確保（6条2項） ⓒ意見表明権（12条） **生存・発達の確保にかかわる規定** ⓐ健康・医療への権利（24条） ⓑ施設等に措置された子どもの定期的審査（25条） ⓒ社会保障への権利（26条） ⓓ生活水準への権利（27条） ⓔ教育への権利（28条） ⓕ教育の目的（29条） ⓖ休息・余暇，遊び，文化的・芸術的生活への参加（31条）	ⓐ親の指導の責任・権利・義務について国が尊重（5条） ⓑ親に養育される権利（7条1項後半） ⓒアイデンティティ保全の権利（8条） ⓓ親からの分離禁止と分離のための手続き（9条） ⓔ家族再会のための出入国（10条） ⓕ親の養育責任（18条1項）その遂行のための国の援助義務（18条2項） ⓖ働く親を持つ子どもへの保育サービス（18条3） ⓗ親による虐待・放任・搾取からの保護（19条） ⓘ家庭環境を奪われた子どもへの養護（20条） ⓙ養子縁組（21条） ⓚ親の生活条件確保責任（27条2項）を果たすための，国の援助（27条3, 4項）	ⓐ難民の子どもの保護（22条） ⓑ障害児の権利（23条） ⓒ少数者・先住民の子どもの権利（30条） ⓓ武力紛争下における子どもの保護（38条） ⓔ犠牲になった子どもの心身の回復と社会復帰（39条）	ⓐ経済的搾取・有害労働からの保護（32条） ⓑ麻薬・向精神薬からの保護（33条） ⓒ性的搾取・虐待からの保護（34条） ⓓ誘拐・売買・取引の防止（35条） ⓔ他のあらゆる形態の搾取からの保護（36条） ⓕ死刑・拷問等の禁止，自由を奪われた子どもの適正な扱い（37条） ⓖ武力紛争下における子どもの保護（38条） ⓗ犠牲になった子どもの心身の回復と社会復帰（39条） ⓘ少年司法（40条）

表 3–1
子どもの権利条約に規定された子どもの権利
（『子ども家庭福祉〈資料集〉』ななみ書房）

❷　休息・余暇・遊び，文化的・芸術的生活への参加（第 31 条）

　子どもの権利条約第 31 条に，以下のように，休息・余暇・遊び，文化的・芸術的生活への参加について記されている。

> 第31条
> 1．締約国は，休息及び余暇についての児童の権利並びに児童がその年齢に適した遊び及びレクリエーションの活動を行い並びに文化的な生活及び芸術に自由に参加する権利を認める。
> 2．締約国は，児童が文化的及び芸術的な生活に十分に参加する権利を尊重しかつ促進するものとし，文化的及び芸術的な活動並びにレクリエーション及び余暇の活動のための適当かつ平等な機会の提供を奨励する。

4．保育実践と子どもの権利条約

「子どもの権利条約」における子どもとは，第1条において「0歳から18歳未満」と定義されている。

したがって，0歳児から「子どもの権利条約」を基盤に保育実践を考える必要があるといえる。それはどのようなことだろうか。

上記で紹介したように，「子どもの権利条約」第12条は「**意見表明権**」が明記されている。0歳児は，泣き，笑い，表情や様々な想いをいだいている。ここを尊重した保育実践が必要なのである。

実は，「子どもの権利条約」が採択されて以降，内容をより深めるために，国連子どもの権利委員会により様々な見解がまとめられてきている。2005年，国連子どもの権利委員会では，「乳幼児期における子どもの権利の実施に関する一般的注釈第7号」で以下のように提示している。

> 本委員会は，第12条が，年少の子どもおよび年長の子どもの双方に適用されることを強調したい。権利の保持者として，たとえ生まれたばかりの子どもであっても，自己の見解を表明する資格を与えられ，その意見は，「子どもの年齢と成熟に応じて適切に考慮される」

意見表明権：
『発達』174号では，特集「いま，0歳からの子どもの権利を考える」が特集され，詳しい知見が述べられている。（ミネルヴァ書房，2023年5月）
執筆者は，以下の通り。
上垣内伸子，山岸利次，森眞理，瀧口優，ユリア，島本一男，遠藤美保子，海老名悠希，吉田久仁子，浜谷直人，和田上貴昭，矢野景子，北野幸子，嶋村仁志，小林由利子，内藤知美。

つまり，まだ，ことばを発する以前の，乳児の泣き，笑い，表情や想いを尊重することが必要だというのである。こうした基本的な姿勢は，保育でこそ不可欠な視点ではないだろうか。保育者は，乳児期からの様々な願いを聞き取りながら，保育をすることが大事になってきているのである。

子どもの権利条約第3条では，「児童に関するすべての措置をとるに当たっては」「児童の最善の利益が主として考慮される」と示されている。

第12条では，「自己の意見を形成する能力のある児童がその児童に影響を及ぼすすべての事項について自由に自己の意見を表明する権利を確保す

る。この場合において，児童の意見は，その児童の年齢及び成熟度に従って相応に考慮される」とある。つまり，子ども（0歳〜18歳）の立場が最優先されるべきだということである。

　では，子どもの権利条約第31条「休息・余暇・遊び，文化的・芸術的生活への参加」についてはどうだろうか。

　保育現場において，乳幼児にとっての休暇や余暇のことまで振り返ることがあるだろうか。ストレス社会などと言われて久しいが，子どもたちにとって，休息の意味を考えてみてほしい。いま，乳幼児期の子どもたちの生活や遊びはどのような状況なのだろうか。

　たとえば，子どもたちの保育園に在園する時間が延びていることに注目してみると，1998年には，保育園の開園時間のうち「11〜12時間の開所割合」が全体の26.5％であったものが，2013年には63.7％，2016年には，66.2％となっている。さらに，2020年には，81.4％にまで延びているのである（保育研究所『保育白書』2014年版，2017年版，2018年版，2022年版による）。保護者の労働時間は増加し，保育者たちは，交代勤務をしながら何とか対応しているという状況ではないだろうか。

　もう少し，「休息・余暇・遊び」について考えてみたい。「子どもの権利条約」31条については，すでに詳しく研究されてきている。増山均は，子どもの余暇について以下のように説明している。

> 　「余暇とは，「価値を問われない時間を保障すること」なのだと思います。好きなことをするもよし，あるいはブラブラするもよし，何もしないのもよしと，生活と活動を自分で決める時間が保障されていることが非常に重要だと思います。この条文は，英語，中国語，スペイン語など六カ国語の正文が作成されていますが，スペイン語の条文を見ましたら，日本語の「余暇」に当たる「オシオ（ocio）」という単語はなく，「エスパルシミエント（esparcimiento）という単語になっています。辞書を引きますと，「気晴らし」という単語なのです。日本の子どもたちに，気晴らしの時間を保障する必要があるのだというまなざしを，私たちが持っているでしょうか。帰国してすぐに，私は子どもにはゆったりする権利，気晴らしの権利がある。さらに勢い余って「ブラブラする権利がある」と言ったので，真面目に教育実践にとりくんでいる先生方から批判を受けました。「子どもをブラブラさせておいていいのか」と言われましたけど，子どもがブラブラすることも権利なのです。「何もしないこと」をも保障することの意義について，もっと深めていく必要があるだろうと思います。（増山）

　ここでは，保育実践と「子どもの権利条約」の一部にふれて考えてみた。

　たとえ生まれたばかりの子であっても，一人一人がどのような願いや想いをもっているかを，保育者の側が知ろうとする保育の姿勢が問われているの

である。

　児童観（子ども観），保育観を検討するためには，子どもの権利条約の視点をおさえることが求められている。

5．未来社会への子ども観・保育観を深めるために

　21世紀もすでに20年間を経過した。いま，乳幼児期の子どもたちをどのように観るべきか，どのような保育を大事にしたいか，未来社会に向けた子ども観・保育観を創造することが問われている。

　ここでは，ESDと保育，SDGsと保育についてふれておこう。この点については，藤崎ほか（2023）で，「乳幼児期におけるSDGs/ESDをめぐる保育の動き」として，「保育と環境的な持続可能性」「保育と社会・文化的な持続可能性」「保育と経済的な持続可能性，公平性」「子どもの参画」なども含め，幅広い保育実践内容を視野におきながら，研究成果がまとめられている。

　また，同書において藤井は，保育実践・保育運営を基盤として「命を育み共に生きる保育実践とESD—蚕の飼育から学ぶ」という論考をまとめ，島本は「子どもの生活と遊びから生まれる表現を支える芸術教育」として，SDGsとESDを意識しながら，自らの保育実践を理論的に整理している。

　ESD（Education for Sustainable Development）とは，持続可能な開発のための教育を意味することばである。2002年，国連により開催されたサミットで採択されたものである。日本ユネスコ国内委員会は，ESDを次のように説明している。

ESDと保育：
内田千春は，持続可能な開発のための教育/ESDについて，次のように説明している。「世界の環境，貧困，人権，平和，開発といった課題を自らの問題としてとらえ，身近なところから解決に取り組む意識をもつ「持続可能な社会の担い手」を育てる教育。従来の方法や考え方から生まれた課題を新たな考え方でとらえ，解決に向かって行動できる人材を育てようとする。日本も同運動に参加している。（後略）」，秋田喜代美監修『保育学用語辞典』217頁。

　今，世界には気候変動，生物多様性の喪失，資源の枯渇，貧困の拡大等人類の開発活動に起因する様々な問題があります。ESDとは，これらの現代社会の問題を自らの問題として主体的に捉え，人類が将来の世代にわたり恵み豊かな生活を確保できるよう，身近なところから取り組む（think globally,act locally）ことで，課題の解決につながる新たな価値観や行動等の変容をもたらし，持続可能な社会を実現していくことを目指して行う学習・教育活動です。

表3–5
ESD
（日本ユネスコ国内委員会）

　このように，ESDは，幅広い内容を意味しているが，日常の保育において，地球環境や生命の大事さに気がつく場面などは頻繁に見ることができる。

　SDGs（Sustainable Development Goals）とは，「持続可能な開発のための2030アジェンダ」のことであり，17の目標と169のターゲットからなる持続可能な目標を掲げ，すでに取り組みが行われてきている。

　これまで，人類が社会の充実・発展をめざして様々な営みを重ねてきたが，大量生産・大量消費のあり方，あるいは地球の温暖化現象など，難問がある

ことが明らかになってきた。豊かさや幸せの意味ということも，問い直しが
求められているといえるだろう。

　急速に変化していく現代社会において，困難に立ち向かうための資質・能
力が求められてきている。

　すでにふれたが，「幼稚園教育要領」（2018）では，幼児期において，「知
識及び技能」「思考力，判断力，表現力等」「学びに向かう力，人間性」とい
う柱が整理されてきている。

　また，「幼稚園教育要領」前文（2018）においては，以下の内容が示され
ている。

> 　一人一人の幼児が，将来，自分のよさや可能性を認識するとともに，
> あらゆる他者を価値のある存在として尊重し，多様な人々と協働しなが
> ら様々な社会的変化を乗り越え，豊かな人生を切り拓き，持続可能な社
> 会の創り手となることができるようにするための基礎を培うことが求め
> られる。

表 3–6
「幼稚園教育要領」前文

　ここで，SDGs と ESD との関係を大まかに整理しておこう。

　SDGs には，人類が直面している危機に対して，解決を必要とするあらゆ
る課題が掲げられている（「我々の世界を変革する：持続可能な，開発のた
めの 2030 アジェンダ」，17 の目標と 169 のターゲットからなる持続可能
な目標）。そうした問題を解決するために，必要となる資質・能力を育むた
めの教育・保育が ESD であるといえる。

6．終わりに　「手は身近なところから」「目は世界へ」

＝ think globally, act locally

　これまで，ESD と SDGs にふれてきたが，保育者がいかなる保育観をもち
保育実践をすすめるのか。その際，「手は身近なところから」「目は世界へ」
＝ think globally, act locally（近藤，2023）という見方・考え方を追究する
ことを提起しておきたい。

　「手は身近なところから」「目は世界へ」とは，次のような場面のことである。

> 保育者が，乳児のおむつを替える場面を，想像してみてほしい。その時，保育者であるあなたという人間と乳児という人間との，感情の交流が開始されていく。まだ，ことばによる十分なコミュニケーションはむずかしい。しかし，ことば以前の表情などで豊かな感情が交流しあうのである。それは，大げさではなく，何ものにもかえがたい，人間と人間との出会いである。その時に，保育者であるあなたとその子との関係でしか体験しえない，世界の一つだけの人間関係にふれた感情が生まれるのかもしれない。

　幼児クラスで，外国籍の園児がいた場合，どのような保育実践を進めるだろうか。以前，モンゴル国籍の園児との出会いがあった。その子のリクエストで『スーホの白い馬』というモンゴルの絵本を読み聞かせたことがあった。一人の園児との出会いが，この絵本（民話）を通して，異なる文化，異なる言語をもつことについて視野を広げる経験になった。

　絵本研究者の松井直は「絵本がつなぐ世界の文化」があると，次のように力説している。

表 3-7
絵本がつなぐ世界の文化
（松居直『絵本のよろこび』
NHK 出版　2003）

> 　今後，日本が多文化社会になることを予測しながら，「将来に向けて日本の社会に適合した，見せかけではない多文化主義の備えをしておく発想と展望が求められます。それは，幼児期から積み重ねておかなければ身につきません。知識だけではなく感性による理解力と真の寛容の精神が大切です」。

　乳幼児期の保育・教育の基本は，一人一人の生涯にわたる人間形成の基盤に位置する営みである。

　もちろん，「手は身近なところから」「目は世界へ」＝ think globally, act locally という見方・考え方へのアプローチは，多様であってよい。

　21 世紀の未来社会の保育観を深める視点として，ロマンをもちながら追究することを願っている。

> 課題 1　保育実践と「子どもの権利条約」との関わりについて，具体的に考え，書き出してみよう。

保育と平和と命

　今，起きている平和と命の危機を考えるために

　2015年9月，国連総会は，「我々の世界を変革する：持続可能なための2030アジェンダ」を採択した。この指針は，私たち一人一人が，踏まえるべき行動計画である。すでに，本書の第1章・第3講でふれたSDGsのことである。今，起きている平和と命の危機を認識するために，詳しくふれておくことにする。

　SDGs17の目標とは，以下の通りである。

❶ 貧困をなくそう　❷ 飢餓をゼロに　❸ すべての人に健康と福祉を　❹ 質の高い教育をみんなに　❺ ジェンダー平等を実現しよう　❻ 安全な水とトイレを世界中に　❼ エネルギーをみんなに，そしてクリーンに　❽ 働きがいも経済成長も　❾ 産業と技術革新の基盤をつくろう　❿ 人や国の不平等をなくそう　⓫ 住み続けられるまちづくりを　⓬ つくる責任，つかう責任　⓭ 気候変動に具体的な対策を　⓮ 海の豊かさを守ろう　⓯ 陸の豊かさも守ろう　⓰ 平和と公正をすべての人に　⓱ パートナーシップで目標を達成しよう

　この目標を，2030年までに，達成することが求められている。

　さて，目標を見つめて，今，起きている平和と生命の危機について，あなたはどのように考えることができるだろうか。

　ここで，資料「OMEP世界総会宣言，戦争と暴力を止めよう，平和・軍縮・対話への緊急要請（2022年7月13日，アテネ）」（以下，緊急要請と略）を紹介しておく[1]。OMEPとは，世界幼児教育・保育機構のことであり，1948年に設立された国際的非政府組織・非営利組織である[2]。

　緊急要請の資料から，一部を引用しておく。

　全人類は，持続可能な開発に寄与する平和・公正で包摂的な社会をつくることをめざす「SDGs目標16」を達成することに道義的責任を負っている。同時に国と政府には，国連憲章を遵守する責務があり，対話と交渉を通じて，子どもの権利を最高水準かつ最優先で擁護しなければならない。

　OMEPは，紛争の中で暮らす子どもや家族と連帯する。なぜならOMEP加盟の各国委員会は，74年間の経験を通して，互いの文化的，

思想的，政治的，経済的な違いを超えて平和的に協働する方法を熟知してきたからである。私たちは，子どもたちの保護・健康・ケア・教育・発達を優先し，かつ，子どもの権利の実現を保障することが，かれらの苦しみを緩和するために必要なだけではなく，全人類にとっての平和と安全・レジリエンス・正義および社会的結束をもたらすことを確信している。

不安定性とその結果として，幼い子どもやその家族に負わされている傷やトラウマは，悲劇的である。国際社会による献身的で持続的な行動がなければ，それは世代から世代へ続いていくだろう。世界は，破壊から逃れてきた家族の安全と保護を保障しなければならない。したがって，すべての国に対して私たちが求めたいのは，ジェンダーに配慮したサービスを提供すること；あらゆる種類の暴力や虐待から子どもたちを保護すること；乳幼児と彼らの養育者・保育者に心理社会的な支援と生きる機会を確保することを通じて，子どもの最善の利益を守ることである。紛争下で生活するあまりにも多くの子どもたちと家族が直面している，逆境が及ぼす今現在の影響と今後長期にわたる影響を緩和するには，乳幼児期の保育・教育についてのホリステイックな公共政策と施設が絶対的に必要であることを，私たちは知っている。（後略）　　　　　　　　　　（日本語訳：OMEP 日本委員会）

上記の緊急要請の内容が意味していることを詳しくつかむことは，たやすいことではない。しかし，乳幼児期の保育・教育をめざして学ぶ立場だとしたら，今，保育と平和と命について，つねに考える必要があると言えるだろう。

① OMEP 世界総会宣言，戦争と暴力を止めよう，平和・軍縮・対話への緊急要請（2022 年 7 月 13 日，アテネ）は，私たち「世界幼児教育・保育機構」（OMEP）の常任理事会メンバーと 34 か国の国内委員会
② OMEP[World Organisation for EarlyChildfood Education] については，林悠子が，以下のように説明している。「1948 年に設立された国際的非政府組織・非営利組織であり，幼児教育・保育に関するユネスコの協力機関。幼児教育・保育に焦点を当てた，子どもの権利の保護と促進を目的としている。主な事業内容は，幼児教育・保育に関する研究の振興と情報の伝搬，特に困難な状況にある幼児のためのプログラムの促進，保育者養成への協力等である。2018 年現在，約 70 か国が加盟している。」秋田喜代美監修『保育学用語辞典』241 頁より引用。

（近藤）

【引用・参考文献】
- 増山均『「あそび・遊び」は，子どもの主食です！』〈子どもの権利条約第 31 条ブックレット〉 子どもと文化の NPO Art.31　2017　p.45
- 藤崎亜由子・藤井修・島本一男・亀山秀郎・片山知子・吉津晶子・名須川知子・西脇二葉・富田久枝・山村けい子・荻原元昭『保育に活かす SDGs/ESD—乳幼児の権利と参画のために』株かもがわ出版　2023
- 近藤幹生「乳幼児の教育・保育の基本—環境を通した教育・保育を考える」「子どもの未来を拓く保育内容環境」所収　青踏社　2023　p.28

第2章　保育の思想と歴史的変遷

第4講

諸外国の保育の思想と歴史

1．保育の思想と歴史を学ぶ意義

　いつの時代も子どもを守り育てるのには喜びと苦労があった。親が子どもを産み育てるということは本能のみで成せる業ではなく，当たり前のようで当たり前ではない営みなのである。社会の中で子どもを産み育てる以上，人間を取り巻く環境は様々であり様々な障壁が存在しているからである。宗教や風習，風土や社会，気候や自然，政治や制度，戦争や平和，そうした様々な現実が直面する社会環境や時代に子育ては強い影響を受けるからである。それぞれの時代の中で，どう子どもたちを産み育てていくのか。そうした悩みや問題を解決しようとして様々な子育ての思想，保育の思想が生まれてきたのである。つまりその思想を理解するには，その思想家が生きた時代背景と歴史を広く深く理解することで，その思想のより核心と原理に迫ることができる。

　近年日本では社会的子育てと言われ，子育ての社会化が当然の時代となっている。子育ての孤立が様々な社会問題を起こしているからである。そもそも子育ての社会化が保育であり，親の代わりに教師や保育士が専門性を生かしながら，就学前の子どもたちの集団を保護・育成をすることが保育である。

　保育も，遥か昔から長い思想と実践の歴史がある。その成り立ちを知りその原理を学ぶことも「**保育原理**」の大事な領域の一つである。

過去から現在まで人類の文明は良くも悪くも変化し続けており，保育の思想も絶えず進化している。過去の保育の常識は現在では非常識であるかもしれない。しかしながら，現代でも形骸化した古い子育て思想のまま漫然と保育をする者もいるし，科学と深い知恵に基づく者もいる。問題は時代錯誤の保育でも成立してしまう保育の現場や保育の質の問題でもある。それは児童をどう捉えるかという「児童観」の問題であり，どう保育するかという「保育観」の問題でもある。現代の子育ては人類の知見や叡知を再構築してさらに進化していかなくてはならない。だからこそ現代で保育を生業とする者は，古典を含め多くの保育思想に出会い学ぶ必要があるのである。

2．日本とヨーロッパの文化の違い

ルイス・フロイス記念碑
（長崎市）：
（Wikipedia より　撮影
Ke Ki）

ルイス・フロイス（Luis Frois1532–1597）は戦国時代に織田信長や豊臣秀吉にも接見し日本で活動したポルトガル人宣教師である。日本各地を回りながら日本の文化を見聞し，ヨーロッパの文化と日本の文化の違いを書き残した。ルイス・フロイスが 1585 年執筆した『日欧文化比較』には「ヨーロッパの子供は長い間，襁褓に包まれ，その中で手足を拘束される。日本の子供は産まれてすぐに着物を着せられ，手はいつも自由になっている」「われわれの間では普通鞭で打って息子を懲罰する。日本ではそういうことは滅多に行われない。」（3 章）との記述がある。これは後程記述するルソーの執筆したエミールを裏付ける記述でもある。このルイス・フロイスの記述にもあるように子育ての思想は時代やその国の自然，風土そして宗教の影響が大きい。その変遷を辿ってみる。

3．日本とヨーロッパの宗教観の違い

ルイス・フロイスが語ったようにヨーロッパと日本の大きな違いは宗教であろう。親の子どもに対する愛情は西洋も東洋も変わりない。しかしそこには宗教観により子育ての方法に大きな違いがある。

例えばキリスト教の前身でもあるユダヤ教においては 613 条の戒律があり，ヘブライ語聖書（旧約聖書）の箴言の中には「むちを加えない者はその子を憎むのである，子を愛する者は，つとめてこれを懲らしめる。」（箴言 13:24），「愚かなことが子供の心の中につながれている，懲らしめのむちは，これを遠く追いだす。」（箴言 22：15），「子を懲らすことを，さし控えてはならない，むちで彼を打っても死ぬことはない。もし，むちで彼を打つならば，その命を陰府から救うことができる。」（箴言 23：13–14），「むちと戒めとは知恵を与える，わがままにさせた子はその母に恥をもたらす。」（箴言

陰府：
悪いものが住んでいる世界・地獄

29：15）とある。

　いわゆる愛の鞭である。戒律は信者が守らなくてはならない法律であるから5世紀から16世紀までのヨーロッパにおいて子育ては懲罰が当たり前であった。その大元にあるのが「原罪説」である。旧約聖書には「人間は悪の誘惑を受け，神の信頼を裏切り，自らの自由を不正に行使して，神の命令に従わなかった。人間は神の命令に従わないことで，自らの良さを貶める結果となった」「すべての人間は人祖の原罪説の罪を負い，生れながらにして罪のなかにあり，それから脱出する自由を自分ではもたない。」とある。

　ユダヤ教の戒律から逃れ自由になったキリスト教でも，ヘブル人への手紙で「主は愛する者を訓練し，受けいれるすべての子を，むち打たれるのである。」「あなたがたは訓練として耐え忍びなさい。神はあなたがたを，子として取り扱っておられるのである。いったい，父に訓練されない子があるだろうか。」（第12章6-7）と言っている。だから「信仰によって許しを請う」と考えた。

　ただしマタイによる福音書には，「はっきり言っておく。心を入れ替えて子どものようにならなければ，決して天の国に入ることはできない。」（第18章3），「子どもたちを来させなさい。わたしのところに来るのを妨げてはならない。天の国はこのような者たちのものである。」（第19章14）というイエスの言葉があり，後の人文学者や宗教家たちは子どもに関する考え方に解釈を変更しようと試みている。

　日本の子育てに関する宗教的影響は，飛鳥時代に伝来した仏教が大きな影響を及ぼしている。人間は善を行うべき道徳的本性を先天的に具有しており，悪の行為はその本性を汚損・隠蔽することから起こるとする。だから仏教に帰依し善い行いをすることが教理として求められる。

具有：
備え持つこと。

帰依：
仏を信じ，その教えにしたがうこと。

　つまり生まれながらにして人間は善であるという「性善説」が仏教の基本である。もちろん生まれてから悪に染まらず善の道を歩むように厳しい躾というものがある。現代でも虐待や不適切な養育をする親や保育者の言い訳として，躾をうたう者もいる。

　しかしながら日本では，禅の言葉に「三尺の童子を拝す」とあり，子どもは宝として大切にされ，宗教的な束縛もなく自由であった。奈良時代初期の歌人・山上憶良の歌が『万葉集』に残っている。「白銀母 金母 玉母 奈爾世爾 麻佐禮留 多可良 古爾斯迦米夜母」「白銀も黄金も玉も何せむに，まされる宝，子にしかめやも」（巻5-803），また，平安時代末期に後白河法皇によって編まれた歌謡集『梁塵秘抄』には「遊びをせんとや生まれけむ　戯れせんとや生まれけむ　遊ぶ子どもの声聞けば　わが身さへこそ揺るがるれ」と詠まれている。このように日本では仏教的世界観によって子どもは守られてきた。

4．日本とヨーロッパの風土・気候・自然の違い

『エミール』
（Wikipediaより）

くる病：
日光の不足と栄養の偏りから起きる骨の変形

籠：
ご飯を保温するのに使う籠

赤沢保育園：
赤澤鐘美（1864–1937）により1890年に創設された「新潟静修学校」は、1910年より「守孤扶独幼稚児保護会」と称して保育事業を正式に行うようになる。幼稚児保護会は通称赤沢保育園として今日に至っている。

　ヨーロッパの子育てが厳しかったのは宗教ばかりではない。ジャン＝ジャック・ルソーが書いた『エミール』（1762）では伝統的産衣の習慣として「産まれたばかりの子どもは，手足をのばしたり，動かしたりする必要がある。子どもの手足を動けないように縛り付けておくことは，血液や体液の循環を悪くし，子どもが強くなり大きくなるのをさまたげ，体質をそこなうだけのことだ」「ちょっとでもことが起きると，子どもは古着かなんかのように釘にひっかけられる。乳母がゆうゆうと用をたしているあいだ，みじめな子どもはそうして釘付けにされている。こういう状態で見られた子どもはいずれにも顔が紫色になっていた。……思うにこんんなことが産衣の最も大きな効用の一つなのだ」と記されている。

　西洋の人々が子どもを愛していなかったわけではない。子どもを愛し育てる気持ちは同じ。しかし自然条件や生活条件，親の労働の状態，医学的・生理学的知識の欠如，気候，風土にも大きな影響を受けている。ヨーロッパで長い間襁褓で包まれていたのは，暖房も不十分な上に厳しい気候もあった。正しい医学知識に欠けていたために，ペストなどの恐ろしい伝染病から守るために布で包み，**くる病**を防ごうとしたのである。日本でもまだ保育園や託児所が存在していない時代に，東北地方では農繁期等の繁忙期に田畑に籠に幼い子を入れて作業したり，冬の寒さから守ったりした風習があった。明治23年（1890年）日本で最初にできた保育園は新潟県の**赤沢保育園**である。この保育園では農繁期の子どもたちを保護するために生まれた。

　日本には熱帯的気候と寒帯的気候が共存し，四季の明確な変化がある。日本とヨーロッパの厳しい気候，そして風土は子育てにも大きな影響を与えてきたのである。そして現代でも続く土足での生活習慣の影響もある。室内で靴を履く以上，子どもを床に寝転ばすことはできない。

　日本は縄文時代が1万年もの永きに渡って続き，稲作が縄文時代後期（約3500年前）からあり，長い歴史の中でイグサが栽培され加工し生活に利用されてきた。平安時代から畳文化が普及し1200年以上の歴史がある。「日本の子供は産まれてすぐに着物を着せられ，手はいつも自由になっている」とルイス・フロイスが言うのも裸足や横になれる畳文化があったからである。

　日本の哲学者・倫理学者である和辻哲郎（1889–1960）は「風土は単なる自然現象ではなく，その中で人間が自己を見出すところの対象であり，文芸，美術，宗教，風習などあらゆる人間生活の表現を見出すことができる」「人間の「自己了解」の仕方である」（和辻，1979）と言っている。風土は人の心や行動，そして文明に大きな影響を与える。保育や教育もその一つである。

子どもの誕生

　フランスの中世社会研究を主とする歴史家，フィリップ・アリエス（1914–1984）は，その著書『〈子供〉の誕生』（1960）において，中世ヨーロッパ（5 ～ 16 世紀）では子どもという概念が存在しなかったと言っている。彼の研究によれば，中世までは子どもは存在せず，7 歳くらいになって幼児期を脱すると大人の仲間入りをすると述べた。この場合の子どもというのは，生物的な意味でなく社会的意味における子どもである。17 世紀までの中世芸術では子どもは描かれることがなく，背丈以外に子どもらしさを示す特徴がない。

　16 世紀を代表する大画家ピーテル・ブリューゲルの特徴が良く示される作品のひとつ『子供の遊戯』（Children's Games）（1560 年頃）では，260 人余りの子どもらによる約 90 種類の遊戯が示されている。男女問わず数多くの子どもたちが遊戯に興じている場面を描いた作品である。そこに描かれている子どもたちは皆，大人の顔をしている。当時の子どもたちは，まだ小さな大人たちであり，子どもは発見されているわけではない。子どもの発見とはどのようなことを言うのであろうか。

『〈子供〉の誕生』：
みすず書房（1980）

『子供の遊戯』：
（Wikipedia より）

5．保育・教育に影響を与えた思想家たち

❶ デジデリウス・エラスムス （1466–1536）

エラスムス像（ロッテルダム大学）：
（Wikipedia より）

　エラスムスはオランダのロッテルダム出身の司祭であり人文主義者であり神学者である。エラスムスは，「子どもは小さな大人ではない」と考えた。エラスムスの記した『幼児教育論』（1529）は，教会が行っている学校について「教師がその仕事に関してどの程度の能力をもっているのかについては，誰も知らない。学校は，実際，拷問部屋である。殴打とどなり声，泣きわめく声で一杯である」「本来自由人である子どもを教育によって奴隷化するとは，なんというさかさまなことであろうか」と批判している。さらに幼児の教育は「子どもは勉学の辛苦よりもむしろ遊戯のなかで学ぶのです」と言っている。人類の歴史上初の子どもの人権を論じ，子どもの遊びの必要性を説いたと言える。

　現代の私たちがエラスムスから学ぶことは，「子どもの人権」である。子どもと大人の生命の尊厳は同等であり，大人が子どもに対して教育という大義のために，暴力や体罰を行うことは絶対に許されることではなく，子どもは遊びながら学ぶということを教えてくれる。

❷ ミシェル・エケム・ド・モンテーニュ （1533 –1592）

　16世紀ルネサンス期のフランスを代表する哲学者，モラリスト，懐疑論者，人文主義者。ローマ・カトリックの立場であったが，穏健派としてプロテスタントにも人脈を持ち融和に努めた。

『エセ―（随想録）』表紙：
（Wikipedia より）

　主著『エセー（随想録）』（1580）には，「私は幼き魂を名誉と自由に鍛えようとする教育においてはあらゆる暴力を批判いたします。厳格と強制には何かしら奴隷的なものがあります。また，理性により，思慮により，巧妙によりなしえないものは，暴力によっては決してなしえないと考えます。」（p.323）とある。これは当時の教育についての鋭い批判であるが，同時に現代社会における体罰や虐待，そして戦争についても同様のことが言えるのではないだろうか。モンテーニュは，幼いころから父親に一度も叩かれたことが無いと言う。16世紀の宗教戦争の渦中でありながら幼児の性悪説を乗り越えた人文学者の存在は大きい。

　現代の私たちがモンテーニュから学ぶことは，「暴力の否定」である。近年日本では躾という名目での虐待や不適切な保育が問題となっているが，16世紀にはすでに人類は否定しているのである。そのような教育を未だ肯

定する保育・教育者は愚かな人間であると心して猛省しなくてはならないのである。

3 ヨハネス・アモス・コメニウス（1592–1670）

コメニウスは，現在のチェコ・モラビア生まれの宗教家であり教育者である。著書に『大教授学』（1657）がある。

コメニウスは「幼子に罪はなし」とキリスト教・原罪説の克服を図る。そして当時の「金持ち」のためのものであって「貧乏人」のためではない学校を批判し，「折檻場」「拷問室」に等しい学校への批判の上に立つ近代的学校思想の先駆けとして，とりわけ高く評価されている。身分や階級の違いを問わず「すべての人に」「すべてのことを」「楽しく」「的確に」教えるための，学校の全面的な改革原理の提案として『大教授学』を記した。さらに近代教育の父と称されるのは年齢と特徴に注目して学校体系を年齢で構成したことにある。

コメニウスの「学校体系」は0〜6歳（幼児期），6〜12歳（少年期），12歳〜18歳（若年期），18歳〜24歳（青年期）と年齢構成を分類した。そして，保育に関連する幼児期を母親学級として6つのクラスに分類した。

また，その母親学級も6つのクラスに発達段階ごとに分け，①新生児のクラス（5ヶ月まで），②乳呑児のクラス（1.5歳まで），③おしゃべりと最

コメンスキー大学（スロバキア・ブラチスラヴァ）：
（Wikipediaより）

年齢構成	教育の場所	育てる内容
0〜6歳（幼児期）	母親学級　母の膝　幼児学校	外部感覚
6〜12歳（少年期）	母国語学校　国民学校	創造力・記憶力・舌（言語）と手による表現能力
12歳〜18歳（若年期）	ギムナジウム　ラテン語学校	知性・判断力
18歳〜24歳（青年期）	アカデミー　大学	意志

表4–1
コメニウスの学校体系

① 新生児のクラス（5か月まで）
② 乳呑児のクラス（1.5歳まで）
③ おしゃべりと最初の一歩のクラス
④ 言語と知覚のクラス
⑤ 道徳と敬神のクラス
⑥ 最初の共同の学校クラス。または最初の教授のクラス（4〜6歳）

表4–2
コメニウスの母親学級6つのクラス

初の一歩のクラス，④言語と知覚のクラス，⑤道徳と敬神のクラス，⑥最初の共同の学校クラス，または最初の教授のクラス（4〜6歳）と分けた。こうした細やかな発達におけるカリキュラムを考案したことは，後の幼児教育にも大きな影響を与えた。

コメニウスはこの他にも，「認識はいつも感覚から始まる」と感覚訓練の重視，感性と理性を育てることを伝えた。また，子どもは大人と違い，不完全・理性が欠如，ゆえに教育によって強制的・矯正的に作り上げなければならないと考えた。さらに子どもの中に善性を見たコメニウスは，理性以前の感覚的存在であるからこそ，素晴らしい存在である，そうした特長に合わせた教育が必要であると考えた。0歳から24歳までの教育体系は現在の教育体制そのものであり，「近代教育の父」として記憶しておくべき人物である。

現代の私たちがコメニウスから学ぶことは，いかなる宗教的理由があろうとも子どもには最初から罪がないということである。人間が生きる上で宗教的な問題は無視できることではない。しかしながらそれが子どもの人権を蹂躙しているとしたら，それは改革されていかなければならないのである。子どもには健全に生まれ育つための環境が大切であり，大人はその環境や教育体系により，発達に応じて科学的に教育体系を築いていくことが必要なのである。

4　ジャン＝ジャック・ルソー（1712 – 1778）

ジャン＝ジャック・ルソーは，フランスの哲学者，政治思想家，教育思想家，作家である。ルソーは，教育において大切なことは「**消極的教育の原理**」であるとした。

『エミール』
岩波書店（1962）

著書『**エミール**』冒頭の「万物をつくる者の手をはなれるとき，すべてのものはよいものであるが，人間の手に移るとすべてが悪くなる」（p.23）という言葉は有名である。消極的教育とは，子どもたちに堕落した文化や文明を教えないということである。人為的な作為的なものを排除し，堕落し悪が入り込むことから子どもを守ることが正しい教育であり，そうすることで子どもの本来の善が守られると考えた。

またルソーは「人間は教育によってつくられる」（p.24）として，その教育は自然と人間と事物という3通りの教育があると考えた。これらの教育が一つになるためには，変えようがない「自然の教育」に「人間の教育」と「事物の教育」を一致させなくてはならないと考えた。自然の教育とは子どもの内的発達，発達段階に応じた教育ということである。子どもには子ども時代という固有の世界がある，ということであり，子ども時代には大人に近づけるのとは違った意味での，子ども固有の成長の論理がある。また，成長の論

理に即して手助けすることが教育である，と考えた。ルソーが保育の思想の中で特に評価されることは，「子どもを発見した」ということである。それまでは子どもは小さな大人であった。「人は子どもというものを知らない。子どもについて間違った観念を持っている。」(p.18)と言い，ルソーは子ども時代という固有の世界に注目したのである。

教育は，「子どもの発達段階の特徴に合わせて行われなければならない。そして子どもを能動的・主体的な自立した人間に育てようとするならば，その発達段階なりに能動的・主体的に育てなくてはならない」と考えたのである。ここに現代の教育学の萌芽（ほうが）が見られる。

『エミール』は教育書として有名であるが，家庭教師の方法として書かれており，富裕階級，少なくとも中流階級以上の子どもたちが対象であり，民衆教育は対象ではなかった。また女性や障がい者に対する差別的な表現も見られ，現代では受け入れられない点も多々見られるが，当時の時代背景から，子どもを解放しようとした試みは革命的な考え方であったと考えることができる。「自然の秩序のもとでは，人間はみな平等であって，その共通の天職は人間であることだ。」(p.31)「人間としての生活をするように自然は命じている。生きること，それがわたしの生徒に教えたいと思っている職業だ。」(p.31)と教師の役割を述べている。

現代の私たちがルソーから学ぶことは，子どもは白紙ではなく様々な色を持ち生まれてくるのであり，大人の観念を無理やり子どもに押し付け教え込むのではなく，見守り引き出していくことが重要だということである。消極的教育というのは子ども自らが自然の法則で学び取るための環境を整備することであるといえる。

5 ヨハン・ハインリヒ・ペスタロッチ (1746–1827)

スイスの教育家，教育思想家。チューリヒに生まれる。民衆教育の父と言われる。著書に，『隠者の夕暮』（いんじゃ）(1780)，『リーンハルトとゲルトルート』(1781–1787)，『ゲルトルートはいかにその子を教えたか』(1801)，『白鳥の歌』(1826)などがある。

フランス革命後の混乱の中で，スイスの片田舎で孤児や貧民の子などの教育に従事した。活躍の場所は，スイス各地にまたがり，ノイホーフ，シュタンツ，イフェルドン，ブルクドルフが有名である。教えを乞いにペスタロッチのもとに多くの教育者が訪れ，フリードリヒ・フレーベル，ヨハン・フリードリヒ・ヘルバルト，そしてロバート・オウエンも訪問している。

墓碑にペスタロッチの生涯が端的に表れている。ノイホーフにおいては貧民の救済者，『リーンハルトとゲルトルート』においては民衆への説教者，シュ

『隠者の夕暮―シュタンツだより』
岩波書店（1943）

タンツでは孤児の父。ブルクドルフとミュンヘンブッフゼーにおいては新しい民衆学校の創設者，イヴェルドンにおいては人類の教育者，人間！ キリスト者！ 市民！ おのれを捨ててすべてを他の人のために為す！ 彼の名に祝福あれ！と刻まれている。

　ペスタロッチの教育実践はルソーの影響を強く受けている。ルソーはロマン主義時代の空想的思想家であったが，ペスタロッチは教育実践家でもあった。ルソーは消極的教育を論じたが，ペスタロッチはむしろ同じ自然の道の教育を重視しながらも積極的な教育者であると考える。教育は真理を追求し身につけることであり，そのためには「メトーデ」と言い「直感教育」を重視した。これは単に抽象的概念を否定して感覚器官を重視するということではなく，発達段階をふまえながら，子ども自身の直感の働きを大切に心情と知性と技術を育てるという意味がある。また「生活が陶冶する」とも言い，人間形成をする上で重要なことは，実際の生活の中での陶冶（教育）が極めて重要であるとした。

　また『隠者の夕暮れ』の冒頭に人間は「玉座の上にあっても木の葉の屋根の蔭にあっても，その本質においてまったく等しいもの」と人間は人間として絶対的に平等であるという考え方を持ち，すべての子どもが教育の対象と考えたことで，実際に孤児院を作り教育を進めたため「民衆教育の父」であるとたたえられている。思想的に多くの信奉者がペスタロッチを訪ね，彼の実践と思想に強く影響を受けた。フレーベルやロバート・オーエンもその中の一人である。国家が権力のために教育を行うのではなく，子どもたちの人間としての成長のために人間教育を目指したのである。第二次世界大戦のさなか「子どもの権利条約」の元になる「子どもの権利」という概念を提唱したヤヌシュ・コルチャックは熱烈なペスタロッチ信奉者でもあった。

① 教育には家庭の温かさが必要だということを説いた。（家庭教育の重要性）
② 初めて民衆・貧民が教育の対象として位置づけられたということ。読み・書き・計算だけでなく，人格の形成ということまで含めて，教育を定義した。
③ 学校教育の方法論を確立した。 メトーデ。直観教授。感覚器官を鍛えて直観から理性へ。

　現代の私たちがペスタロッチから学ぶことは多い。しかし，あえて選ぶなら2点ある。一つは，「幼い頃から様々な事象と経験，そして本物と出会うこと」そしてそれが人生の基礎として大切だということである。そしてもう一つは「常に教育者は実践をする」ことである。自ら子どもたちのために社会を切り開いていくエネルギーが重要であるということである。

6 フリードリッヒ・フレーベル（1782–1852）

　フレーベルはドイツの教育者。幼児教育の祖。小学校就学前の子どもたちのための教育に一生を捧げた。ペスタロッチに啓発され，彼の初等教育のやり方をより小さい子どもたちの教育に当てはめて，幼児の心の中にある神性をどのようにして伸長していけるか，ということに腐心。小学校就学前の子どもたちのための教育に一生を捧げた。

　幼児教育のための最初の学校の創設では，オウエンに数年の遅れをとったが，「幼稚園（Kindergarten）」という言葉は彼の造語で，その功績に感謝して，幼児教育のための学校は，世界の多くの国々で「Kindergarten」「Kindergarden」と呼ばれるようになるなど世界中に大きな影響を与えた。日本語の「幼稚園」も「Kindergarten」を直訳したもの。幼稚園では，お遊戯，お絵かき，生活体験などが重視され，園庭と花壇があるというのは，フレーベルのコンセプトから生まれたものである。

　フレーベルはペスタロッチの「直感教授」の前に無意識に生じる朧げな「予感」があると主張している。「予感なしには一般にいかなる直観もあり得ない。予感のない直観は空虚な亡きがらである。」と言っている。予感とは人間の本来持っている根源的な力である。予感 ➡ 直観 ➡ 概念へという発達認識論の初発段階に位置づけている。

　また，教育のための玩具として「恩物」を開発したことでも知られる。これは，球や立方体などの数学的な原理の学習や生活の周囲にあるものをそれで表現したりして遊ぶもので，教育玩具の始まりをなすものといってもいい。国内外のいくつかの幼稚園では，恩物を幼児教育に積極的に活用しているところもある。

　フレーベルは子どもの内心の欲求に耳を傾けることの必要性を説き，子どもの内なる衝動を重要視した。「さあ，私たちの子どもらに生きようではないか！」と子どもたちのために生きることが教育者としての使命であると考えた。

　現代の私たちがフレーベルから学ぶことは多い。フレーベル教育は現代の幼児教育の基礎となっているからである。現代においても「フレーベルに還れ」と言われることがある。現代日本の幼児教育・保育においてフレーベルの大切にしたことは守られているのだろうか。平成13年から園庭の無い保育園も認可されるようになった。そして現代では多くの園庭の無いビルの中の保育園が増加している。日々自然物や生き物に触れないで子どもたちはどう育つのか，園という名をつけている以上園庭が不可欠である。こうした問題提起にどう答えていくのか，教育の原点に返ることが求められる。

『人間の教育』
岩波書店（1964）

恩物：

7 ヨハン・フリードリヒ・オーベルリーン（1740-1826）

オーベルリーンは，フランス・アルザス出身のドイツ系フランス人牧師，慈善家，社会活動家である。1767 年にアルザスのシュタインタールの主任司祭となった。貧しい村の経済を再建するために学校を作った。婦人たちが生計を立てるための主要な技術として編み物を教えたので「編み物学校」と呼ばれた。

「編み物学校」は大人に対する職業訓練支援の側面を持っていた施設だったが，オーベルリーンは子どもへの教育を重要視して，遊びによる保育が中心の低学年の子どもと，授業や編み物作業（紡ぐ，編む，縫う）が中心の高学年の子どものために，世界初の「幼児学校」（幼児保護施設）を 1769 年に建設した。

オーベルリーンの教育理念は「子どもに対しては厳しすぎず，常に優しい好意を持って，しかし侮ることなしに」というものであった。オーベルリーンの幼児学校は，就学前教育機関の先駆けであると同時に，19 世紀にヨーロッパで設立された少年保護施設や幼稚園の基本形態になっていった。

現代の私たちがオーベルリーンから学ぶことは，子どもに対する姿勢である。常に優しさを持って，そして子どもだからと言って侮らないということ。子どもだからこれくらいで良いといった差別的な意識を持つことは許されないということである。大人の行動は常に子どもたちに影響を及ぼす。大人自らの行動を律することが重要であることを示唆している。

8 ロバート・オウエン（1771-1858）

オウエンはイギリスの社会改革家。イギリス産業革命期の工場経営者であり，空想的社会主義者である。人間の活動が環境によって決定される，とする環境決定論を主張した。産業革命によって引き起こされた労働者家族の悲惨な生活を見て，その労働者の家族である幼児の心身の発達に及ぼす悪影響を防止することを目的として，自分の工場のそばに作った「性格形成学院」の予備学校として，子どもの共同遊び場や幼児学校を作り，1 歳から 5 歳までの子どもを教育した。起源は 1816 年である。オウエンが工場の経営者でありながら自ら雇用している労働者の幼子たちの教育を進めたのは，ペスタロッチの影響もある。

現代の私たちがオウエンから学ぶことは，「富と名誉にあるものこそ社会に貢献していかなくてはならない」ということである。それには差別や貧困が社会のシステムの中で構造的に生み出されていることに気づき，社会全体が豊かに暮らしやすい社会を作るために消え入りそうな小さな声に耳を傾

け，考え行動することである。

　海外では，裕福な者や成功したものは社会に貢献することが当然の教養である。日本の社会の経営者も人類の未来のために投資し，何ができるかを考え，行動する社会的責任を負うことが必要である。

❾　エレン・ケイ（1849–1926）

　ケイはスウェーデンの社会思想家，教育学者，女性運動家である。

　19世紀は女性や子どもたちにとって不遇の時代であったとして，20世紀こそは児童が豊かに幸せに生きることができる時代にしたいと『児童の世紀』を1900年に出版した。児童中心主義の思想家である。

エレン・ケイ：
（Wikipediaより）

　ケイは世界に広まった幼児教育施設が，時代が変遷するなかで形骸化され，子ども中心から大人の都合で教育がなされているのを見て，フレーベルの言葉「さあ，私たちの子どもらに生きようではないか！」はもっと進んだ「私たちの子どもらを生かそうではないか」に変える必要があると言っている。つまり主体は常に子どもたちにあることを改めて指摘したのである。また「どんな段階でも子どもにはありのままの現実を体験させるようにしなければならない。バラの棘を最初から絶対に抜いてはいけない」とも言っている。この言葉は現代の日本の教育にも様々な示唆を含む言葉である。子どもの安全は重要であるが，けがを恐れて冒険の無い保育，温室栽培のような保育では，子どもは生きる力を学ぶことができるのであろうか。また子どもを子ども扱いすることで，大人の鑑賞にも耐えられない偽物が横行していないか。

　現代の私たちがケイから学ぶことは，常に問題意識をもって子ども中心の保育をすることである。そして様々な価値観の中から常に時代を見据えて，子どもたちにとって最も利益になる平和と自由の環境を整えるために保育者は戦うことであると考える。

❿　ジョン・デューイ（1859–1952）

　アメリカ合衆国の哲学者，教育哲学者，社会思想家。『学校と社会』（1899）『民主主義と教育』（1916），『人間性と行為』（1921）を発表。

ジョン・デューイ：
（Wikipediaより）

　デューイは，民主主義の再建・社会改革の手段として，学校教育を重視していった。彼の思想的立場は，国家はできるだけ個人の生活に干渉せず人権を守るというスタンスを理想としていた。デューイはその中で，学校の役割を「民主主義における生活者を育てること」とした。民主主義における生活者とは，公共の問題に対して協同して取り組んでいくことができる能力を持った人間を意味し，こうした人間が民主主義における生活者だという。

　『学校と社会』（1899）の中で大切なことは生きることで，学習はその生きることを通して，また生きることと結びついて行われると考えている。「旧教育は，これを要約すれば，重力の中心が子どもたち以外にあるという一言につきる。重力の中心が，教師・教科書・その他どこであろうとよいが，とにかく子ども自身の直接の本能と活動以外のところにある。…（中略）…いまやわれわれの教育に到来しつつある変革は，重力の中心の移動である。それはコペルニクスによって天体の中心が地球から太陽に移されたときと同様の変革であり革命である。この旅は子どもが太陽となり，その周囲を教育の諸々のいとなみが回転する。子どもが中心であり，その中心のまわりに諸々のいとなみが組織される。」（p.49）とデューイは述べて教育に対して子どもが中心とする重力の中心の移動を主張している。ここに子ども中心主義の萌芽が見られる。

　さらにデューイが提言したのがカリキュラムの中心に「オキュペイション」（occupation：仕事，専心的活動）を位置づけるということであった。「学校においては，子どもが従事する諸々の典型的な仕事（occupation）は，一切の経済的圧力から解放されている。その目的は，生産物の経済的価値にあるのではなくて，この狭い功利性からの解放，この人間精神の可能性にすべてが開かれていることが，学校におけるこれらの実践的活動を芸術の友たらしめ，科学と歴史の拠点（学ぶ起点）たらしめる。」（p.31）とした。

表4–3
オキュペイション（occu-pation）の3つの条件

1. 心が奪われるほど集中している活動（「専心的活動」とも訳す）であること。
2. 人間が協同しながら自分たちの生活をよりよいものにしてきたということがわかること。
3. 子どもたちが協同して活動を体験できるということ。

　例えば，デューイは羊毛や綿花から糸を紡ぎ出して服を作ってみるなどの活動をあげている。布から服を作るなど，事物についての科学的な知識を得ることができるし，人間の歴史的な進歩を知ることができる。さらに，複数の子どもが協同して活動に取り組むことができる。

　「典型的な仕事」を子どもたちに取り組ませることによって，科学的な知識ないし歴史的な知識を修得しながら，みんなと協同して活動する経験や主体的に参加する学習活動の経験ができると考えていた。そうした学習経験から，民主主義社会を支える一員となっていく能力が育つと考えたのである。デューイは，学校において子どもたちに共通の目標に向けてみんなで力を合わせて活動し，主体的に活動することで，民主的・公共的な「仕事」に参加できるとした。デューイの残した有名な言葉がある。

"Learning? Certainly, but living primarily and learning through and relation to living.

「学習ですか，たしかに学習も必要です。しかし，それよりもまず大切なことは生きることで，学習はその生きることを通して，また生きることと結びついて行われるのです」（デューイ，1970）

　現代の私たちがデューイから学ぶことは，民主的で自由な社会を守り形成するためには，子どもたちが民主的で主体的に学ぶことができるオキュペイションが必要であり，教育の価値観のコペルニクス的転回が現代の保育・教育には求められるということである。古い教え込むような教育的価値観から現代の保育・教育とは決別しなくてはならないことを示唆しているのである。

⓫　ルドルフ・シュタイナー（1861–1925）

　シュタイナーは，アントロポゾフィー（人智学），シュタイナー教育の創始者。哲学博士。第一次世界大戦終結後の 1919 年に，国家原理からも経済原理からも自由な学校として自由ヴァルドルフ学校を設立し，現在でも世界中で 1000 校以上存在している。シュタイナー教育（ヴァルドルフ教育）は，社会，経済，教育，医学，農業など人間生活のあらゆる分野に新機軸を示し，12 年一貫教育の教育システムである。

　教授業全体を芸術的に扱い，どのような教科においても，授業の初めに詩を唱え，歌を歌い，「オイリュトミー」と言われるリズムにあわせて動いたりするという特徴がある。多くの教育が国家の原理のもとに行われていることが多い中，国家原理および経済原理からの自主独立を目指した。

　幼稚園では異年齢の縦割りクラスであり，「エポック授業」という毎朝 2 時間分を使い，数週間にわたって同じ教科の勉強をする。多くの単元を同時には行わず，一つの授業を集中的にやり，忘れ，再び取り上げられ，と内面で消化され深い学びに繋げている。基本的に 8 年間担任は変わらず，クラス替えもない。シュタイナーは，人間は 7 年ごとに節目が訪れると考えた。7 歳までを「第一・七年期」，次の 14 歳までを「第二・七年期」，21 歳までを「第三・七年期」と呼び，7 年ごとの教育の目標を定めた。

ルドルフ・シュタイナー：（Wikipedia より）

「第一・七年期」誕生から 7 歳	肉体と感覚の発達
「第二・七年期」7 歳から 14 歳	感情の発達
「第三・七年期」15 歳から 21 歳	知性の発達

表 4-4
シュタイナーの教育の目標

　シュタイナーは，「教育とは，自由な人間精神を発展させるためにある」として，生き生きとした感情と意志を通して学ぶことを重要視した。学校は子どもたちが安らげる場所であり，子どもたちが自由に自分の想像力を働かせ，遊び，生活ができる場であり，理屈ではなくて直感的にするべきことを自分で見つけて実行できる人間として育てる場所としている。

　子どもたちだけでなく教師にも同様に「子どもの一生をつねに意識しながら，教育にたずさわらなければならない」とし，教師の自由な創意と自主性を尊重し，時代や地域の文化状況，眼前の子どもたちの実情にあわせ授業を展開し，教師の創造性や自発性を支えるための，芸術的トレーニングやメンタルトレーニングが確立されている。

　シュタイナーは子どもの気質を粘液質，胆汁質，多血質，憂鬱質（ゆううつ）と四つの気質に分けた。こうした4つの気質の元になる四体液説は4世紀のギリシャの医学の父，ヒポクラテスから始まる古代の一般的な考え方で，それが治療におけるひとつの目安になり，西洋では一般的な考え方である。

　シュタイナーは自分自身を知りたければ，世界（宇宙）を観察する，世界（宇宙）を知りたければ，自分の魂の深みを観察する，という古代ギリシャの自然哲学を基本に考えを生み出していた。

　現代の私たちがシュタイナーから学ぶことは，幼児期においては子どもの手本となる大人の行動が重要で，穏やかで美しい環境の中で，身体を十分に使い手足を動かして遊ぶことが想像力や意思の力につながるということである。7歳までに多くの愛と喜びを与えると，のちに自由に世界と交流できるようになるということ。つまり子どもの自発性や個性を尊重し，子ども一人一人の気質や発達段階，個性に応じて教育はあるべきだということである。

12　マリア・モンテッソーリ（1870–1952）

旧イタリア1000リラ紙幣のモンテッソーリ肖像：

　イタリアの幼児教育者，科学者，フェミニスト，医学博士。モンテッソーリ教育法の開発者。イタリアのローマで医師として精神病院で働いていたモンテッソーリは，知的障害児へ感覚教育法を施し知的水準を上げるという効果を見た。1907年に設立したローマのスラムの貧困層の健常児を対象とした保育施設「子どもの家」において，その独特な教育法を完成させた。以後，モンテッソーリ教育を実施する施設は「子どもの家」と呼ばれるようになる。

　常に子どもを観察し，そこから学ぶ姿勢を貫いたモンテッソーリは，感覚教育と同様に重要と説いたのは，子どもの中の自発性を重んじることである。どの子どもにもある知的好奇心は，何よりその自発性が尊重されるべきで，周囲の大人はこの知的好奇心が自発的に現れるよう，子どもに「自由な環境」を提供することを重要視した。また，子どもを観察するうち，月齢，年齢ご

とに子供たちの興味の対象がつぎつぎ移り変わる点に着目し，脳生理学に基づき，様々な能力の獲得には，それぞれ最適な時期があると結論付け，これを「**敏感期**」と名づけた。

　モンテッソーリは，子どもが自発的にしている活動に着目した。子どもは絵を描くことに熱中したり，ものをある場所から別な場所に移すことに熱中したりする。子どもが散歩に出ると，虫や花を見つけて飽きることなく観察している。このような子どもの活動を，子どもが自分の発達課題を持って，仕事をしているのだと捉えた。それを「**集中現象**」と呼び，子どもが敏感期にあったものを環境から自由に得てそれと関わるとき，必要な援助を与えると，深い集中が起こり，これによって人格ぐるみで成長していく過程を発見した。集中現象を経験し自分で満足のいくまで仕事をなし続けた子どもは，いつも心が満たされ，情緒が安定し，自発性が強められるとした。

　敏感期には，人間は「0 歳から 24 歳まで」がその後の成長の土台となるべく顕著な発達を遂げると捉え，その期間を 4 つのグループ（発達段階）に分けている。子ども期を生きている人間は，大人の支配下にあるようで，実は決して大人の支配に屈せず，大人の支配よりもはるかに強い自然の力に支配されているとして，時期ごとに自然から課された宿題を成し遂げなくてはならないとして，「**発達の 4 段階**」を考えた。

第 1 段階	0〜6 歳まで	敏感期
運動・感覚・言語・言葉・文字・秩序・数		
第 2 段階	7〜12 歳頃まで	思春期直前までの時期
道徳観の誕生・心の抽象化・文化の敏感期		
第 3 段階	13〜18 歳頃まで	思春期
生理的な変化が困難を伴う時期での保護・大人として役割を果たし始めるための社会的理解		
第 4 段階	18〜24 歳まで	
身体的には成熟し専門的な探求者となる。世界に貢献する適職を探す		

表 4-5
モンテッソーリの発達の
4 段階

　モンテッソーリ研究者・相良敦子は，人類の地上生活の夜明けから抑圧され，それがあることすら気づかれず 20 世紀まで至った幼児期の豊かな力をモンテッソーリが発見して開放したと言っている。

　現代の私たちがモンテッソーリから学ぶことは，敏感期に合った適切な環境を整えることは必要欠くべからざる条件だということである。そのためには様々な本物の生活を練習することで，環境に適応しうろたえず自分らしく生きることができ，物事の順序性や調和，美的観念，物を大切にする心が育つ。子どもの内面から導くその大きな力が，妨げられず自らよく働けるとき，

子どもの内奥に潜んでいた豊かな可能性が現れてくる。つまり敏感期を逃さず本物の環境を整備し，集中を見守り，自主性，自発性を大切に自由な保育の必要性を説いている。モンテッソーリ教育の特徴の一面とされる一斉教育を行わない教育形態は，子どもたちの「自由」の保障と「敏感期」を育むモンテッソーリ理論の視点に立つものである。

⓭　ヤヌシュ・コルチャック （1878–1942）

孤児院（ドム・シェロト）
1935 年頃：
（Wikipedia より）

　ポーランド・ワルシャワに生まれ，本名ヘンリク・ゴルトシュミット，小児科医師，作家，教育者。孤児院「孤児の家（ドム・シェロト）」を創設。著書に『19 世紀隣人愛思想の発展』（1899），『街頭の子ども』（1901），『サロンの子ども』（1904），『子どもをいかに愛するか』（1918），『王様マチウシ 1 世』（1922），『もう一度子どもになれたら』（1925），『子どもの尊重される権利』（1929），その他多数ある。

　コルチャックは多くの小説の中で「子どもの権利」について記述している。

　「我々大人が子どもについて熟考し決断するに際して子どもには自らの考えを述べ・そこに積極的に参加する権利があるということが第一の議論の余地のないことだ，そういった理解は，まだ私の中で形を成していないしその確かな証拠もない。」（コルチャック，1929）

　「私は，この不思議で，生命に満ちあふれ，予期し得ぬ点で最高の輝きをもつ子どもというものについて，現代の学問が知らない，そういう独創的なものを理解し，愛することを教えたい。」（コルチャック，1929）

　「長年の経験からますます明らかとなってきたことは，子どもは尊敬され信頼するに値し，友人としての関係に値するということだ。そして，優しい感性と陽気な笑い，純真で明るく愛嬌ある喜びを我々は彼らと共にすることができるということ。この仕事は，実りある生きいきとした，美しい仕事であるということも。」（コルチャック，1929）

　「子どもには疲れるとあなたはいう。そのとおりだ。しかし"だって彼らの考えまで降りなきゃならないのだから。そこまで下りて，身をかがめ，腰を曲げ，身体を縮めなきゃならない"と説明するとき，あなたは間違っている。私たちが疲れるのはそのためではない。そうではなくて，彼らの感性の高みにまで高まらなければならないからだ。高みをめざして，つま先立ち，背伸びをしてだ。無礼にあたらないように。」（コルチャック，1925）

　「人生にはあたかも二つの時期があるかのように見える。一つは真摯な尊重さるべき時期であり，いま一つはくつろいでおり，大目に見てもらえるが，たいした価値は持たない時期である。我々は将来の人間，将来の勤労者，将来の市民といった言葉をふだん口にする。あるいは，子どもについて，この

先どうなるとか，本当のことはずっと後になって始まるんだとか，将来になっ
てみなければ確かなことは言えない，といったことも聞かれる。（中略）人
生に戯れごとの時などというものがはたしてあるだろうか。そんなものはな
い。子どもの頃というのは，長く，そして一生の内で重要な時間なのである。」
（コルチャック，1929）

　このように，コルチャックは常に子どもの権利を守るためにペンと実践を
武器に最後まで勇気を持って戦った。「子どもは我々と全く同じ価値を持つ
人間」であり，それは「考え抜かれた具体的で科学的な定義」として子ども
の権利を当然のこととしなくてはならないのである。こうした思想は現代の
「子どもの権利条約」（1989年11月20日制定）に繋がっている。

　現代の私たちがコルチャックから学ぶことは，科学的な定義として，子ど
もを一人の人間として尊重して愛することであろう。常に子どもたちに寄り
添い，敬い，共に生きることが保育士にも求められている。それは情緒的な
感情論ではなく，人類の英知として科学的であるということ。保育の哲学と
して不可欠の要素なのである。

⓮　アレクサンダー・サザーランド・ニイル（1883-1973）

　イギリスの新教育運動の教育家。エディンバラ大学に学び，1914年スコッ
トランドのグレトナ・グリーンスクールの校長になる。

　ドイツの改革教育運動の影響を強く受けたニイルは，ドレスデン郊外に新
しく学校を創立した。やがて，この学校はイングランドのライム・レギスに
移り，サマーヒル・スクールという名で，「世界で一番自由な学校」として
知られるようになる。ニイルは「子どもを学校に合わすのではなく，学校を
子どもに合わせる」という考えのもと，子どもの幸福こそ，子どものしつけ
や養育の中で最も重要なものと見なされるべきであり，この幸福へ寄与は，
子どもにその個人的な自由を最大限認めることになると考えた。

　現代の私たちがニイルから学ぶことは，**自由は自律の子**であるということ
である。すべて大人の管理下に置かれ，指示ばかりで教育され，自己を見失
う不幸な子どもたちを育ててはならない。自分の耳で聞いて，自分の目で見
て，自分の頭で考えて，自分の力で行動できる自立した人間になるためには，
まず自由な体験が必要なのである。それには大人の待つ姿勢や，丁寧に見守
る忍耐力が必要となってくる。子どもの成長に興味・関心を持ちじっくり待
つことは，放任ではない。自由は放任ではない。保育・教育の最大の目的は
自立と自律である。自立は自分の意志で責任を持ち行動できることである。
自律は自分で自分を律することができる能力である。このどちらも自由の中
で生まれる。管理教育で育つのは自分の意思がなく服従する人間である。国

アレクサンダー・サザー
ランド・ニイル：
（Wikipediaより，撮影：
Zoë Readhead）

際的に活躍する時代では自己を確立していくことが重要である。

　自由教育論には，与えられた知識より，自ら掴んだ知識が貴い。教え込む教師は上ではない。学ばせる教師が上の上なのである。とある。そもそも教育の語源であるラテン語の「エデュカーレ」は「引き出す」という意味である。つまり子どもに大人の色を塗りたくるのではなく，本来持っている色彩の輝きを引き出すということである。幼児期における教育の在り方として大きな示唆を与えている。

🔟 ホーマー・レイン（1875–1925）

　レインはアメリカ合衆国生まれの教育者である。米英両国の非行少年矯正施設において，子どもたちの再教育にたずさわる。有名な著書に『**親と教師に語る**』文化書房博文社（1949）がある。

親と教師に語る：
文化書房博文社（1949）

　非行少年の保護と矯正をする中で，レインは教育の根本が，「**その各段階におけるそれぞれ特有な子どもの欲望を十分に満足させる**」ことであると，子どもたちとの様々なやりとりを例示しながら明らかにしている。そこでレインは非行少年の持ついろいろな欠陥は，抑圧によって矯正されるものではなく，逆に「子ども時代の抑圧の結果として生まれたもの」とした。幼児期から少年期に愛情に満たされ，**自由に自己を表現する**ことを許されるならば，彼は一人で非倫理的なものを除き，やがて愛他的精神が青春期に無意識の心から現れ始めると考えた。愛情が不十分であり，自己の表現が抑圧された結果，発達が阻害され問題行動につながると考えた。必要な時に必要なものを必要なだけ与えること，それは発達を無視して不必要な時に不必要なものをたくさん与えすぎてしまう早期教育などとは異なる。抑圧ではなく表現の自由を認められ自己肯定感を持つことが，子どもの教育に必要なのである。

表 4–6
レインの発達の４つの段階

幼年時代	（誕生から約３歳まで）
空想の時代	（2，3歳から約７歳まで）
自己主張の時代	（7歳から11歳まで）
共同の時代	（11歳から17歳まで）

🔢 ワシリ・アレクサンドロヴィチ・スホムリンスキー（1918–1970）

　スホムリンスキーはウクライナ出身の教育者である。著書に『**教師の仕事──まごころを子どもたちに捧げる**』（1969）がある。若くして農村学校の校長となり，教育実践の中から多くの著作と論文を残した。それらは教育の方法

論だけでなく，教師としての在り方や教育の技術を語っている。それは教育者論でもあり，保育者論でもある。真の学校とは，教師と生徒がたくさんの興味や趣味で結ばれている。児童集団の多面的な精神生活だとして，子どもを点数だけで計り精神世界の多面性を一面的にしか理解しない教師を批判している。

　またスホムリンスキーは「**本当の教育者になるために欠かせない気質と産物があると私は固く信じています**。その中でももっとも大事なのは，子どもの精神世界に入り込む能力です。自分もまた子どもだったのだということをいつも忘れない人間だけが，本当の教師になれます。」（スホムリンスキー，1987）と言っており，多くの教師の不幸は，子どもたちが知識，想像，人間の相互関係の世界に踏み出した，生きた人間であるということを理解しないことだとも言う。そして子どもの精神世界に教師が降りるのではなく，上るのだとも言っている。これはコルチャックの『もう一度子どもになれたら』（1925）の中に出てくる考えに沿っており，「**子どもの精神世界は大人より高みにあり，そうした姿勢こそが児童観には必要なこと**」であると伝えている。

　現代の我々がスホムリンスキーから学ぶことは，「**理想の教師像**」である。子どもの世界に関して常にリスペクトする謙虚な姿勢である。かつて子ども時代に様々な体験をして世界という大きな山を登ってきたその頂点に教師がいるのではなく，山のふもとから同じ風景を見ながら共に登っていく人間としての教師が求められるのである。それは教えるのではなく子どもの力を引き出す支援者としての教育者であり，優れた子ども理解と共感性が無くてはならないことを教えてくれる。

🔢 ローリス・マラグッツィ（1920–1994）
〈レッジョ・エミリア・アプローチ〉

　北イタリアの都市，レッジョ・エミリア市は，子どもの個性や創造性を重視した「レッジョ・エミリア・アプローチ」と呼ばれるユニークな教育方法で知られている。このアプローチの理論的支柱であり中心的役割を担ったのがマラグッツィである。マラグッツィはスイスのピアジェ教育科学研究所で，ピアジェ，ヴィゴツキー，フレネ，ブルーナー等の心理学者から多くの学びを得て様々な保育の原理，心理学を統合してレッジョ・エミリア・アプローチの礎を築いた。

　レッジョ・エミリア市では，保育園（6か月〜3歳），幼児教育機関（3〜6歳）を同じ組織で運営することで，継続された教育を行っている。子どもたちの100の言葉（世界）のうち99は奪われていると言い，奪われている多くの言葉を細やかに受け止め，権利を保障する幼児施設の運営を模索

スホムリンスキー：
ウクライナのコイン
（Wikipedia より）

モデナ・レッジョ・エミリア大学：
（Wikipedia より）
1175 年創立，イタリアで最も古い大学の一つ。

した。「創造性の教育は，すべての子どもが潜在的に抱えている可能性であり権利である」として，ペタゴジスタと呼ばれる教育専門教師の他に，各園で一人アトリエリスタと呼ばれる芸術教師を配置している。

　既成概念にとらわれず，長期のプロジェクト学習（プロジェッタチオーネ）や一定の教具やカリキュラムにそって決まったとおりのことを教えるのではなく，子どもと保育者がじっくりとコミュニケーションを取り合いながら，ユニークなカリキュラムを協同で創り出し，様々な技法を駆使していく。さらに「学びの共同体」として親たちも市民も積極的に参画し，行政も地域も協力して町ぐるみで施設を支援している。教育環境もアトリエ等の表現空間，自然物，人工物，光，香り，音楽，テクノロジー等，様々な素材や道具，保育材料が用意され，子どもと大人の双方が創造性を発揮し，美的で探求的な活動をとおして共に学び，育ちあう関わりを形成している。

　現代の我々がマラグッツィから学ぶことは，豊かな保育・教育環境とは何かということである。「子どもに波長を合わせたコミュニケーション」が成り立つために必要な保育環境・スタッフ養成・育児支援のみならず，地域ぐるみで子どもの自由な育ちを保障する，そうした社会を創造していくことが現代の保育に強く求められていることを再認識し，自ら創造していくことが現代社会に必要なことであることを認識するのである。　　　　（倉田）

【引用・参考文献】
- ルイス・フロイス，岡田章雄訳注『ヨーロッパ文化と日本文化』（7版）岩波書店〈岩波文庫〉1991
- 『万葉集』巻 5-803
- 和辻哲郎 『風土』岩波書店　1979　p.17
- 小川靖彦「山上憶良」，西沢正史 &・徳田武 編『日本古典文学研究史大事典』勉誠社　1997
- フィリップ・アリエス著，杉山光信・杉山恵美子訳『〈子供〉の誕生－アンシャン・レジーム期の子供と家族生活』みすず書房　1980
- 森洋子『ブリューゲルの「子供の遊戯」―遊びの図像学』未来社　1989
- 田中達也「オーストリアにおける就学前教育機関の発展過程―ザルツブルクを中心に」『佛教大学教育学部学会紀要』第 12 号　2013 年 3 月
- D. エラスムス，中城進訳『エラスムス教育論』二瓶社　1994
- 金子晴勇『エラスムスの人間学―キリスト教人文主義の巨匠』知泉書館　2011
- 河野雄一『エラスムスの思想世界―可謬性・規律・改善可能性』知泉書館　2017
- 保刈瑞穂『モンテーニュの書斎「エセー」を読む』講談社　2017
- 長田新『ペスタロッチー教育学』 岩波書店　1934
- 長田新『ペスタロッチー伝』（上巻）岩波書店　1951
- 長田新『ペスタロッチー伝』（下巻）岩波書店　1952
- 長田新『フレーベルに還れ』大八洲出版　1949
- デューイ『学校と社会』岩波書店　1970
- 石川道夫（1994）「子どもたちと生きるために―ヤヌシュ・コルチャックの教育論」日本ペスタロッチー・フレーベル学会紀要『人間教育の探究』第 7 号，p.97-113
- ヤヌシュ・コルチャック『子どもの権利の尊重』こどもの未来社　1929
- ヤヌシュ・コルチャック『コルチャック先生のいのちの言葉』明石書店
- ニイル『自由の子ども』黎明書房　1969
- スホムリンスキー『教育の仕事』新読書社　1987

第2章　保育の思想と歴史的変遷

第5講

日本の保育の思想と歴史

　日本の保育の思想は，第4章で述べた通り，宗教的影響，風土・気候・自然の影響に大きな影響を受けている。

　日本には奈良時代に中国から伝わってきた「桃の節句」や「端午の節句」のように，子どもの育ちを祝う行事がある。そうした節目まで生きることができたという祝い事である。それは武家社会や宮廷などの一部の上流階級の祝い事であった。封建制度の中で庶民にも普及し始めたのは，町人が経済力をつけてきた江戸時代の中期である。

　日本では「7歳までは神のうち」という言葉がある。1830～40年代に浮世絵に描かれた江戸の子どもたちは，仲間同士群れ，自然の中でいきいきと遊んでいる。その様子は，幕末・明治に日本を訪れた外国人が「子どもの楽園」「子どもの天国」と賞したほどであった。しかしながら農村部では，乳幼児の死亡率は全死亡率の70～75%も占めていた。貧しい農村部では生活のために口減らしと言われる「間引き」（嬰児殺し）があり，多くの子どもが犠牲になっていた。

　江戸幕府の第5代将軍・徳川綱吉は儒教に影響を受け，天和の治と讃えられるほどであった。悪政と言われた「生類憐れみの令」（1687年）では動物愛護だけではなく嬰児・傷病人保護も目的としていた。1690年に発令された「捨て子禁止令」は，子どもを遺棄することが許される社会から許されない社会への転換点となったと評価されている。日本の子どもたちの保護，教育の歴史を辿ると仏教，儒教の影響が大きく影響していることが分かる。

❶ 忍　性 （1217–1303）

忍性は早くから文殊菩薩信仰に目覚め，師叡尊からは真言密教・戒律受持・聖徳太子信仰を受け継いでいる。聖徳太子が四天王寺創建に際し「四箇院の制」を執った事に，深く感銘しその復興を図っている。

四箇院とは，仏法修行の道場である敬田院，病者に薬を施す施薬院，病者を収容し病気を治療する療病院，病者や身寄りのない老人，子どもなどを収容する今日でいう社会福祉施設である悲田院のことで，鎌倉の極楽寺伽藍図には療病院・悲田院・福田院・癩宿が設けられており，四天王寺では悲田院・敬田院が再興されている。悲田院は少なくとも鎌倉時代には実際に寺内に存在していたことが知られる。仏教的な慈善として子どもたちの救済が始まった。

『持戒の聖者　叡尊忍性』
吉川弘文館（2004）

❷ 貝原益軒 （1630–1714）

江戸時代の本草学者（現代で言う薬学者），儒学者。筑前国（福岡県）に生まれる。日本の食育教育の原点と言われる『養生訓』（1712）の他に日本初の体系的な教育書といわれている『和俗童子訓』（1710）など50年間に60部270余巻に及ぶ著述を残し，経学，医学，民俗，歴史，地理，教育などの分野で先駆者的業績を挙げた。

儒教の考えは仏教より古く日本に伝来したが，論語などが日本で庶民に栄えたのは印刷文化が発達した江戸時代である。「和俗」とは，日本に昔から伝えられている風習や，言いならわしのことで，「童子訓」とは育児書という意味である。

益軒は儒教の子育て観の影響を強く受けており，「小児の，いまだ悪にうつらざる先に，かねて，はやくをしゆるを云。はやくをしえずして，あしき事にそみならひて後は，おしえても，善にうつらず。いましめても，悪をやめがたし。古人は，小児の，はじめてよく食し，よく言時よりはやくおしえしと也。」（貝原益軒，1710）とは，つまり，子どもにまだ悪がうつらないうちに前もって教えることをいう。

早く教えないでおいて悪いことに染まり，習慣になったあとからでは教えても善にならない。戒めても悪をやめにくい。「古人は子どもが初てものを食べ，初てものの言える時から早く教えた」と書かれているが，これは東洋的な性善説に基づいている。

「年ニ随ッテ教ノ法」（随年教法）に基づく点に特徴があり，7歳になったら子どもの英知を見て礼法や読み書きを教えるなど，寺子屋での教育や明治以降の小学校教育に強い影響を与えた。

『養生訓・和俗童子訓』
岩波書店（1961）

随年教法：
児童の発展に応じた教育法

❸　関　信三（1843–1880）

三河国（現愛知県西尾市）の生まれ。教育者，浄土真宗僧侶。イギリスに留学。東京女子師範学校の英語教師となる。留学中にフレーベル教育を学び，1874（明治 7）年の帰国後すぐに幼稚園の設立準備に取り掛かった。欧米の**幼稚園創立に関する手引書の翻訳**で，幼稚園教育の日本への導入に大きな寄与を果たした。1876（明治 9）年，東京・湯島に**東京女子師範学校附属幼稚園**（現，お茶の水女子大学附属幼稚園）を創立。その初代監事（園長）となる。主任保母に松野クララを迎える。

『幼稚園誕生の物語─「諜者」関信三とその時代』
平凡社（2011）

❹　松野クララ（1853–1941）

ベルリン生まれの幼児教育者。日本に来日し，林学者・松野礀と結婚。1876（明治 9）年，ドイツのフレーベルの教員養成所で学んでいたことから，東京女子師範学校附属幼稚園主席保母として採用される。

フレーベルの理論や保育内容，フレーベルの恩物の使い方や遊戯，実際的な保育の技法を通じて，「**フレーベルの教授法**」を日本人に伝えた。対象は 3 歳から 6 歳の男女，定員は 150 人，開園時間は月～土曜の 9 ～ 14 時（夏季は 8 時～ 12 時）。フレーベルの**恩物**（gabe）を中心とした屋内遊戯を主な教育内容とした。園児は上流階級や富豪の子弟であり，幼稚園にピアノを導入したのもクララが初めてである。初めて西洋の保育の考え方が日本に導入されたのは松野クララの存在があったからである。

独語名：クララ・チーテルマン

『松野礀と松野クララ〈明治のロマン〉─林学・幼稚園教育事始め』
大空社（2010）

❺　豊田芙雄（1845–1941）

水戸出身の教育者。女子高等教育の先駆者，日本の幼稚園教育の開拓者などともいわれ，日本の女子教育界の発展に大きく貢献したほか，**日本の保母第 1 号**とされる。1875（明治 8）年」，東京女子師範学校読書教員，1876（明治 9）年同校附属幼稚園保母となり，松野クララに学びながら日本最初の幼稚園保母となる。読書教員と言うのは漢学，歴史，地理を担当する教師である。東京女子師範学校附属幼稚園規則（1877）で「園中に在っては保母保育の責に任す」とあり日本で「**保育**」という言葉が最初に使われた。

芙雄は，保母の心得として「精神を温和にして爽快活発で，親切で慈悲が深く，物事に注意周到で忍耐強く，まるで春霞の郎靄のように精神を常に爽快にして，しかも音楽唱歌に熟練し，また部屋の内外での遊戯と恩物の使用法とに熟練していなければいけない」と「保育の栞」のなかで述べている。

『豊田芙雄と草創期の幼稚園教育─日本人幼稚園保姆第一号』
建帛社（2010）

郎靄：
霞が集まり，たなびくさま

6 野口幽香（のぐちゆか）（1866–1950）

日本の保育事業の先駆者。播磨国（兵庫県姫路市）出身。東京女子師範学校女子部を卒業後，幼児教育の道を志す。師範学校附属幼稚園での4年間の勤務後，1894（明治27）年，華族女学校附属幼稚園（現在の学習院幼稚園）の設立に伴って保母として転職，同僚の森島峰と共同生活を送る。

通勤途中に東京の三大貧民窟の一つ四谷鮫河橋を通る時，貧民の子どもたちが一日中道端で過ごすのを目の当たりにし，満足な保育をうけられないで放任されていることを見過ごすことができず，森島峰と徳永恕（ゆき）と協力し，日本最初の庶民のための二葉幼稚園を1900（明治33）年に麹町区下六番町に設立。園児6人。1906（明治39）年にその後四谷鮫河橋に移る。園児は250人。無料保育，終日保育，乳児保育の3つを実践した。「幼稚園保育及設備規定」に幼稚園の保育時間は1日5時間以内，対象年齢は3歳から就学前と規定されたため，1916（大正5）年二葉幼稚園は「二葉保育園」と名称を改める。

『近代家族の誕生―女性の慈善事業の先駆「二葉幼稚園」』
藤原書店（2020）

7 中村五六（なかむらごろく）（1861–1946）

肥前国（現長崎県雲仙市）出身の教育者，『幼稚園摘葉（ようちえんてきよう）』（1893），『保育法』（1906）の著書がある。

摘葉とは果実の果面全体の着色をよくするために，収穫前10日前後に，果実に当たる光線を妨げている葉を摘み取り，果面を回して日陰部分をなくし果実全体を色づかせる作業をいう。つまり，幼稚園摘葉とは幼稚園全体に光を当てるということである。

『保育法』の中には，保育とは「幼児を保護養育するの意にして幼児教育の義に外ならず」とある。現代でこそ養護と教育が一体と言われるようになったが，中村五六は富裕層の子女中心の幼稚園から，日本のすべての子どもたちに幼児教育の光を当てようと幼児教育普及のために保育法の研究を進めた。

『幼児教育法』
フレーベル会（1908）

8 和田 實（わだ みのる）（1876–1954）

日本の幼児教育界の先駆者であり幼児教育研究者。1908（明治41）年，中村五六との共著『幼児教育法』で，形骸化（けいがいか）したフレーベル主義を批判し，遊戯（ゆうぎ）を中心とした自由な保育の必要性を主張した。

幼児教育の基本原理，つまりルソー，ペスタロッチ，フレーベルと受け継がれてきた「自然主義教育」を基本において，『幼児教育法』を著した。幼

児教育を科学的に教育学の体系に位置づけて論じ,「感化誘導」の保育の理論を初めて公にした。

　「幼児教育」という言葉を日本で初めて使ったのは和田實で,この言葉には,幼児教育を科学的に論じようとした考え方が込められていた。学生の自主的に学ぶ姿勢を尊重し,指導を一律にすることなく,各個人の自己開発を助長し,心豊かな個性を創りだす。

9　倉橋惣三（1882–1955）

　わが国の"幼児教育の父","日本のフレーベル"と呼ばれ日本における保育の黎明期の教育者,思想家である。1917年6月に東京女子高等師範学校附属幼稚園主事となって,幼稚園教育の育成と改善に努力した。子どもの自発と心情を重視する自然主義的児童観によって,明治以来の形式的な恩物主義を拝し自由遊びを重んじた。子どもの生活とルールに根ざした自己充実を目指し,そのため子どもたちが生活の中から,発見や学びの機会が得られるような環境を整備した誘導保育の真諦とした。真諦とは仏教用語で悟りの意味がある。

　著書『幼稚園真諦』（1953）では幼児の教育がいかにあるべきかを丁寧に述べており,我が国の幼児教育の礎を作った教育者である。

　倉橋は『幼稚園真締』の中で,幼稚園の教育の在り方として「生活を 生活で 生活へ」と述べ,単に教育を生活化するのではなく,「子供が真にそのさながらで生きて動いているところの生活をそのままにしておいて,そこへ幼稚園を順応させていくことは,なかなか容易ではないかもしれないが,それがほんとうではありますまいか」(p.23) と論述し,幼児の生活をさながらにして,幼児の自己充実を図ることが,幼児教育の本来の在り方であると述べている。それには我々大人が子どもの生活に降りるのではなく上る覚悟が必要である。

　フレーベル会を日本幼稚園協会と改名し,日本保育学会を創設して初代会長に就任。没するまで会長の職にあった。倉橋の残した著書『育ての心』(1936) の冒頭には,「自ら育つものを育たせようとする心　それが育ての心である　世の中にこんな楽しい心があろうか」(p.3) と述べられており,保育者になる者の永遠のバイブルでもある。保育という活動の喜び,繊細さ,子どもを見つめる眼差しに関するエッセイを多く残し,その文章は現代でもなお新鮮に私たちの心を揺り動かす。

『育ての心』
フレーベル館（2008）

62

🔟 長田　新（1887−1961）

教育の研究で知られる教育学者。広島大学名誉教授。専門は教育思想史でペスタロッチ教育の研究で知られる。日本教育学会初代会長。ペスタロッチやフレーベルの思想を翻訳し，日本に紹介し広めた功績は大きい。ケイは幼児教育が形骸化していると指摘したが，長田も「魂の失せた現代の教育」と言い，本来のフレーベルの思想に立ち返ることを強く主張した。

『隠者の夕暮—シュタンツだより』ペスタロッチー 著・長田新 訳
岩波書店（1982）

著書『フレーベルに還れ』（1949 初版）では，教育の最後の条件は「教材や教授ではなくて，それらを駆使する教師その人の精神でなくてはならない」（p.7）と言っている。またペスタロッチは「愛」の教育者であり，フレーベルは「敬」の教育者とも言っている。「愛」はその主観性の故に外から強いることはできないが，「敬」は対象の真相を究め知る努力の結果，境地に到達できるので普遍的でもあると考えた。子どもは神の擁護者であり，「敬」する存在であること。生命と精神とに充ち満ちているフレーベルの教えに還る必要があると説いた。

また長田は，自らの被爆経験から原爆反対などの平和運動，平和教育に生涯を捧げた。「人間とは何か。人間は単なる環境の産物ではない。人間は歴史によって作られつつも，なお歴史を作っていく存在である。嘗て愚かにも次から次へと戦争を繰り返してきた人間にとって，今や戦争を防止することが可能でなくてはならない。」「教育と言う作用はもともと人道の敵である戦争と対立するもの」（p.12）と述べ，平和教育の大切さを長田が編者として発刊した『原爆の子—広島の少年少女のうったえ』（1951）の序章で述べている。あとがきでは長田自ら被爆し医師から死を宣告され 4 か月余り生死をさまよったことから「平和のための教育の研究に余生を捧げることを生涯の一つの悲願として参りました」と述べている。

日本は世界で唯一の被爆国である。昭和 20 年 8 月 6 日午前 8 時 15 分，広島は一瞬の間に焦土と化し，20 万 7 千人の尊い命が消し飛ばされた。長田は「嘗ての軍国主義者達が叫んだあの“平和のための軍備”“平和のための戦争”と言う伝説には決してごまかされはしないだろう」と言っている。

1️⃣1️⃣　まとめ

諸外国の保育の思想と歴史を振り返ると，西洋は宗教的に子どもたちに厳しい時代があり，東洋では儒教的に厳しい時代があった。それが子どもの発見や科学の進歩，叡智の積み重ねからから，多くの思想家たちが様々な社会の束縛から子どもたちを解放しようとした苦難の歴史でもある。それは子どもの人権と自由を求め続けた，自由と平和を求める歴史の軌跡でもある。

　子育ての究極の目標は自立である。そのためには主体性や自主性が尊重され，求められる。しかし，それは自由で平和な社会だからこそ大切にされているのだという認識を私たちは今も持たなくてはならない。このことを忘れてしまうと，また再び不自由で暗黒の時代に戻ってしまう。自由と民主主義，平和な社会を保育・教育を通して，守り築いて行くのだということを改めて古典からも学ぶ必要がある。

　ケイは，『児童の世紀』の中で「20世紀こそは児童の世紀として子どもが幸せに育つことのできる平和な社会を築くべき時代である」と平和を訴えたが，残念ながら20世紀は戦争や内戦により多くの子どもたちが犠牲者となっている。21世紀になっても世界では未だ暴力やジェノサイドが止まらない。進化した近代兵器による犠牲者の大半は一般の市民や子どもたちである。毎日多くの罪のない子どもたちが戦火に焼かれて行くことを，私たちは何もせず容認してはいけないのである。保育を学ぶことは，世界を知り，地域で行動すること，世界の現状を日本の若者が知ることは希望へとつながる。

　そして素晴らしい保育・教育の思想家に共通していることは，子どもに対する尊厳である。子どもを未熟なものとして捉えるのではなく，生まれながらにして自然の法則により成長していく力を持っていると信じていることである。禅の言葉で「三尺の童子を拝す」という言葉がある。100センチに満たない子どもを拝むこと。我々大人が子どものところへ坂を降りていくのではなく，子どもの心に近づくためには，誰しもが降りてきた坂を再び登っていくことなのである。

　落ちたリンゴを拾うためにしゃがむことは簡単だ。万有引力の法則がある限り，落ちたリンゴは再び宙に浮いたりはしない。坂道を下るときも惰性で降りることはできる。しかし木の上に登らなくては出会うことは出来ないリンゴもある。保育者となり神に近い存在の子どもの心にたどり着くには，降りてきた険しい坂道を再び登って行かなくてはならないのである。あなた自身が引力の法則に逆らって山を登らなくてはならないのである。そのためには，保育者自身の体力も知力も必要なのである。これは現代の教育者や保育者は改めて心得なくてはならないことである。

（倉田）

64

【参考文献】
• 貝原益軒和『俗童子訓』１７１０
• 倉橋惣三『幼稚園真諦』フレーベル館　1976
• 倉橋惣三『育ての心』(上・下) フレーベル館　2008
• 長田新『原爆の子—広島の少年少女のうったえ』岩波書店　1951

• 諏訪きぬ編著『NEW 現代保育学入門』フレーベル館　2001
• 武智ゆり「日本初の幼稚園保姆　豊田芙雄女子教育機関で後進の育成も」近代日本の創造史７　2009
• 国吉栄『日本幼稚園史序説—関信三と近代日本の黎明』新読書社　2005
• 日本保育学会『日本幼児保育史』(全６巻) フレーベル館　1968–1975

第3章　保育に関連する法令および制度

第6講

子ども・子育て支援新制度

1．子ども・子育て支援新制度の主旨

　2015（平成27）年，「子ども・子育て支援新制度」が施行された。いわゆる待機児童問題の解決をめざして制度化されたといえる。背景には，少子化や核家族化，地域社会におけるつながりの希薄化などが問題となり，保育や子育て支援の解決をめざして構想されてきた。

　はじめに，「子ども・子育て支援新制度」は大きく3つの法律体系からなることを知ってほしい。「子ども・子育て支援法」（平成24年法律第65号），「就学前の子どもに関する教育，保育等の総合的な提供の推進に関する法律の一部を改正する法律」（平成24年法律第66号）「子ども・子育て支援法及び就学前の子どもに関する教育，保育等の総合的な提供の推進に関する法律の一部を改正する法律の施行に伴う関係法律の整備等に関する法律」（平成24年法律第67号）施行である（「子ども・子育て関連3法」）。

　そして，財政的な仕組みとしては，「施設型給付費」と「地域型保育給付費」という2種類の仕組みである。施設型給付とは，保育所，幼稚園，認定こども園を通じた共通の「給付」のことである。地域型保育給付とは，小規模保育，家庭的保育などへの給付で，新たに設けられた（**図6-1**）。

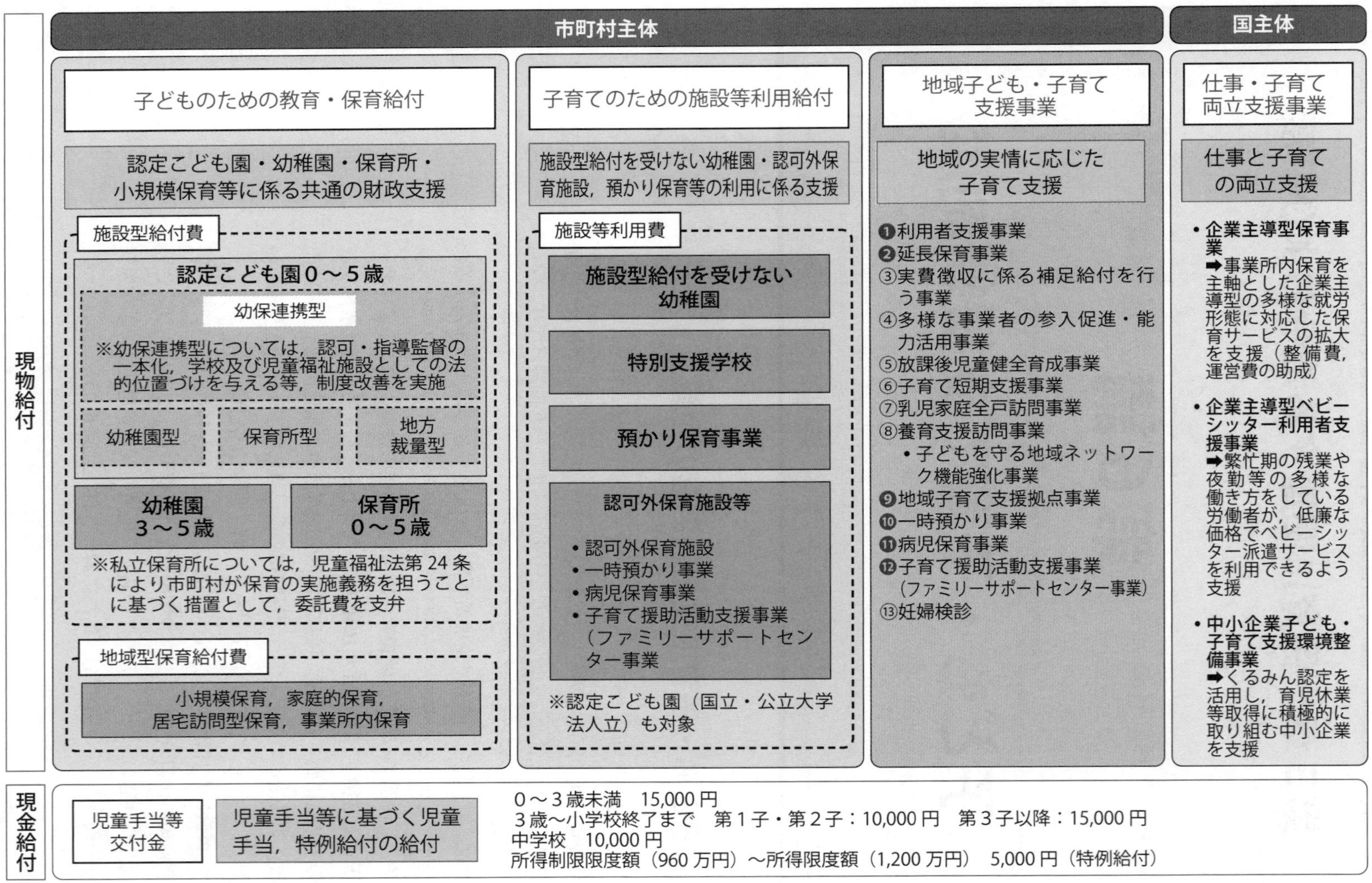

国主体

仕事・子育て両立支援事業

仕事と子育ての両立支援

- **企業主導型保育事業**
  - 事業所内保育を主軸とした企業主導型の多様な就労形態に対応した保育サービスの拡大を支援（整備費、運営費の助成）
  - → 事業主拠出金を財源として、従業員の多様な働き方に応じた保育の提供を支援

- **企業主導型ベビーシッター利用者支援事業**
  - 繁忙期の残業や夜勤等の多様な働き方をしている労働者が、低廉な価格でベビーシッター派遣サービスを利用できるよう支援

- **中小企業子ども・子育て支援環境整備**
  - くるみん認定を活用し、育児休業等取得に積極的に取り組む中小企業を支援

市町村主体

地域子ども・子育て支援事業

地域の実情に応じた子育て支援

❶ 利用者支援事業
❷ 延長保育事業
③ 実費徴収に係る補足給付を行う事業
④ 多様な事業者の参入促進・能力活用事業
⑤ 放課後児童健全育成事業
⑥ 子育て短期支援事業
⑦ 乳児家庭全戸訪問事業
⑧ 養育支援訪問事業・子どもを守る地域ネットワーク機能強化事業
❾ 地域子育て支援拠点事業
❿ 一時預かり事業
⓫ 病児保育事業
⓬ 子育て援助活動支援事業（ファミリー・サポート・センター事業）
⑬ 妊婦健診

子育てのための施設等利用給付

施設型給付を受けない幼稚園、認可外保育施設、預かり保育等の利用に係る支援

施設等利用費

- 施設型給付を受けない幼稚園
- 特別支援学校
- 預かり保育事業
- 認可外保育施設等
  - 認可外保育施設
  - 一時預かり事業
  - 病児保育事業
  - 子育て援助活動支援事業（ファミリー・サポート・センター事業）

子育てのための教育・保育給付

認定こども園・幼稚園・保育所・小規模保育等に係る共通の財政支援

施設型給付費

- 認定こども園 0〜5歳
  - 幼保連携型
  - 幼稚園型
  - 保育所型
  - 地方裁量型

※幼保連携型については、認可・指導監督の一本化、学校及び児童福祉施設としての法的位置づけを与える等、制度改善を実施

- 幼稚園 3〜5歳
- 保育所 0〜5歳

※私立保育所については、児童福祉法第24条により市町村が保育の実施義務を担うことに基づく措置として、委託費を支弁

地域型保育給付費

- 小規模保育、家庭的保育、居宅訪問型保育、事業所内保育

※認定こども園（国立・公立大学法人立）も対象

現物給付

現金給付

- 児童手当等
- 児童手当等交付金
- 児童手当、特例給付の給付

児童手当に基づく児童手当、特例給付の給付

0〜3歳未満　15,000円
3歳〜小学校終了まで　第1子・第2子：10,000円　第3子以降：15,000円
中学校　10,000円
所得制限限度額（960万円）〜所得制限限度額（1,200万円）　5,000円（特例給付）

図6-1　子ども・子育て支援新制度の概要（令和2年10月）（子ども・子育て支援新制度の概要、内閣府より）

2．子ども・子育て支援新制度の概要

日本における保育・幼児教育の制度はとても複雑である。大まかに理解するために，（**図6-1**）に示した「子ども・子育て支援新制度」の概要により説明する。

１　市町村主体と国主体

市町村主体の給付としては，「子どものための教育・保育給付」「子育てのための施設利用給付」「地域子ども・子育て支援事業」があり，国主体では，「仕事・子育て両立支援事業」となっている。

２　子どものための教育・保育給付

施設型給付として，「保育所」「幼稚園」「認定こども園」共通の給付があり，地域型保育給付として，「小規模保育」「家庭的保育」「居宅訪問型保育」「事業所内保育」がある。こうした施設に共通した公費が支援されるようになった。

保育所，幼稚園，認定こども園：
第7講「保育に関連する法令と実施体系」（p.73）

３　子育てのための施設等利用給付

この制度は，保護者が認可外保育施設等（一時預かりや病児保育事業やファミリー・サポート・センターなどを含む）や預かり保育事業を利用し支払った利用料について，給付上限額までの範囲で給付費を支給するものである。

４　仕事・子育て両立支援事業

企業主導型の事業所内保育事業を主軸として，多様な就労形態に対応する保育サービスの拡大を行い，保育所待機児童の解消を図り，仕事と子育てとの両立に資することを目的として創設された。

５　地域子ども・子育て支援事業（13事業）

上記は「13事業」ともいわれているが，かなり広範囲にわたる事業であることが想像できるだろう。市町村ごとに開催される子ども・子育て会議において，事業計画を作成するための議論が行われ，施策がすすめられている。保育に関連するものは（**表6-1**）の赤字の事業となる。

❶　利用者支援事業
　　子どもや保護者の身近な場所で，教育・保育施設や地域子育て支援事業等の利用について情報収集を行うとともに，それらの利用にあたっての相談に応じ，必要な助言を行い，関係機関等との連絡調整等を実施する事業

❷　地域子育て支援拠点事業
　　家庭や地域における子育て機能の低下や子育て中の親の孤独感や負担感の増大などに対応するため，地域の子育て中の親子の交流促進や育児相談等を行う事業

❸　妊婦健康診査
　　妊婦の健康の保持及び増進を図るため，妊婦に対する健康診査として，健康状態の把握，検査計測，保健指導を実施するとともに，妊娠期間中の適時に必要に応じた医学的検査を実施する事業

❹　乳児家庭全戸訪問事業
　　生後4か月の乳児のいるすべての家庭を訪問し，子育て支援に関する情報提供や養育環境等の把握を行う事業

❺　養育訪問事業
　　乳児家庭全戸訪問事業などにより把握した，保護者の養育することが特に必要とされる家庭に対して保健師・助産師・保育士等が居宅を訪問し，養育に関する相談支援や育児・家事援助などを行う事業

❻　子育て短期支援事業
　　母子家庭等が安心して子育てしながら働くことができる環境を整備するため，一定の事由により児童の養育が一時的に困難となった場合に，児童を児童養護施設等で預かる短期入所生活援助（ショートステイ）事業，夜間事業（トワイライトステイ）事業

❼　子育て援助活動支援事業（ファミリーサポートセンター事業）
　　乳幼児や小学生等の児童を有する子育て中の労働者や主婦等を会員とし，児童の預かり等の援助を受けることを希望する者と当該援助を行うことを希望する者との相互援助活動に関する連絡，調整を行う事業

❽　一時預かり事業
　　家庭において一時的に保育を受けることが困難になった乳幼児について，保育所，幼稚園その他の場所で一時的に預かり，必要な保護を行う事業

❾　延長保育事業
　　保育認定を受けた子どもについて，通常の利用日及び利用時間以外の日及び時間において，保育所等で引き続き保育を実施する事業

❿　病児保育事業
　　病気の児童について，病院・保育所等に付設された専用スペース等において，看護師等が一時的に保育等を行う事業

⓫　放課後児童健全育成事業（放課後児童クラブ）
　　保護者が労働等により，昼間家庭にいない小学校に就学している児童に対し，授業の終了後に小学校の余裕教室や児童館等において適切な遊び及び生活の場を与えて，その健全な育成を図る事業

⓬　実費徴収に係る補足給付を行う事業
⓭　多様な事業者が本制度に参入することを促進するための事業

表6-1
地域子ども・子育て支援
事業

この他に保育・幼児教育の場は，複雑・多様になってきている。そのうち，いくつかを説明しておこう。

⑥　保育所・幼稚園・認定こども園の制度の比較

保育所・幼稚園・認定こども園については，根拠法や対象，保育時間等，制度的な違いがあることを知っておいてほしい（**表6-2**）。

	保育所	幼稚園	幼保連携型認定こども園
根拠法	児童福祉法	学校教育法	児童福祉法 就学前の子どもに関する教育，保育等の総合的な提供の推進に関する法律（認定こども園法）
所轄官庁	厚生労働省	文部科学省	厚生労働省・文部科学省・内閣府
目　的	保育を必要とする乳児・幼児を日日保護者の下から通わせて保育を行うこと（法第39条）	幼児を保育し，適当な環境を与えて，その心身の発達を助長すること（法22条）	満3歳以上の子どもに対する教育並びに保育を必要とする子どもに対する保育を一体的に行い，その心身の発達を助長するとともに，保護者に対する子育ての支援を行うこと（児童福祉法第39条の2）（認定子ども園法第2条第7項）
対　象	0歳から就学前の保育を必要とする児童（法第39条）	満3歳から就学の始期に達するまでの幼児（法第26条）	3歳以上の幼児及び保育を必要とする乳児・幼児（児童福祉法第39条の2） 満3歳以上の子ども及び3歳未満の保育を必要とする子ども（認定こども園法第11条）
保育内容の基準	保育所保育指針	幼稚園教育要領	幼保連携型認定こども園教育・保育要領
1日の保育時間	8時間を原則とする（児童福祉施設の設備及び運営に関する基準第34条）	教育時間は4時間を標準とする（教育要領第1章第3の3）＊	標準的な教育時間は4時間，保育を必要とする園児に対する教育及び保育の時間は8時間を原則とする（幼保連携型認定こども園の学級の編成，職員，設備及び運営に関する基準第9条第1項2，3）
年間の保育時間	特に規定なし	39週以上（教育要領第1章第3の3）	教育週数は39週以上（同上基準第9条第1項1）
保育者の数	乳児3人に1人以上，1，2歳児6人に1人以上，3歳児20人に1人以上，4歳以上30人に1人以上（設備及び運営に関する基準第33条）	1学級の幼児数は35人以下（幼稚園設置基準第3条）各学級に専任の教諭等を1人以上（同第5条）	3歳以上の園児については学級を編成し，1学級の園児数は35人以下を原則（同上基準第4条） 教育及び保育に直接従事する職員は4歳以上30人に1人以上，3歳児20人に1人以上，1，2歳児6人に1人以上，0歳児3人に1人以上（同上基準第5条3）
保育者の名称・資格	保育士（法第18条の4～6）	幼稚園教諭（法第27条）（教育職員免許法）	保育教諭（認定こども園法第14条，15条）

＊保護者の希望に応じて，4時間を標準とする幼稚園の教育時間の前後や土曜・日曜，長期休業期間中に，幼稚園において「預かり保育」教育活動を行っている。（幼稚園教育要領上は，「教育課程に係る教育時間の終了後に希望する者を対象に行う教育活動」と表現されている。

表6-2
保育所と幼稚園，認定こども園の制度の比較
（『子ども家庭福祉〈資料集〉』ななみ書房　2023）

このうち，認定こども園は，いわゆる「認定こども園法」にもとづき創設され 2007 年より開始されてきている。

認定こども園の役割は，第一に「保護者の就労の有無にかかわらず就学前の子どもに教育・保育を一体的に提供すること」である。第二に「すべての子育て家庭を対象にした地域における子育て支援を行うこと」である。そして，認定こども園には，4つの類型（幼保連携型，幼稚園型，保育所型，地方裁量型，）があることを知ってほしい（**表6-3**）。

	幼保連携型 認定こども園	幼稚園型 認定こども園	保育所型 認定こども園	地方裁量型 認定こども園
法的性格	学校かつ児童福祉施設	学校 （幼稚園＋保育所機能）	児童福祉施設 （保育所＋幼稚園機能）	幼稚園機能＋保育所機能
職員の性格	保育教諭（注） （幼稚園教諭＋保育士資格）	満3歳以上➡両免許・資格の併有が望ましいがいずれかでも可 満3歳未満➡保育士資格が必要	満3歳以上➡両免許・資格の併有が望ましいがいずれかでも可 満3歳未満➡保育士資格が必要 ＊ただし，2・3号子どもに対する保育に従事する場合は保育士資格が必要	満3歳以上➡両免許・資格の併有が望ましいがいずれかでも可 満3歳未満➡保育士資格が必要
給食の提供	2・3号子どもに対する食事の提供義務 自園調理が原則・調理室の設置義務（満3歳以上は，外部搬入可）	2・3号子どもに対する食事の提供義務 自園調理が原則・調理室の設置義務（満3歳以上は，外部搬入可） ＊ただし，基準は参酌基準のため，各都道府県の条例等により，異なる場合がある。	2・3号子どもに対する食事の提供義務 自園調理が原則・調理室の設置義務（満3歳以上は，外部搬入可）	2・3号子どもに対する食事の提供義務 自園調理が原則・調理室の設置義務（満3歳以上は，外部搬入可） ＊ただし，基準は参酌基準のため，各都道府県の条例等により，異なる場合がある。
開園日・開園時間	11時間開園，土曜日が開園が原則（弾力運用可）	地域の実情に応じて設定	11時間開園，土曜日が開園が原則（弾力運用可）	地域の実情に応じて設定

注：一定の経過措置あり

表6-3
幼保連携型認定こども園とその他の認定こども園の比較
（『子ども家庭福祉〈資料集〉ななみ書房 2023）

７ 小規模保育，家庭的保育，居宅訪問型保育，事業所内保育

「子ども・子育て支援新制度」では，教育・保育施設を対象とする施設型給付・委託費に加え，4つの事業類型による保育を市町村による「地域型保育事業」として，児童福祉法に位置付け，地域型保育給付の対象とし，多様な施設や事業の中から利用者が選択できる仕組みとなっている。

都市部では，認定こども園等を連携施設として，小規模保育等を増やすことによって待機児童の解消を図り，人口減少地域では，隣接自治体の認定こども園等と連携しながら，小規模保育等の拠点によって地域の子育て支援機能を維持・確保することを目指している（表6-4）。

● **小規模保育**……0歳から2歳で19人が定員である。A型，B型，C型
とある。それぞれに職員数，資格，設備が決められている。

● **家庭的保育**……保育者の居宅，その他の場所で保育する。5人以下が定
員。

● **居宅訪問型保育**……保育を必要とする子どもの居宅（きょたく）での保育を意味す
る。いわゆるベビーシッター等のことである。

● **事業所内保育**……事業所の職員の子どもを保育する施設で，職場保育所
ともいわれる。地域において，保育を必要とする子どもを受け入れること
もある。

事業類型		職員数	職員資格	保育室等	給食
小規模保育事業	A型	保育所の配置基準＋1名	保育士（*1）	0・1歳児：1人当たり3.3m² 2歳児：1人当たり1.98m²	・自園調理（連携施設等からの搬入可） ・調理設備・調理員（*3）
	B型	保育所の配置基準＋1名	1/2以上が保育士（*1） ＊保育士以外には研修を実施		
	C型	0〜2歳児3：1（補助者を置く場合，5：2）	家庭的保育者（*2）	0〜2歳児：1人当たり3.3m²	
家庭的保育事業		0〜2歳児3：1（家庭的保育補助者を置く場合，5：2）	家庭的保育者（＋家庭的保育補助者）	0〜2歳児：1人当たり3.3m²	
事業所内保育事業		定員20名以上…保育所の基準と同様 定員19名以下…小規模保育事業A型，B型の基準と同様			
居宅訪問型保育事業		0〜2歳児1：1	必要な研修を修了し，保育士，保育士と同等以上の知識及び経験を有すると市町村長が認める者	－	－

・小規模保育事業について，小規模かつ0〜2歳児までの事業であることから，保育内容の支援及び卒園後の受け皿の役割を担う連携施設の設定を求めている。
・連携施設や保育従事者の確保等が困難な離島・へき地に関しては，連携施設等について，特例措置を設けている。
・給食，連携施設の確保に関して，移行にあたっての経過措置を設けている。
（注）＊1保健師，看護師又は准看護師の特例を設定（平成27年4月1日からは准看護師も対象）
　　＊2市町村長が行う研修を修了し，保育士，保育士と同等以上の知識及び経験を有すると市町村長が認める者とする。
　　＊3家庭的保育事業の調理員について，3名以下の場合，家庭的保育補助者を置き，調理を担当することも認める。

（近藤）

表6-4
地域型保育事業の認可基準
（『子ども家庭福祉〈資料集〉』ななみ書房　2023）

課題1　「子ども・子育て支援新制度」で新たにスタートした保育に注目し，実態を調べてみよう。

第3章　保育に関連する法令および制度

第7講

保育に関連する法令と実施体系

1．子ども子育て支援給付

　第6講で見てきたように「子ども・子育て支援新制度」により，子育てに関する様々な社会資源を一元化して，「保育・子育て支援サービス」を中心に給付する仕組みが創設された。この給付は，「子ども・子育て支援給付」として，子どものための「現金給付」（児童手当）と「子どものための教育・保育給付」の2段構造により提供される。2019年の改正では「子育てのための施設等利用給付」が加わった。

　「子どものための教育・保育給付」は，保育所，幼稚園，認定こども園を提供する「施設型給付」と，都市部における待機児童解消と，子どもの数が減少傾向にある地域における保育機能を確保するための「地域型保育給付」の「家庭的保育」「小規模保育」「居宅訪問型保育」「事業所内保育」に分けられる（図7−1）。

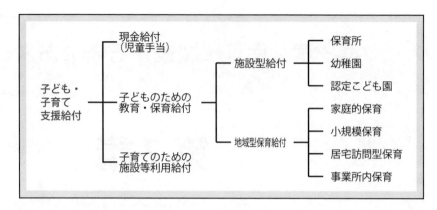

2．教育・保育給付の利用

　「子ども・子育て支援新制度」では，保護者が教育・保育給付を受けて，子どもを保育所や認定こども園，幼稚園にいれる，あるいは家庭的保育などを利用するにあたり，どのような条件があるのだろうか。

🔟　認定区分

　保育の必要性の認定は，子どもの年齢や必要性に応じて1号認定（教育標準時間認定：満3歳以上で学校教育のみ利用），2号認定（満3歳以上の保育認定），3号認定（満3歳未満の保育認定）の3つに区分された。認定された保護者には，「支給認定証」が交付される（**表7-1**）。

認定区分	対象（就学前児童）	利用先
1号認定 教育標準時間認定	満3歳以上で，教育を希望する場合	認定こども園，幼稚園
2号認定 保育認定	満3歳以上で，「保育を必要とする事由」に該当し，保育所などでの保育を希望する場合	認定こども園，保育所
3号認定 保育認定	満3歳未満で，「保育を必要とする事由」に該当し，保育所などでの保育を希望する場合	認定こども園，保育所，地域型保育事業

🔢　保育を必要とする理由

　保育を希望する場合の保育認定（2号認定，3号認定）にあたっては，次の点が考慮される。保育の利用方式は，市町村が国の定める客観的基準に基

づき，保育の必要性を認定する仕組みとされている。認定の事由は，それまでの「保育に欠ける」から「保育を必要とする」に広げられ，求職活動，就学や虐待，DV のおそれがある場合等を含む 10 項目が規定された（「子ども・子育て支援法施行規則」第 1 条の 5）。

「子ども子育て支援法」第 19 条第 1 項第 2 号の内閣府令で定める事由は，小学校就学前子どもの保護者のいずれもが次の各号のいずれかに該当することとされている。

❶　就労・フルタイムのほか，パートタイム，夜間など基本的にすべての就労に対応（一時預かりで対応可能な短時間の就労は除く）
❷　妊娠，出産
❸　保護者の疾病，障害
❹　同居又は長期入院等している親族の介護・看護
　　・兄弟姉妹の小児慢性疾患に伴う看護など，同居又は長期入院・入所している親族の常時の介護，看護
❺　災害復旧
❻　求職活動・起業準備を含む
❼　就学・職業訓練校等における職業訓練を含む
❽　虐待やＤＶのおそれがあること
❾　育児休業取得時に，既に保育を利用している子どもがいて継続利用が必要であること
❿　その他，上記に類する状態として市町村が認める場合

表 7-2
新制度における「保育を必要とする事由」

❸　保育の必要量

保育の必要量として，「保育標準時間」と「保育短時間」利用に区分される（表7-3）。「保育標準時間」の利用は，フルタイム就労を想定した，1 日あたり最長 11 時間までの利用が可能で，「保育短時間」の利用は，パートタイム就労を想定した，1 日あたり最長 8 時間までの利用となる（子ども・子育て支援法施行規則第 4 条）。

必要量の区分	対　象
「保育標準時間」利用	フルタイム就労を想定した利用時間（最長 11 時間）
「保育短時間」利用	パートタイム就労を想定した利用時間（最長 8 時間・就労時間の下限は 1 か月あたり 48 時間）

表 7-3
保育の必要量
（内閣府「子ども・子育て新制度について」2016〈平28〉）

76

❹ 保育・教育給付費のしくみと無償化

　「子ども・子育て支援新制度」の財政支援は，保育所，幼稚園，認定こども園共通の給付である「施設型給付費」と小規模保育等に対する「地域型保育給付費」によって，施設・事業の利用への支援を保障するものである。（**第6講　図6-1参照**）

　その基本構造は，「公定価格」から「利用者負担額」を控除した額を「給付額」としている。公定価格は子どもの年齢や認定区分，地域区分，利用定員などによって基本分単価が算定される。また，利用者負担額（利用料）は保護者世帯の所得に応じた負担を基本とし，国の基準をベースに地域の実情に応じて市区町村が決めるものである。

　なお，2019年10月より幼児教育・保育の無償化がスタートし子育て支援・家庭の負担軽減の観点から保育所，幼稚園，認定こども園を利用する3歳から5歳までの全ての子どもの保育料が無償となっている。0歳から2歳までの子どもに関しては，住民税非課税世帯のみ無償となった。

　こうした保育・教育の無償化は国策として高等教育まで進んでいる。教育の機会均等としては北欧型の重要な取り組みである。その財源は国民の税金である。無償化の財源負担の影響が，同時に現場の施設整備や人員確保にマイナス要因とならないように，さらに保育・教育現場にも予算を拡充していかなければ，保育内容の向上には繋がらない。無償化により保護者は，保育内容や保育環境，保育士の質などを考え入園するようになり，保護者の園の選択に自由度が高まるが，同時に施設側にとっても施設の教育方針に同意したうえでの入園として，保護者や園児に対しての選択に自由度が高まる必要がある。よりよい保育・教育の質の向上に施設，保護者双方が協力し合いながら，子どもの健全育成を保障していくことが重要になっていく。

施設型給付費：
教育・保育給付認定を受けた児童が保育所や認定こども園，幼稚園（子ども・子育て支援新制度に移行する園のみ）のいずれかを利用した場合，その経費に対して支給される給付費のことである。

地域型保育給付費：
教育・保育給付認定を受けた児童が小規模保育事業や家庭的保育事業，事業所内保育事業，居宅訪問型保育事業などの施設を利用した場合，その経費に対して支給される給付費のことである。

公定価格：
教育・保育，地域型保育に通常要する費用の額を勘案して内閣総理大臣が定める基準により算定した費用の額

利用者負担額：
政令で定める額を限度として保護者の世帯の所得の状況その他の事情を勘案して市区町村が定める額

3．教育・保育給付

① 施設型給付の対象施設

　子ども・子育て支援制度により，施設型給付の対象となる施設は，保育所，幼稚園，認定こども園の 3 類型となった。従来の保育所と幼稚園に加え，認定こども園の制度では，根拠法，所轄官庁，目的，対象など，それぞれの制度に相違点があるので違いを確認しておきたい。

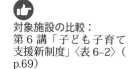

対象施設の比較：
第 6 講「子ども子育て支援新制度」〈表 6–2〉（p.69）

② 保　育　所

① 保育所の目的

　保育所を法的に位置づけているのは「児童福祉法」である。児童福祉法第 39 条第 1 項に「保育を必要とする乳児・幼児を日々保護者の下から通わせて保育を行うことを目的とする施設（利用定員が 20 人以上であるものに限り，幼保連携型認定こども園を除く）」と定められている。第 2 項では「保育所は，前項の規定にかかわらず，特に必要があるときは，保育を必要とするその他の児童を日々保護者の下から通わせて保育することができる」とある。そして第 45 条第 1 項「児童福祉施設最低基準」として保育所が一定の基準を保持し，児童の福祉を保証できるよう最低基準についてまとめている。保育所を設置して国に認可された施設として運営していくには，この児童福祉施設最低基準にある設備と運営の基準に適合させなければならない。

② 保育所の設備

　保育所の設備では，乳児又は満 2 歳に満たない幼児のための乳児室又はほふく室，医務室，調理室，便所が必要であり，乳児室の面積は乳児又は満 2 歳に満たない幼児を保育する保育所では，子ども 1 人につき床面積が 1.65 ㎡以上必要であり，ほふく室の面積は，乳児又は満 2 歳に満たない幼児 1 人につき床面積を 3.3㎡以上としなければならない。

　また，満 2 歳以上の幼児を入園させる保育所では，保育室，遊戯室，屋外遊戯場，調理室，便所を設けることとされており，幼児 1 人当たりの床面積は保育室では 1.98㎡以上，屋外遊戯場では 3.3㎡以上を必要とすると認可の基準として定められている。

　屋外遊戯場に関しては企業の保育所事業参入を受けて平成 13 年 3 月 20 日 厚生労働省雇用均等・児童家庭局保育課長通知により，屋外遊戯場に代わるべき公園，広場，寺社境内等が保育所の付近にあるのであれば，これを

屋外遊戯場に代えて差し支えないとしている。その結果，保育所の認可基準が緩和され園庭の無いビルの中の保育所が増加した。都市部では児童公園の取り合いとなっている現状がある。企業の参入は保育の内容と質に大きな影響を及ぼしている。

　日本の基準は最低基準であり，北欧や他の先進国ではもっと広くゆったりとした基準があるので，日本の基準は世界基準から見ると豊かな生活環境とは言い難い。「児童福祉施設の設備及び運営に関する基準」第四条には「児童福祉施設は，最低基準を超えて，常に，その設備及び運営を向上させなければならない。」とあるが，建設に対する補助金は自治体によって格差があり，設置主体により最低基準ぎりぎりでしか建設できない問題がある。また本棚やロッカーなど置くと有効な面積から除外されるので，コスト重視の企業型認可保育所などではコーナーなど何も置かないで保育をしようとする園も存在する。

　また，基準に満たず認可に至らない環境で保育をする無認可施設も多く存在する。戦後まもなく（1948年）にできた最低基準は現代の時代にそぐわない。「保育所保育指針」では環境を通した保育が求められている。それは保育所設置基準の問題でもある。どんなに良質の保育のソフトを持っていても，ハードが古いと取り組みに限界が生じる。国は世界の保育事情を見る中で最低基準を早急に引き上げる必要がある。

３　保育所の人員配置

　認可保育所には職員配置基準が定められており，保育所には，保育士，嘱託医及び調理員を置かなければならない。保育士の数は令和5年度までは乳児おおむね3人につき1人以上，満1歳以上満3歳未満の幼児はおおむね6人につき1人以上，満3歳の幼児おおむね20人につき1人以上，満4歳以上の幼児おおむね30人につき1人以上置くこととしていた。これを国基準と呼び，地方自治体独自にこの最低基準を上回って加配している自治体もある。子どもを安全に丁寧に手厚く保育教育していくためにはこの基準も設備同様変更していかなければならない。

　令和6年度から国は76年ぶりに配置基準を改め，3歳児は15人に対して1人の保育士，4歳5歳児は25人に対して1人の保育士と職員配置基準が変わる。令和7年以降には1歳児が現在の6対1から5対1に改善される予定となっている。

　福祉全般に言えることであるが現場の保育士の社会的地位の向上や安定した雇用を維持する上でも，旧慈善事業型福祉制度の劣等処遇の原則から，高度な専門性を持ったエッセンシャルワーカーを養成して安心して働ける社会を早急に構築しなくてはならない。そのためにも国の基準の改善と保育士の

調理員：
調理業務を委託する場合は調理員を置かなくてもよい。

給与の大幅な賃上げが急務の課題である。認可園は原則有資格者であるが，小規模保育所，無認可保育所等では専門的な教育を受けていない無資格者でも保育をすることがある。今日社会問題となっている不適切な保育，虐待は許せることではない。しかしこうした最低基準による労働環境，人員配置や資格，賃金の問題も関連している。保育の充実は国家発展に不可欠なのである。

④　保育所の保育時間

　保育所は最低基準上，1日8時間の保育時間によって運営することを原則としているが，現在は11時間の開所が可能となるような措置を講じている。様々な働き方に対応するように13時間開所の園や24時間保育を行っている認可保育所もある。また日曜祝日も開園している園も存在する。しかしながら大半は朝7時から夜7時，また8時までの保育形態の園である。保育士の勤務は労働基準法において週40時間と定められているので，認可園であれば交替制や振り替え休日等で，労働時間や休暇は保障されている。

⑤　保育所の保育内容

　保育内容には公式なカリキュラムとして「保育所保育指針」がある。「保育所保育指針」は子どもの成長を支えるうえで保育所が目指す目標，保育内容，保育活動の基本が示されている。具体的には5領域があり，領域ごとに必要なねらいや内容が具体的に記載されている。

　さらに2018年の改訂には新たに「幼児期の終わりまでに育ってほしい10の姿」が示された。「10の姿」は小学校への接続を考えられた内容となり，子どもたちが就学という環境の変化に適応できるよう，具体的にまとめられている。（第2講，第11講参照）

　子どもたちは乳幼児期を経て小学校に入学することから，保育・教育に関わる周囲の大人が共通認識をもち，子どもと関わることが求められる。「5領域」も「10の姿」も，保育所，幼稚園，認定こども園など多くの保育施設の共有指針となっている。保育には様々な理論と実践があるが，「保育所保育指針」は対話型の保育を重要視し自主性と主体性を大切にする。日本は多様性を尊重し自分らしく生きることのできる自由で民主的な国でなくてはならない。「保育所保育指針」も「**こども家庭庁**」の管轄となり内閣総理大臣が定めるという大きな改革がなされ，日本の指針による丁寧な保育は，科学的でありこどもの最善の利益を保障するという優れた特徴を持っている。これから日本の新時代の保育原理を学ぶ者は指針を基にしっかり学習し，誇りを持って保育を行うことが重要である。

5領域：
健康「心身の健康に関する領域」
人間関係「人との関わりに関する領域」
環境「身近な環境との関わりに関する領域」
言葉「言葉の獲得に関する領域」
表現「感性と表現に関する領域」

10の姿：
第2講「5. 保育所保育指針，幼稚園教育要領，幼保連携型認定こども園教育・保育要領における改訂（改定）の方向性」「❷ 幼児教育の積極的位置づけ」（p.23）
第11講「3. 育みたい資質・能力」「❷幼児期の終わりまでに育ってほしい姿」（p.124）

こども家庭庁：
これまで保育は厚生労働省，幼稚園は文部科学省，認定こども園は内閣府と3つの省庁を基礎として，各地方自治体の管轄として縦割りで運用されてきた。2023年4月1日に子どもに関する行政事務の一元管理を目指して「こども家庭庁」が新に設置された。「日本国憲法および児童の権利に関する条約の精神にのっとり，子どもに関する施策を総合的に推進することを目的とする」とあり，子ども政策担当の内閣府特命担当大臣は各省庁に対し，子どもの政策の改善を求めることができる「勧告権」が与えられている。2022年6月15日に「こども基本法」「こども家庭庁設置法」「こども家庭庁設置法の施行に伴う関係法律の整備に関する法律」が整備された。

❸ 認定こども園

認定こども園は2006年10月1日からスタートした制度である。小学校入学前の子どもに幼児教育・保育を提供する。保護者の就業の有無に関わらず受入れをし，教育・保育を一体的に行う。地域における子育て支援を行う。すべての子育て家庭の保護者へ，子育ての不安や悩みに対する相談や親子が集まって過ごす場所を提供する。として多様化する教育・保育のニーズに応えていくために整備された。

児童福祉法第39条の二では「幼保連携型認定こども園は，義務教育及びその後の教育の基礎を培うものとしての満三歳以上の幼児に対する教育（教育基本法（平成十八年法律第百二十号）第六条第一項に規定する法律に定める学校において行われる教育をいう）及び保育を必要とする乳児・幼児に対する保育を一体的に行い，これらの乳児又は幼児の健やかな成長が図られるよう適当な環境を与えて，その心身の発達を助長することを目的とする施設とする」と明記され，第39条の二の第2項には「幼保連携型認定こども園に関しては，この法律に定めるもののほか，認定こども園法の定めるところによる」と明記されている。簡単に言えば幼稚園と保育所が合体した施設である。こうした幼保一体化により広がってきた「認定こども園」は4つのタイプがある。（第6講参照）

❶ 認定こども園の支給認定制度

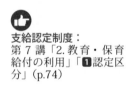

支給認定制度：
第7講「2.教育・保育給付の利用」「❶認定区分」（p.74）

認定こども園では「1号認定」「2号認定」「3号認定」と子どもたちを3つに分け認定している。1号認定とは従来の幼稚園に該当する3歳以上児で，おおむね14時30分まで在園する子どものことを言う。保護者が就労していなくても入園できる。延長保育は希望に応じて受けることが可能である。

2号認定とは従来の保育所に該当する満3歳以上の子どもを言う。おおむね開園から閉園までの保育に該当する。保護者は就労等で保育の必要性があることが入所条件である。

3号認定とは従来の保育所に該当する3歳未満児のことを言う。こちらも保護者は就労等で保育の必要性があることが入所条件である。おおむね開園から閉園までの保育に該当する。

❷ 認定こども園の設備

基本的には保育所と同様である。ただ幼保連携型認定こども園には園庭を備えなければならない。また職員室，乳児室又はほふく室，保育室，遊戯室，保健室，調理室，便所，飲料水用設備，手洗用設備及び足洗用設備，放送聴取設備，映写設備，水遊び場，園児清浄用設備，図書室，会議室等は必要

である。

③ 認定こども園の人員配置

幼稚園と保育園の両方の機能を持つ「認定こども園」で勤務するためには，保育士と幼稚園教諭の両方の資格を持つ「**保育教諭**」である必要がある。人員の配置は保育所と同様である。

④ 認定こども園の保育時間

平成26年内閣府・文部科学省・厚生労働省令第1号として出された「幼保連携型認定こども園の学級の編制，職員，設備及び運営に関する基準」第9条では，幼保連携型認定こども園における教育及び保育を行う期間及び時間は，次に掲げる要件を満たすものでなければならないと定められている。

---

❶ 毎学年の教育週数は，特別の事情のある場合を除き，39週を下ってはならないこと。

❷ 教育に係る標準的な1日当たりの時間（次号において「教育時間」という。）は，四時間とし，園児の心身の発達の程度，季節等に適切に配慮すること。

❸ 保育を必要とする子どもに該当する園児に対する教育及び保育の時間（満3歳以上の保育を必要とする子どもに該当する園児については，教育時間を含む。）は，1日につき8時間を原則とすること。

❹ 前項第3号の時間については，その地方における園児の保護者の労働時間その他家庭の状況等を考慮して，園長がこれを定めるものとする。

---

⑤ 認定こども園の保育内容

保育内容には公式なカリキュラムとして内閣府から出されている「幼保連携型認定こども園教育・保育要領」がある。基本は幼稚園教育要領及び保育所保育指針と同様の五つの領域のねらいや内容等，また「幼児期の終わりまでに育ってほしい10の姿」に基づき定められている。幼保連携型認定こども園として特に配慮すべきことは，在園時間や日数が異なる多様な園児がいることへの配慮である。在園時間や期間等が異なる多様な園児一人一人の乳児期からの発達の連続性とそれに応じた学びの連続性を押さえながら，園児一人一人の育ちを確保していかなくてはならない。その上で，園での環境と家庭との連携について以下の配慮が求められている。

保育教諭：
認定こども園で働く保育士資格」と「幼稚園教諭免許」の2資格を持つ保育職員の総称。
根拠法は「就学前の子どもに関する教育，保育等の総合的な提供の推進に関する法律」第十五条「主幹保育教諭，指導保育教諭，保育教諭及び講師は，幼稚園の教諭の普通免許状を有し，かつ，児童福祉法第十八条の十八第一項の登録を受けた者でなければならない。」による。

表7-4
保育を行う期間および時間

● 在園時間や日数が異なる多様な園児がいることへの配慮

- 在園時間等，一日の生活リズムの異なる園児が一緒に生活することを念頭に，例えば，活動内容や時間の選択肢を増やすなど，個々の実態に即した生活ができるように配慮することが望ましい。
- 指導計画の作成においては，一日の生活を見通して作成する必要がある。その際，一日の様々な時間を担当する保育教諭等が話し合い，協力して作成することが望ましく，その過程で，園児の理解を深め，教育及び保育の方向性を共有することが重要である。
- 登園する園児と登園しない園児がいる期間中は，家庭と園で過ごす園児がいることを前提とした，それぞれの園児や保護者に対する配慮が必要であり，全園児で園生活を再開する際に，それぞれの多様な経験が生かされるようにするとともに，生活が円滑にはじめられるよう工夫することが重要である。
- 教育及び保育時間が異なる園児がいること，在園期間が異なる園児がいることなどを前提に，幼児期の終わりまでに育ってほしい姿を踏まえながら，教育及び保育の全体的な計画を策定するということが重要である。

● 2歳児の学級から3歳児の学級への移行に当たっての配慮

- 2歳児後半から3歳児以上の園児との交流の機会をつくりながら，園児一人一人が期待感や安心感を持って3歳児の学級に移行できるようにすることが望ましい。
- 集団生活の経験年数の違う園児が一緒に過ごす3歳児の学級では，園児及び保護者と担任の保育教諭等が信頼関係を築くとともに，2歳児から移行する園児と3歳児から入ってくる園児同士のつながりをつくっていくことが重要である。

● 子育ての支援に当たっての配慮

- 生活形態が異なる保護者間の相互理解や交流が深まるよう工夫すること。その際，保護者同士が子育てに対する新たな考えに出会い気付き合うなどの視点も重要である。

④ 幼 稚 園

　幼稚園は文部科学省の管轄で「学校」となる。根拠法令は「学校教育法」で定められており，学校教育法第77条には「幼児を保育し，適当な環境を与えて，その心身の発達を助長すること」として目的が定められている。保育の対象は満3歳から就学前の幼児で，保育時間は4時間を標準として各園で決め，5時までの預かり保育もある。職員配置基準は1学級35人以下を原則。学級は同一学年で編成を原則とし，保護者が設置者（幼稚園）へ申し込み決定する。幼稚園は文部科学省の管轄であるため幼稚園の先生は教諭免許である「幼稚園教諭免許状」が必要である。年々幼稚園の数は減少しており，認定こども園に姿を変えつつある。

1　幼稚園の設備

　幼稚園は運動場を備えなければならない。また職員室，乳児室又はほふく室，保育室，遊戯室，保健室，便所，飲料水用設備，手洗用設備及び足洗用設備，放送聴取設備，映写設備，水遊び場，園児清浄用設備，図書室，会議室等は必要である。

　幼稚園の園庭はそもそも幼児教育の父フレーベルが 1837 年に世界初の幼稚園を作った時，園庭や花壇の大切さを込めて，幼稚園の語源「Kindergarten」という造語を作った。日本の「幼稚園」は，それを訳したものである。現在でも幼稚園に園庭が無ければ認可されないのは教育に豊かな園庭が不可欠だからである。幼児の主体的な活動を促したり，安全でゆとりと潤いのある環境を整備したりするためには，園舎，園庭，半屋外空間等の各施設は，空間的な連続性や回遊性に配慮し，一体的に活用できる配置とすることが重要であるとしている。

　「環境を通して行う教育」を基本とする幼稚園では屋内外における幼稚園施設の整備が第一に重要になってくる。2018 年に「幼稚園施設整備指針」が改訂され，以下の 7 つの視点を充実させることが重要と提示された。

> ❶　幼児自身の興味や関心に応じて様々な活動が展開される屋内環境整備
> ❷　自然との触れ合いや体を使った遊びができる屋外・半屋外環境整備
> ❸　障害のある幼児など特別な配慮を必要とする幼児に対応した施設整備
> ❹　教職員の活動を支えるための施設整備
> ❺　家庭や地域等との連携・協働を促す施設整備
> ❻　安全を確保しつつ自発的な遊びを誘発する施設整備
> ❼　教育活動の変化に対応できる施設整備

👍 Kindergarten：
第 4 講「❻フリードリッヒ・フレーベル」（p.45）

2　幼稚園の人員配置

> ● 1 学級の幼児数は，35 人以下を原則とし，各学級に専任の教諭等を 1 人置かなければならない。
> ● 特別な事情があるときは，当該幼稚園の学級数の 3 分の 1 の範囲内で，専任の助教諭又は講師による代替も可。
> ● 必要職員配置数の算定方法に関する規定はなし。

3　幼稚園の教育時間

　「幼稚園教育要領」によると，幼稚園の教育時間は 1 日 4 時間以上・年間 39 週以上の標準教育時間を確保するよう義務付けられている。また教育時間外の延長保育の預かり保育時間は，平日の場合，教育時間終了〜 17 時の

設定が多い。中には教育時間終了〜19時の長時間で設定している幼稚園もある。土曜日や夏休みなど長期間の休みの場合，延長保育の実施の有無は幼稚園によって様々であり，休日の一般的な預かり時間は9時〜17時の設定が多い。

4 幼稚園の教育内容

教育内容には公式なカリキュラムとして文部科学省から出されている「幼稚園教育要領」がある。基本は「幼保連携型認定こども園教育・保育要領」及び「保育所保育指針」と同様の五つの領域のねらいや内容等，また「幼児期の終わりまでに育ってほしい10の姿」に基づき定められている。「幼稚園教育要領」とは，小学校入学前までの子どもたちが日本全国どこに住んでいても同じ水準の教育を受けられるよう，「学校教育法」に基づいて定められた教育基準である。「幼稚園教育要領」には以下の事項について記されている。

- 幼稚園での教育における基本的な方針
- 預かり保育や延長保育についての方針
- 幼児期の終わりまでに身につけて欲しい資質や能力
- そのために必要な教育環境や教育課程

幼稚園は文部科学省，保育園は厚生労働省，認定こども園は内閣府と管轄が異なり，これまでは各省がそれぞれで教育方針・保育方針を定めていたが，「幼児教育から中学校卒業まで一貫した教育が受けられるように」，「どの施設に通っても同じ水準の幼児教育，保育環境が保証されるように」とのねらいから，幼稚園・保育園・認定こども園の幼児教育基準が2018年4月より統一された。　　　　　　　　　　　　　　　　　　　　　　　　（倉田）

課題1　保育料の無償化あるいは援助については，その種類や自治体によって異なる対応をしている。自分の住んでいる地域では，どのような仕組みになっているか調べてみよう。

第4章　保育所保育指針における保育の基本

第8講

子どもの成長・発達と保育

1．子どもの発達過程に応じた保育

❶　発達過程と保育

❶　発達過程とは

「保育所保育指針」では，子どもの「発達」を，環境との相互作用を通して資質・能力が育まれていく過程として捉えている。子どもがそれぞれの時点で積み重ねてきた体験があり，その体験を基にしながら，自分の周囲にある「物」「人」「こと」といった環境に働きかけていくという捉え方である。ある時点で何かが「できる」－「できない」といった視点で発達を見るのではなく，それぞれの子どもと環境との相互作用によって，育っていく過程の全体を大切にしていく捉え方とも言える。このような考え方を表すために，「保育所保育指針」等では，「**発達過程**」という言葉を用いている。

❷　子どもの現在と未来

保育所における**保育の目標**の一つは，子どもの保育を通して，「子どもが現在を最も良く生き，望ましい未来をつくり出す力の基礎を培う」ことにある。子どもを保育する大人の側に立つと，子どもが大きくなった時に困ることのないように育てておきたい，大人になって役立つことを身につけさせた

発達過程：
保育所保育指針では「保育所の役割」として，「保育所は，その目的を達成するために，保育に関する専門性を有する職員が，家庭との緊密な連携の下に，子どもの状況や発達過程を踏まえ，保育所における環境を通して，養護及び教育を一体的に行うことを特性としている。」と示している。

保育の目標：
保育所保育指針における「保育の目標」の前半部分には「保育所は，子どもが生涯にわたる人間形成にとって極めて重要な時期に，その生活時間の大半を過ごす場である。このため，保育所の保育は，子どもが現在を最も良く生き，望ましい未来をつくり出す力の基礎を培うために，次の目標を目指して行わなければならない。」として，6つの目標を挙げている。

いというような「未来」のために「現在」の生活を考えてしまいがちである。しかし、まずは、乳幼児期を過ごす子どもたちが、「現在」を心地よく過ごし、生き生きと幸せなものとなるようにすることが必要である。保育者は、子どもの「現在」のありのままの姿を受け止めること、子どもの心の安定を図りながら一人一人に丁寧に関わること、さらには、一人一人の子どもの可能性や育つ力を尊重することが重要である。そのような子どもの「現在」を大切にすることが、その後の豊かな「未来」をつくり出す力の基礎を培うことにもつながる。

❸ 発達過程を踏まえた保育

それぞれの保育所等の施設は、その規模や地域性に違いがあり、園ごとの特色や保育方針によって、保育の在り方も多様なものがある。ただ、どのような園であっても、在籍する子ども一人一人の育つ道筋や特徴、つまり「発達過程」を丁寧に捉え、その発達過程を踏まえた丁寧な保育を展開することは、共通して重要なことである。

保育にあたっては、子どもの「現在」、今この時の姿を、「過程」の中で捉えること、また、子どもが周囲の環境と相互に関わって育っていくことを支えることが大切である。なお、保育所に在籍する期間は子どもによって異なるため、乳幼児期の「発達過程」と併せて、一人一人の心や体の状態、家庭での生活の状況なども踏まえて保育することも必要な視点である。特に、保育所等への入園時には、子どもが環境の変化をどのように感じ、その後、どのような過程の中で、生活や遊びを広げたり、好奇心や探究心を深めたりしていくのかを丁寧に捉え、関わっていくことが求められる。

❷ 発達を理解すること

❶ 一人一人の発達と個人差

一人一人の発達過程に応じて保育するためには、一人一人の子どもの発達について保育者がよく理解していくことが大切である。乳幼児期の発達の特性や道筋には、次のような特徴がある。

> ❶ 子どもの発達には、ある程度一定の順序性や方向性がある。
> ❷ 子どもは、身体、運動、情緒、認知、社会性など、様々な側面が相互に関連し、総合的に発達していく。
> ❸ 実際の子どもの育ちの姿は直線的なものではなく、行きつ戻りつしながら、時には停滞しているように見えたり、ある時急速に伸びを示したりしながら、発達していく。
> ❹ 発達の側面によって、一人の子どもの内にも、育ち方に違いがある。
> ❺ 同じ月齢・年齢の子どもであっても、環境の受け止め方、環境への関わり方、興味や関心の対象などが異なり、それぞれの発達がある。

乳幼児期の発達について見通しを持ちながら，一人一人の発達の違いと個人差に配慮して，実際の子どもの姿に即した保育をすることが必要である。

２　主体としての子どもの思い，願い

保育所における**保育の方法**の一つとして，保育者が，子どもの主体としての思いや願いを受け止めることが挙げられる。言うまでもないが，保育者が子ども一人一人の発達を理解する際，子どもが一人の独立した人間であるという捉え方が重要である。保育が，「大人−子ども」という関係の中だけで子どもを捉えていることはないか，保育者自身の意識を振り返り，主体としての子どもの思いや願いを聴くことが大切である。子どもたちは，自分を主体として受け止めてくれる保育者の存在によって，安心感や信頼感をもち，自分の思いや願いを表しながら，周囲の環境に関わっていくことができる。

> **保育の方法：**
> 保育所保育指針の「保育の方法」には，「一人一人の子どもの状況や家庭及び地域社会での生活の実態を把握するとともに，子どもが安心感と信頼感をもって活動できるよう，子どもの主体としての思いや願いを受け止めること。」と示されている。

３　発達を理解する視点の例

１　総合的・分析的に理解する視点

❶　総合的・全体的に発達を理解する

子どもの発達を理解しようとする時，まずは，子どもを一人の人間として丸ごと理解しようとする視点が大切である。子どもを総合的・全体的に理解することは，漠然としたままでは難しい視点であるが，常に子どもの立場になり理解しようとする姿勢をもつようにしたい。子どもは，言葉や表情，動きなどで自分を表すが，その表現は瞬間的なことが多い。保育者は子どもが表すそれらを見逃さず，丁寧に捉えていくことが必要である。捉えた子どもの表現を手掛かりとして，子どもの内にある思いや願い，意欲，その時の心の有りようなどを理解していく。

❷　分析的に発達を理解する

総合的，全体的に子どもを理解することと並行して，発達のある側面に焦点を当てて分析的に理解することもある。例えば，身体，運動，情緒，認知，社会性など，それぞれの側面がどのような過程の中で育っているのかを理解することがある。また，「保育所保育指針」に示された**保育内容の視点や領域**から発達を捉え，理解していくこともできる。

２　つながりの中で理解する視点

❶　過去の体験と今の姿のつながり

子どもの発達は，育っていく過程として理解していくものである。子どもは，多様な体験を積み重ねていく中で育っていく存在である。保育者は，子どもの過去のどの体験と現在の体験がどのように結びついているのか，体験

> **保育内容の視点・領域：**
> 乳児保育の内容は，①身体的発達に関する視点「健やかに伸び伸び育つ」，②社会的発達に関する視点「身近な人と気持ちが通じ合う」，③精神的発達に関する視点「身近なものと関わり感性が育つ」としてまとめられている。1歳以上の保育の内容は，①心身の健康に関する領域「健康」，②人との関わりに関する領域「人間関係」，③身近な環境との関わりに関する領域「環境」，④言葉の獲得に関する領域「言葉」，⑤感性と表現に関する領域「表現」としてまとめられている。

と体験のつながりを捉えていくことが重要である。これまでの子どもと環境（物や人など）との関わり方から，新たな環境にどのように興味や関心をもったのかを捉えたり，これからどのような姿になっていくかを思い描いたりしていくことが，発達過程の理解につながる。特に，具体的な**遊びの過程**を見ていく際には，子どもが何をしているかという理解にとどまらず，その遊びを通して，子どもが何を感じているのか，内面を理解していくことが大切である。

❷　**長期的に見たつながり**

毎日の保育の中では，昨日と今日の姿に大きな変化がなく，育っていることを捉えにくい場合もある。保育所における保育は，入園から就学前までの長い期間にわたって営まれるものであり，そのときには分からなくても，長期的な過程の中で，発達を捉えられることがある。子どもの遊び，行為，言葉などを記録し，その記録を振り返っていくことで，ある時点での変化が見えてくる。そのような変化を捉えることが，子どもの発達を理解することとも言える。一人一人の発達について，時間をかけて理解していこうとすることも大事な視点である。

❸　**多面的に見たつながり**

子どもは，関わる保育者等によって見せる姿が異なることがある。保育に携わる職員みんなで子どもの姿を共有していくことで，子どもがどのような興味や関心をもったり移り変わったりしているのか，子ども同士や保育者との関係性がどのようなものであるか，場面によってどのような姿の違いがあるかといったことを多面的に理解することができる。保育者自身が，どのような見方や考え方をしているかによって，子どもの姿の理解の仕方も変わる。保育者同士で子どもの理解を深め合うことは，それぞれの保育者が子どもに対する姿勢を見直す機会にもなる。

2．保育者の倫理観と専門性

❶　保育所職員の専門性

▪　保育所職員とは

保育所においては，保育士だけでなく，看護師，栄養士など，様々な職の職員によって保育が営まれている。それぞれの職員は，子どもの健やかな心と体の発達を図るため，その職として自分がもつ専門性を発揮しながら保育をしている。「保育所保育指針」等では，保育士をはじめとする保育に携わるすべての**保育所職員**を「保育士等」としている。

遊びの過程：
加藤繁美（2023）は，遊びと発達について，「遊びは，おもしろさを追求する活動である。子どもは，遊びを通して発達する存在である。そしてそれゆえ，子どもはおもしろさを追求する過程で，自分を発達させる存在である」と述べている。

保育所職員：
施設長・保育士・看護師・調理員・栄養士などの職がある。

❷　保育所職員に求められる専門性

第1節でふれた「子どもの発達過程を踏まえた保育」は，保育に関する専門性をもつ保育所職員によって行われる営みである。保育所職員は，自分の職種において求められている「専門性」はどのようなものかをよく認識することが必要である。その専門性を発揮しながら，子どもや保護者と関わり，次の保育に生かしていくことも大切である。また，自分とは異なる専門性をもつ他の保育所職員と協働し，保育所という組織の一員として保育に取り組むことも重要な「専門性」である。

❷　保育士の専門性

❶　保育士とは

保育士資格は，2003年より国家資格となったもので，児童福祉法において，「保育士」を「専門的知識及び技術をもって，児童の保育及び児童の保護者に対する保育に関する指導を行う者」と規定している。その中で，保育所に勤務する保育士は，乳幼児期の子どもの保育と，家庭での子育ての支援に関する専門職であり，保育所保育の中核的な役割を担う職である。

保育士：
児童福祉法第18条の4で「保育士の名称を用いて，専門的知識及び技術をもって，児童の保育及び児童の保護者に対する保育に関する指導を行うことを業とする者をいう。」との規定が置かれている。

❷　保育士に求められる知識・技術

児童福祉法に定められている通り，保育所における保育士は，子どもの保育や保護者・家庭への支援を行うにあたって，「専門的知識及び技術」を有していなければならない。保育所の保育士に求められる主要な知識及び技術としては，次のようなことが考えられる。

❶　これからの社会に求められる資質を踏まえながら，乳幼児期の子どもの発達に関する専門的知識を基に子どもの育ちを見通し，一人一人の子どもの発達を援助する知識・技術
❷　子どもの発達過程や意欲を踏まえ，子ども自らが生活していく力を細やかに助ける生活援助の知識・技術
❸　保育所内外の空間や様々な設備，遊具，素材等の物的環境，自然環境や人的環境を生かし，保育の環境を構成していく知識・技術
❹　子どもの経験や興味や関心に応じて，様々な遊びを豊かに展開していくための知識・技術
❺　子ども同士の関わりや子どもと保護者の関わりなどを見守り，その気持ちに寄り添いながら適宜必要な援助をしていく関係構築の知識・技術
❻　保護者等への相談，助言に関する知識・技術

特に❶，❷の知識・技術は，先に見てきた「子どもの発達の理解」や「子どもの発達過程を踏まえた保育」に関わる内容である。子どもの発達に関する知識・技術は，保育士の専門性の中核として位置付くものである。

❸　専門性の向上

❶　保育士等の専門性の向上

保育所保育に関わる保育士は，その職責を果たすため，自らの**専門性の向上**に努めることが重要である。保育士は，日々の保育を実践したり，実践を振り返ったりする中で，自らを省察し，専門性を高めていく。また，保育所内外の研修等も有効な方法である。保育実践を省察する中で捉えた課題を踏まえ，様々な研修等によって，専門的な知識・技術を習得したり，維持，向上させたりしていくことが求められている。

このような専門性の向上は，保育士だけでなく，看護師・調理員・栄養士など，保育所での保育に携わるすべての職員が努めなければならないことである。それぞれの職種において必要とされる専門的な知識及び技術をもち，自らの資質の向上を図ることが大切である。

❷　保育所全体での専門性の向上

保育所では，すべての職員が，自分のもつ専門的な知識・技術に基づいて，その時々に子どもの育ちに必要な判断をしながら，子どもたちに関わっている。また，保護者や地域の子育て家庭への支援においても，同様である。そのことを支えているのは，個々の職員の専門性に対する意識だけでなく，保育所全体として専門性を向上させていこうとする意識である。保育士をはじめとする様々な職員が，互いに同僚として協働し，共に学び続けていこうとする姿勢が重要である。常に，幅広い視点から子どもへの理解を深めたり，子ども，子育て家庭，地域社会などの実態を捉えたりしながら，個々の専門性と保育所職員集団としての専門性の向上に努めることが求められる。

❹　保育者の倫理観

❶　倫理観に裏付けられた専門性

保育者は，これまで見てきたような「専門的な知識及び技術」をもって保育にあたるが，その専門性は倫理観に裏付けられたものでなくてはならない。保育者の倫理観は，**子どもの最善の利益**を尊重することなど，児童福祉の理念が基盤となる。また，保育者は，自らの言動が子どもや保護者に大きな影響を与える存在であることを十分に理解し，子どもの育ちに関わる職である

専門性の向上：
児童福祉法第48条の4②に，「保育所に勤務する保育士は，乳児，幼児等の保育に関する相談に応じ，及び助言を行うために必要な知識及び技能の修得，維持及び向上に努めなければならない。」と定められている。

子どもの最善の利益：
児童福祉法第2条において「全て国民は，児童が良好な環境において生まれ，かつ，社会のあらゆる分野において，児童の年齢及び発達の程度に応じて，その意見が尊重され，その最善の利益が優先して考慮され，心身ともに健やかに育成されるように努めなければならない」と定めている。

第1講「3.子どもの最善の利益と保育」(p.12)

ことの**責任の自覚**も求められる。子どもの最善の利益や子どもの人権を尊重して保育を実現していくためには，一人一人の保育者の人間性によるところが大きい。

保育者の人間性は，その保育者がもつ人間観，子ども観などが相対的なものとして表れるものである。またそれは，ある限られた時間や場所，対象の中で表れるものでなく，日々の保育という営みのすべてを通して表れるものである。保育者の豊かな人間性，高い倫理観に裏付けられていることで初めて，専門的な知識・技術が意味をもったものとなる。

責任の自覚：
児童福祉法第18条の21では「保育士は，保育士の信用を傷つけるような行為をしてはならない。」とされている。

❷　保育者に求められる具体的な倫理観

保育所保育に関わる職員がもつべき倫理観の具体的な内容については，その職種ごとに，関係する団体がそれぞれの専門性を踏まえて倫理に関する綱領などを定めている。

代表的なものとして，保育士の倫理観について定められた「**全国保育士会倫理綱領**」がある。この倫理綱領の冒頭には，以下のような保育士に求められる子ども観，保育の基本姿勢，保育士としての使命と役割を掲げている。

全国保育士会倫理綱領：
2003年，児童福祉法の改正により，保育士資格が民間資格から国家資格になったことを受け，同年に，社会福祉法人全国社会福祉協議会，全国保育協議会，全国保育士会から「全国保育士会倫理要項」が示された。

> すべての子どもは，豊かな愛情のなかで心身ともに健やかに育てられ，自ら伸びていく無限の可能性を持っています。私たちは，子どもが現在（いま）を幸せに生活し，未来（あす）を生きる力を育てる保育の仕事に誇りと責任をもって，自らの人間性と専門性の向上に努め，一人ひとりの子どもを心から尊重し，次のことを行います。
> ・私たちは，子どもの育ちを支えます。
> ・私たちは，保護者の子育てを支えます。
> ・私たちは，子どもと子育てにやさしい社会をつくります。

さらにこの倫理綱領では，保育士の職務における行動の指針として，以下の8項目が示されている。子どもの最善の利益の尊重，**プライバシーの保護**，子どもの立場に立って言葉にできない思いやニーズを的確に代弁することなど，いずれも保育者の倫理観として欠かせない内容が丁寧に整理されている。

プライバシーの保護：
児童福祉法第18条の22において「保育士は，正当な理由がなく，その業務に関して知り得た人の秘密を漏らしてはならない。保育士でなくなった後においても，同様とする」と定められている。

> **子どもの最善の利益の尊重**
> 　私たちは，一人ひとりの子どもの最善の利益を第一に考え，保育を通してその福祉を積極的に増進するよう努めます。
> **子どもの発達保障**
> 　私たちは，養護と教育が一体となった保育を通して，一人ひとりの子どもが心身ともに健康，安全で情緒の安定した生活ができる環境を用意し，生きる喜びと力を育むことを基本として，その健やかな育ちを支えます。

保護者との協力

　私たちは，子どもと保護者のおかれた状況や意向を受けとめ，保護者とより良い協力関係を築きながら，子どもの育ちや子育てを支えます。

プライバシーの保護

　私たちは，一人ひとりのプライバシーを保護するため，保育を通して知り得た個人の情報や秘密を守ります。

チームワークと自己評価

　私たちは，職場におけるチームワークや，関係する他の専門機関との連携を大切にします。また，自らの行う保育について，常に子どもの視点に立って自己評価を行い，保育の質の向上を図ります。

利用者の代弁

　私たちは，日々の保育や子育て支援の活動を通して子どものニーズを受けとめ，子どもの立場に立ってそれを代弁します。また，子育てをしているすべての保護者のニーズを受けとめ，それを代弁していくことも重要な役割と考え，行動します。

地域の子育て支援

　私たちは，地域の人々や関係機関とともに子育てを支援し，そのネットワークにより，地域で子どもを育てる環境づくりに努めます。

専門職としての責務

　私たちは，研修や自己研鑽を通して，常に自らの人間性と専門性の向上に努め，専門職としての責務を果たします。

3．保護者との緊密な連携

❶　家庭との連携の必要性

　ここまで「子どもの発達過程を踏まえた保育」と「保育に関する専門性」について見てきたが，保育に関する専門性をもつ職員が，子どもの発達過程を踏まえた保育を行うためには，家庭との緊密な連携を図ることも重要な点である。

　保育所における保育は，保育者と保護者が共に子どもを育てる営みである。子どもは，保育所だけでなく，家庭や地域社会の一員として生活しており，子どもが過ごしている一日を通した生活を視野に入れながら，保育所での生活を考える必要がある。保育者は，保育所での子どもの育ちを捉えながら，さらには，保護者との連携を密に図り，子どもの家庭や地域における育ちを捉え，子どもの生活が全体として連続したものとなるようにしていく。

❷　保護者への援助・支援

❶　子どもの最善の利益を考慮する

　保育所は，入所している子どもを保育し，子どもの育ちを支えることだけでなく，保護者に対する援助・支援を行う施設である。その2つの役割は，それぞれ独立して進められるものではない。入所する子どもの保護者に対する援助・支援は，日々の子どもの保育と深く関連して行われるものである。

　保育者は，自身の保育に対する専門性を生かして，保護者に対する支援・援助を行うが，その際，常に「子どもの最善の利益」を考慮して取り組むことが必要である。個々の保護者の意見や要望などから，どのような意向をもっているのかを捉え，子どものよりよい育ちにつながる保護者への援助・支援はどのようなものかを丁寧に検討することが大切である。それぞれの保護者や家庭の状況を考慮し，子どもと保護者との関係を軸に，子どもと保護者，子どもと保育者，保護者と保育者といった関係が豊かに展開するように支えていく。子どもの保育においても，保護者に対する支援・援助においても，保護者と連携して子どもの育ちを支える視点が大切であり，保育者と保護者と共にあるという関係性が求められる。

❷　一人一人の保護者に応じる

　多様な家庭や地域の実情があり，子育て中の保護者の状況もそれぞれに異なっている。子どもの保育では，一人一人の子どもについて，その生活の状況や思いや願いを捉えていくことが大切であるが，このことは保護者に対する支援・援助においても同様である。一人一人の保護者がどのような生活の状況にあるか，子どもとの関係はどのようなものであるか，子どもや子育てに対してどのような思いや願いをもっているのかについて，保育者が丁寧に捉え，受け止めることが重要である。保育所で捉えている子どもの育ちと，家庭で見えている育ちを伝え合い，その喜びを共有していく。

　また，保護者が様々な心配ごとや困りごとをもっている場合がある。中には，保育者が共感しづらい内容，把握しにくい内容，保護者とは捉え方が異なる内容なども含まれるが，保護者の話を聞くときは，まずはその話の内容をありのまま受け止める保育者の姿勢が求められる。保育者の価値観や判断基準からではなく，なぜそういった言葉が出たのか，その意味や背景にある思いや願いを理解するように努め，保護者の子育てを肯定的に支えていくようにする。なお，経済的な困窮や健康面などに深刻な問題がうかがえる場合には，保育所以外の関係機関等につなぐ形での支援も必要である。

心配ごとや困りごと：子育てをめぐる保護者の心配ごとや困りごとは，①子どもに関すること（子どもの生活，育ち，性格など），②保護者自身に関すること（育児と仕事の両立，身体的負担，ストレスなど），③育児環境に関すること（孤独感や寂しさ，頼れる家族や親族の不在など）がある。

❸ 様々な機会を生かす

　子どもや保護者のわずかな様子の変化から，支援・援助を必要とする家庭に気付いたり，保育に関する専門性を生かした支援・援助をしたりできるのが，保育所の強みである。日常的な様々な場面での丁寧な関わりによって，保護者が保育者への信頼感や安心感をもち，それ自体が保護者にとっての支えとなりうる。また，個別の具体的な相談の土台となる。

　日頃の関わりの一つとして，送迎時の会話がある。保護者と個別的に関わり，その日の子どもの姿を肯定的に伝えたり，身近な話題から会話を広げたりして，相互のコミュニケーションを図っていく。また，掲示物やお便りなどを活用して，保育所における保育の意図を説明したり，保育中の子どもの様子を丁寧に伝えたりすることもできる。

　子どもの育ちについて，保護者と共に考え，継続的に対話を重ねていくことも，大切な支援・援助の一つである。さらには，何か心配ごとや困りごとがあった時に，保護者が気軽に相談できる雰囲気を作っておくことも必要である。子どもや子育てに直接関わることは相談しやすいが，保護者自身のこと（例えば，体調不良，疲労感など）は，話しづらいこともある。いつでも保護者からの相談に乗る準備ができているという保育所としての思いを様々な機会に伝えたり，保護者が自然と腰を下ろしたり足を止めたりできる場を設けたりすることで，保護者と関わる具体的な場面を増やしていく。

　保育士等と保護者が互いに情報や考えを伝え合い共有することを通して，それぞれが子どもについて理解を深めたり，新たな一面に気が付いたりする。こうした保護者と保育士等の関係の形成や深まりは，子どもと保護者の関係の育ちや安定につながるものである。保護者が子どもの育ちや自身の子育てを肯定的に受けとめられるような働きかけや環境づくりが大切である。

❸ 地域の子育て家庭への支援

　保育所は，入所する子どもの保護者への支援・援助とともに，地域で子育てをしている家庭の保護者を支援する役割も担っている。

　地域の子育て家庭に対する支援については，児童福祉法において保育所の努力義務として規定されている役割である。インターネットの普及等により子育てに関する情報が膨大に増えている一方，その情報の真偽を見極めることが難しい場合も多くなっている。また，子育てに関する経験を補ってくれるような身近な相談相手や実際に手助けしてくれる人がなく，子育て家庭が孤立する場合もある。このような現代の子育ての状況において，安全・安心で，親子を温かく受け入れてくれる施設として，保育所の役割はますます期

地域の子育て家庭に対する支援：
児童福祉法第48条の4において「保育所は，当該保育所が主として利用される地域の住民に対してその行う保育に関し情報の提供を行い，並びにその行う保育に支障がない限りにおいて，乳児，幼児等の保育に関する相談に応じ，及び助言を行うよう努めなければならない。」と定めている。

待されている。地域に開かれた保育所として，地域の様々な人・場・機関などと連携を図りながら，地域の子育てに貢献していくことは，全ての子どもの最善の利益という観点から見て，とても重要な役割である。さらには，児童虐待を未然に防いだり，早期に発見したりする点からも，保育所の子育て支援は重要なものと位置付けられている。

（源）

> 課題1　保育士が子どもの発達や成長に関わる喜びについて聴いたり，
> 　　　　語っていることを調べたりして，発表し合ってみよう。

【参考文献】
- 加藤繁美「『おもしろさ』と幼児の発達」『幼児教育じほう』51 巻 1 号　2023
- 厚生労働省『保育所保育指針』 2017
- 厚生労働省『保育所保育指針解説』 2018
- 厚生労働省『保育所等における在園児の保護者への子育て支援：相談等を通じた個別的な対応を中心に』 2023
- 全国社会福祉協議会・全国保育協議会・全国保育士会『全国保育士会倫理綱領』 2003

第4章　保育所保育指針における保育の基本

第9講

養護と教育の一体性

1. 子どもの「育ちと学び」を支える養護と教育

❶ 乳幼児期の子どもの「育ちと学び」

　乳幼児期の保育・教育は，ECEC あるいは ECCE と英訳される。この英語の「Care」（養護）と「Education」（教育）いう言葉に着目してみよう。

ECEC（Early Childhood Education and Care）

ECCE（Early Childhood Care and Education）

　子どもは命を授かり，母体の中でおよそ 40 週間を過ごし，一人の人間として誕生する。そして，自ら周りの環境に働きかけ，親（あるいは養育者）からの応答性のある温かい対応を受けて，心地よさの感覚を味わい，情緒が安定する。情緒が安定すると，さらに自分の周りの人やモノの世界に興味・関心をもって，新たな探索活動を繰り返し，生きていく上での様々な力を育んでいく。

　このプロセスから，乳幼児期の子どもにとって「育つこと」と「学ぶこと」は切り離して考えることはできないことが分かる。著しい成長・発達を遂げる乳幼児期の子どもは，「育ち」ながら「学び」，「学び」ながら「育って」いるのである。

❷　0歳からの子どもの権利

乳幼児期の子どもが,「育ちと学び」を通して成長・発達する過程に関わる際に前提となるのが, 子どもを一人の人間として見るという見方である。

子どもの権利条約（正式には,「児童の権利に関する条約」）について学んだ人も多いだろう。子どもの権利条約は 1989 年に国連で採択（日本が批准したのは 1994 年）された。前文と 54 条からなる子どもの権利条約では,「子どもを, 権利をもつ主体として位置づけ, 子どもは一人の人間として尊重される」と記されている。18 歳未満のすべての子どもが, 子ども期の特性を踏まえて, 人としての権利が保障されることと, 大人は子どもの最善の利益を考えて行動することが求められている。

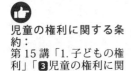

児童の権利に関する条約：
第 15 講「1. 子どもの権利」「❸児童の権利に関する条約」(p.172)

大人への成長・発達の過程にある乳幼児期の子どもは養護や保護の対象ではあるが, 同時に自ら環境に働きかけ成長・発達する能動的な存在であり, 一人の人間として尊重される権利をもっている。そして, 子どもの権利の下に, 子どもの最善の利益を守るために保育・教育は行われる。

0 歳からの子どもに権利があり, その権利を保障するとは, どのように子どもを捉え, 関わることなのだろうか？ 新生児をイメージして考えてみよう。生まれたばかりの新生児は, 親の声や周りの音をよく聞き, お腹が空いている時や排泄をした際の不快な感じを泣くことで大人に伝える。新生児が泣くことは, 子どもが自分の情動を表現している姿であり, 泣くという行為によって自身の意見を表明しているのである。子どもは生まれた時から子どもなりの方法で意見を伝えるという意味で, 子どもは一人の人間であり, 社会に能動的に働きかける有能な存在である。

しかし, 新生児は, 例えば危険から逃れるために自分で身体を自由に使って空間を移動することはできないし, 親からの母乳やミルクが与えられなければ, 生きるために必要な栄養をとることができない。新生児は, 命をつなぎ, 生きていくための多くのことを, 大人の助けを借りなければならないのである。また子どもの意見ともいえる「泣く」という行為についても, 大人側がどのようにその意味をとらえ, 解釈するかにゆだねられている。お腹が空いているから泣いているのか, 排泄によるおむつの不快感からの泣きなのかを, 親が子どもの泣き声や泣いている様子から解釈し, 子どもの気持ちになって想像しながら, 優しい言葉をかけたり, おむつ替えや授乳といった必要な対応をしているのである。子どもは大人に比べて未熟で弱い存在であり, 養育や保護の対象であるとみなされるのはこのためである。

子どもという存在のあり方の 2 つの側面がここに示されている。自らが育つ力を持っており, 泣きや音声や身体をゆり動かしながら環境に働きかける主体であると同時に, 大人による養育や保護の対象でもある。乳幼児期の

子どもは自ら育つ存在であるとともに，大人によって育てられる存在でもあるという両方の側面を持っている。この両方の側面をもつ存在であるという，乳幼児期の特性を踏まえて，様々な形で表明される子どもの声に耳を傾け，保育・教育を行うことが必要である。

2．「養護」と「教育」

1　養護と教育

　先に，乳幼児期の子どもは，自ら育つ存在であるとともに，大人の養護や保護によって育てられる存在でもあると述べた。そのため親や保育者は，「養護」と「教育」の視点をもって子どもに関わりながら，子どもの育ちと学びを支える。

　ところで，みなさんは養護と教育をどのように捉えているだろうか？　養護と教育という言葉に対して思いつくイメージを出し合ってみよう。

> ❶ 乳幼児に対する養護（Care）にはどのようなものがあるか，子どもとの具体的な関わりをイメージして話してみよう。
> ❷ 乳幼児に対する教育（Education）にはどのようなものがあるか，子どもとの具体的な関わりをイメージして話してみよう。

2　養護—生命の保持と情緒の安定

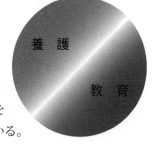

図9-1
養護と教育の一体性

「保育所保育指針」（2017年改定）では，養護と教育が次のように定義されている。

　保育における**養護**とは，「子どもの生命の保持及び情緒の安定を図るために保育士等が行う援助や関わりである。」と述べられている。

　「保育所保育指針解説」では，養護について次のように記されている。

> 　保育における養護とは，子どもたちの生命を保持し，その情緒の安定を図るための保育士等による細やかな配慮の下での援助や関わりを総称するものである。心身の機能の未熟さを抱える乳幼児期の子どもが，その子らしさを発揮しながら心豊かに育つためには，保育士等が，一人一人の子どもを深く愛し，守り，支えようとすることが重要である。

「保育所保育指針」では，養護にあたる「**生命の保持**」と「**情緒の安定**」のねらいが以下のように示されている。

生命の保持
❶ 一人一人の子どもが，快適に生活できるようにする。
❷ 一人一人の子どもが，健康で安全に過ごせるようにする。
❸ 一人一人の子どもの生理的欲求が，十分に満たされるようにする。
❹ 一人一人の子どもの健康増進が，積極的に図られるようにする。
情緒の安定
❶ 一人一人の子どもが，安定感をもって過ごせるようにする。
❷ 一人一人の子どもが，自分の気持ちを安心して表すことができるようにする。
❸ 一人一人の子どもが，周囲から主体として受け止められ，主体として育ち，自分を肯定する気持ちが育まれていくようにする。
❹ 一人一人の子どもがくつろいで共に過ごし，心身の疲れが癒されるようにする。

　「保育所保育指針」では，保育における「養護」として最も重要なことは，子どもの生命を守ることであるとしている。子どもは生まれながらに自ら育ち，学ぶ力を持っているが，当然のことながら生命がなければその力は発揮できない。子どもの生命は幼ければ幼いほど大人の力を必要とする。乳幼児期の子どもは自分だけの力で生きていくことはできないため，親や保育者が，子どもの生命を守り，安全で安心な環境を準備することが不可欠なのである。大人は，子どもが幼ければ幼いほど，子どもの発する「泣き」「笑い」など，言葉にならない表情や態度に，子どもの心情や思いを読み取ることが求められる。

　もう少し視野を広げて，世界の子どもの状況にも目を向けてみよう。現在，戦争や飢餓，貧困，暴力，虐待など子どもを取り巻く社会状況は極めて厳しい。これらは，子どもの権利を奪い，子どもの生命を危険・危機に追いやるものであり，決して認められるものではない。日常の生活においても，子どもの人格や心を傷つけ，子どもが自分自身を肯定的に捉えられない不適切な言葉や対応があり，養護が根本的に欠落していると言える。

　子どもの生命の保障と情緒の安定は，平和な世界において保障されるものである。周りの大人自身が，子どもに温かいまなざしをむけ，子どもにとって居心地のよい，気持ちの安らぐ場所を整えていくことが子どもの生活や社会を支える養護（Care）の関わりと言える。

3　教育—発達の援助

　一方，「保育所保育指針」では，**教育**とは，「子どもが健やかに成長し，その活動がより豊かに展開されるための発達への援助である」とされている。

　また，「幼稚園教育要領」における「教育」の記述は，次のようである。

> 　幼稚園の教育は，生涯にわたる人格形成の基礎を培う重要なものであり，幼稚園教育は，学校教育法に規定する目的及び目標を達成するために，幼児期の特性を踏まえ，環境を通して行うものであることを基本とする。
> 　このため教師は，幼児との信頼関係を十分に築き，幼児が身近な環境に主体的に関わり，環境との関わり方や意味に気付き，これらを取り込もうとして，試行錯誤したり，考えたりするようになる幼児期の教育における見方・考え方を生かし，幼児と共によりよい教育環境を創造するように努めるものとする。

　先に述べたように，子どもは安全で安心な環境の中で，生命を守られ健康に育つことができる。この安全で安心な環境を作るためには，親や保育者による十分な養護が必要である。子どもはこの養護が行き届いた環境において，遊びや生活を通して学びを深め，社会の中で生きていく知識・技能を獲得し，自己を肯定的に捉え，自分と他者との関係を結ぶコミュニケーション力や社会的スキルを身につけていく。子どもが自分自身で活動を展開し，社会との関わりを広げていくための援助が，教育である。

　乳幼児期の「教育」についてもう少し詳しく考えてみよう。子どもは生命を守られ，安全・安心の環境の中で，遊びや生活を通して，自分や他者との関係や自分を取り巻く周りの環境に興味や関心を育み，自らも社会の一員として成長・発達していく。遊びを通して，工夫したり，想像する力を養い，友達との関わりを通してコミュニケーションの方法を学ぶ。遊びに使う遊具や素材から，材料を用いて作る喜びを体験する。子どもは活動を通して体験し，その体験を通して，未来の社会を生きる力を育んでいく。

　親や保育者が自ら学ぶ姿勢を見せることや直接的に，「不思議だね」「どうしてかな」「考えてみよう」など，探究を引き出す声かけも大切である。また子どもたちが学びを深めるためには，子どもが探究したい環境があることが重要である。例えば，砂場にいろいろな遊びに使える砂があること，虫や植物に出会う自然があること，絵本や物語の本があること，近年では子どもが活用できる ICT が備えられていることなど，人，モノなどの環境が整えられることで子どもへの教育が行われる。

ICT（Information and Communication Technology）：情報や通信に関する技術のことである。パソコンやスマホやＳＮＳなど身近なものも含まれる。

3．「養護」と「教育」の一体性

　このように乳幼児期の子どもに対する親や保育者の関わりは，「養護」と「教育」として捉えることができる。養護と教育の関わりによって，子どもの健やかな成長・発達を援助するのである。また子どもの成長・発達は非常に早く，育ちと学びが一体的に進んでいく乳幼児期の特性を考えると，養護と教育を別々に切り離して考えることはできない。

　ところで，保育を学んでいる人の中には，自身が保育所や認定こども園，幼稚園に通い，保育者の姿を見たことがきっかけとなり，その姿にあこがれをもってこの道を選んだ人もいるだろう。あるいは通っていた中学校，高校等の地域の保育所や認定こども園，幼稚園での保育体験などがきっかけになった人もいるだろう。みなさんにとって，子どもと関わる保育者の姿はどのように受け止められたのだろうか。

　おそらく，子ども一人にやさしく寄り添い，一緒に遊んだり，子どもが生活しやすい環境を整えたり，食事の準備や介助をする姿ではないだろうか。あるいは子ども同士のトラブルの仲介にあたり，それぞれの子どもの気持ちを代弁したり，子どもが納得するまで話を聞いたり，寄り添う姿ではないだろうか。あるいは子どもたちが様々な体験ができるように必要な材料を準備したり，近くの公園まで散歩や遠足に出かけて季節の自然物を一緒に探す姿などが印象に残っているのではないだろうか。

　保育者の子どもへの関わりは，養護的要素が強くでることもあれば，教育的要素が強くでることもある。どこまでが養護でどこまでが教育であると分けられるものではない。

　「保育所保育指針」は，乳幼児期の子どもの育ちと学びは，福祉と教育の２つの視点をもって支援するものであると述べている。

　「保育所保育指針解説」では「**養護と教育の一体性**」について次のように記されている。

　　養護と教育を一体的に展開するということは，保育士等が子どもを一人の人間として尊重し，その命を守り，情緒の安定を図りつつ，乳幼児期にふさわしい経験が積み重ねられていくよう丁寧に援助することを指す。子どもが，自分の存在を受け止めてもらえる保育士等や友達との安定した関係の中で，自ら環境に関わり，興味や関心を広げ，様々な活動や遊びにおいて心を動かされる豊かな体験を重ねることを通して，資質・能力は育まれていく。
　　乳幼児期の発達の特性を踏まえて養護と教育が一体的に展開され，保育の内容が豊かに広げられていくためには，子どもの傍らに在る保育士等が子どもの心を受け止め，応答的なやり取りを重ねながら，子どもの

育ちを見通し援助していくことが大切である。このような保育士等の援助や関わりにより，子どもはありのままの自分を受け止めてもらえることの心地よさを味わい，保育士等への信頼を拠りどころとして，心の土台となる個性豊かな自我を形成していく。

　ここに述べられているように，子どもの育ちと学びを親や保護者が支援する際には，養護と教育が一体性をもって行われる。
　子どもの育ちと学びを支えるという意味の言葉として，Educare（エデュケア）と言う言葉がある。「Education」と「Care」が一体であることを示した言葉である。Educare（エデュケア）とは，親や保育者が子どもに対し，一方的に教え込んで，子どもの能力を大人が理想とする姿に到達するように導いたり引き出すことではない。もちろん子どもは子ども自身の力だけで育つわけではない。生まれてすぐの子どもは大人の力を借りなければ生存することさえ難しい。子どもは大人の援助を必要とするが，子どもは自ら生きようとする存在でもあり，生きる力を持っている。この両側面を支えるためには，「養護」と「教育」が一体的に行われることが不可欠なのである。
　そのためには，子どもは生まれながらにして能力があり，善く生きようとする存在であることをまず認めることから始まる。子どもが生まれながらにもっている能力は，養護と教育が一体となったふさわしい環境が整えられることで育まれ，子どもは周りの世界に興味と関心を持って積極的に働きかける。親や保護者は子どもがそもそも持っている力がさらに伸びるように，環境を整えて，豊かな経験ができるよう支援する。このように，子どもを一人の人間としてその人権を尊重して関わり，乳幼児期の成長・発達にふさわしい環境が保障されることで，子どもは，人と社会に開かれ，未来に希望をもって，自分で生きていくための力を獲得していくのである。
　しかし，これまでの乳幼児期の保育・教育の歴史の中で，養護と教育は切り離して考えられることが多かった。乳幼児の保育のための施設である保育所は福祉的役割を担うことを出発点としていたことから，「養護」を中心に行うところと認識されていた。一方，原則として幼児（現在では3歳児以降の子ども）が入園する幼稚園は教育的役割を担い，「教育」の場として理解され，それぞれの違いが強調されてきた。それぞれの福祉・教育施設を管轄する省庁が異なっていたという歴史も，養護と教育を分けて考えることに少なからず影響している。
　保育所に関しては，1965年に「保育所保育指針」が制定された際に，養護と教育の一体性について述べられている。また，2008年に改定された「保育所保育指針」では，養護と教育について，それぞれの定義が示された。さ

らに 2017 年に「保育所保育指針」が改定された際には，保育所は，幼児教育を担う施設であると明記された。

「保育所保育指針解説」には，「養護」と「教育」の一体性について，保育所保育の基盤には，養護の精神があること，そして養護と教育が一体になって子どもへの発達の援助が展開されることが記されている。

> 保育士等は，養護と教育は切り離せるものではないことを踏まえた上で，自らの保育をより的確に把握する視点をもつことが必要である。乳幼児期の発達の特性から，保育所保育がその教育的な機能を発揮する上で，養護を欠かすことはできない。すなわち，養護は保育所保育の基盤であり，保育所保育全体にとって重要なものである。

保育所保育はその成立の歴史においては，保育に欠ける子どもたちの生命の保障と安全・安心な環境の保障を目指していたこともあり，養護と教育が一体的に行われることを強く打ち出してきた。しかし現在では，幼稚園や幼保連携型認定こども園も，保育所と同じように養護と教育が一体となって保育・教育を行うことを目指している。幼稚園は，学校教育の始まりとして位置づけられており，養護という言葉自体は出てこないが，「幼稚園教育要領」には，「幼稚園教育の基本」として，次のように示されている。

> 幼児は<u>安定した情緒の下で自己を十分に発揮する</u>ことにより，発達に必要な体験を得ていくものであることを考慮して，幼児の主体的な活動を促し，幼児期にふさわしい生活が展開されるようにすること。
>
> （下線部　筆者）

このように，幼稚園教育要領にも「安定した情緒の下で自己を十分に発揮する」という養護の観点が示されている。しかし，子どもの成長・発達において養護の役割と教育の役割がどのように関係しているのかについて，十分な議論がなされているとはいえない。別の言い方をすれば，年齢が低い子どもには「養護」的関わりが中心となり，年齢が高くなるに従い，生命の保障と情緒の安定が見られるので，「教育」を中心にして関わるという考え方であり，「養護」よりも「教育」が強調される。さらに幼児教育は学びの芽生えの時期であり，小学校以降は，自覚的な学びの時期として，「教育」が中心になるという一面的な考え方で捉えられる懸念がある。

しかし，子どもを取り巻く社会の状況は急激に変化している。文部科学省による 2022（令 4）年度の「児童生徒の問題行動・不登校調査」では，小学生の**不登校**が，約 10 万 5 千人，中学生は約 19 万 4 千人であり，在籍す

不登校：
不登校児童生徒とは，「何らかの心理的，情緒的，身体的あるいは社会的要因・背景により，登校しないあるいはしたくともできない状況にあるために年間 30 日以上欠席した者のうち，病気や経済的な理由によるものを除いたもの」とされている。

る児童生徒の 3.2％に上る結果となった。

　就学前から小学校への移行期に，子どもたちのつまずきが起こると言われているが，就学前の生活を中心とした比較的自由な時間の流れから，教科を中心とした細かく区切られた時間，目標への到達を意識した授業，学級による集団的教授など，就学前と就学後の教育の違いに，戸惑いを持つ子どもも少なくない。また学びにつながっていない児童生徒の割合が増加していることの背景には，これまで家庭，地域が中心となって担ってきた「養護」の役割を社会全体が維持できていない状況がある。

　そのため小学生，中学生の子どもたちが，ありのままの自分でいることを認められ，くつろぐことで情緒が安定し，学びへの意欲を育む居場所を，「サードプレイス」として各地に作る動きが顕著になっている。

　就学後の子どもにとっても，育ちと学びは一体的に起こるものであり，そのためには教育へと傾くだけでなく，情緒の安定や学びに向かう力を支える「養護」の役割が切り離せないことを意味していると言える。

　ここでもう一度「児童福祉法」を確認しておこう。

第一章　総則　第一条
　全ての児童は，児童の権利に関する条約の精神にのっとり，適切に養育されること，その生活を保障されること，愛され，保護されること，その心身の健やかな成長及び発達並びにその自立が図られることその他の福祉を等しく保障される権利を有する。

第一章　総則　第二条
　全て国民は，児童が良好な環境において生まれ，かつ，社会のあらゆる分野において，児童の年齢及び発達の程度に応じて，その意見が尊重され，その最善の利益が優先して考慮され，心身ともに健やかに育成されるように努めなければならない。

表 9-1
児童福祉法

　子どもの権利条約や児童福祉法の理念は，「こども基本法」（令和 4 年 6 月制定，令和 5 年 4 月施行）にもつながっている。

　どの地域，どの施設，どのような環境で，どのような状況・背景を持って生まれた子どもも，子どもは人として尊重されるべき存在であり，すべての子どもが質の高い養護と教育を受ける権利を持っている。子ども一人一人は，異なるニーズや特性があり，すべての子どもに質の高い保育・教育を保障するためには，養護と教育は一体性をもって実施されなければならないのである。

　現在，人間を含めて多様な生物が生存できる持続可能な社会を作り，そこに生きる人を誰一人として取り残さず，すべての子どもが幸せに生きていける社会のあり方が模索されている。乳幼児期の保育・教育においては，養護

こども基本法：
第 15 講「1. 子どもの権利」「4 子どもの権利を守る日本の制度」（p.173）

と教育が一体性をもって子どもの育ちと学びを支えていく関わりがより重要になってくる。

4．保育実践における養護と教育

❶　保育の内容

　「保育所保育指針」「幼保連携型認定こども園教育・保育要領」では，子どもの発達過程を，ア）乳児，イ）1 歳以上 3 歳未満児，ウ）3 歳以上児の 3 段階に分け，それぞれの時期の発達の特性を踏まえて，ふさわしい経験が積み重ねられるように保育の内容が記されている。

幼保連携型認定こども園教育・保育要領では，①乳児，②満 1 歳以上 3 歳未満，③満 3 歳以上という表記で示されている。

　保育の内容は，育みたい資質と能力を「ねらい」とし，それを達成するための保育者等が子どもの発達の実情を踏まえながら援助し，子どもが自ら環境に関わり身につけていくものを「内容」として示している。

　「保育所保育指針解説」では養護と教育の一体性について次のように記されている。

> 　保育所保育において，養護と教育は切り離せるものではないことに留意する必要がある。子どもは，保育士等によりその生命の保持と情緒の安定が図られ，安心感や信頼感の得られる生活の中で，身近な環境への興味や関心を高め，その活動を広げていく。

　保育の内容の「ねらい」と「内容」は，主に教育に関わる側面からの視点として，各時期の保育が何を意図して行われるかを明確にして書かれているが，実際の保育においては，養護と教育が一体となって展開されることに留意して行うことが示されている。

❷　乳児保育と保育内容 5 領域の考え方

　子どもの発達過程の初期にあたる乳児期の保育の内容における「ねらい」は，「健やかに伸び伸びと育つ」「身近な人と気持ちが通じ合う」「身近なものと関わり感性が育つ」であり，保育の実践においては，養護の側面が強く示されている。

　「1 歳以上 3 歳未満児」と「3 歳以上児」の保育の内容については，子どもの育ちや学びのプロセスを見る視点として保育内容 5 領域が示されている。

　しかし，5 領域の基本的な考え方は，子どもは保育内容 5 領域（健康，人間関係，環境，言葉，表現）をそれぞれ異なる領域としてとらえ，小学校

以降の教科のように教育するのではなく，子どもの安全・安心な生活が保障される中で，生活や遊びを通してこの５つの領域が総合的に育つという考え方による。例えば，保育内容「言葉」の領域では，言葉や文字の一部を取り出して覚えさせるのではなく，子どもの生活の中で，話したい保育者や友達ができ，話したい経験があって，非言語な表現も含めて言葉でのやりとりが成立する。子どもの育ちと学びには，養護と教育が一体性をもち，生活や遊びを通して，総合的な指導によって成立するものであり，特に，乳幼児期の教育のあり方を全体的で総合的な成長・発達を促すという意味で「ホリスティックな教育」と呼んでいる。

　子どもにとって学びに向きあう場は，安全・安心で居心地の良い場所でなくてはならない。中には，おもちゃの数を制限し危険や子ども同士のトラブルを避けるために先生が監視しているような園もある。このような環境は，危険を回避する環境とは言えるが子どもにとって「居心地がよく，何かをやってみたいという気持ちが生まれる」環境であるかどうかは疑問である。

　安心できる人やモノが子どもにとってふさわしく配置されていることが，安全や安心の雰囲気を生み出す。例えば，子どもは五感を通じて環境を理解する。モノに触れた時の柔らかさ，換気や通気による風通しの良さ，園庭の草花や樹木の色合い，給食やお弁当の匂い，時には自然の音や鳥の鳴き声も居心地の良さに通じる。安全・安心の場は，窮屈に管理された場所を意味するのではない。養護が行き届いた場所とは，くつろげる雰囲気があり，自分の様々な情緒や感情を出せる場所を意味している。

　保育者は養護と教育の視点をもって，子どもの育ちと学びにふさわしい「ねらい」と「内容」を検討することが重要である。

5. 養護と教育による支援の拡大

❶　親への支援

　2017年の「保育所保育指針」では，第４章に「**子育て支援**」が「章」として独立してその重要性が増した。これまでも保育所保育においては，子どもの養護と教育だけでなく，子どもの養護と教育に関わる親の子育ての力を支えることも，保育者の重要な役割として捉えられてきた。さらに近年，少子高齢化，女性の就労の増加，地域の衰退，児童虐待などの子どもを取り巻く社会の環境が急速に変化し，子育てを国や社会が支える時代を迎えている。ワンオペ育児や子育ての孤立，親の産後うつなど，親のメンタルの不調が社会問題化し，子育て支援が子どもの将来にわたる**ウェルビーイング**に直結する重要な課題として認識されるようになった。

ウェルビーイング：WHOでは，健康と同じように，個人や社会の「良い状態」と定義している

108

一方で，近年は父親の育児参加が増えている。制度が整ってもまだまだ産前産後に育休を取得するには，働く企業や職場の理解が不可欠であり，そのハードルは決して低くはないが，徐々に父親の育児参加が増えていることは事実であり，喜ばしいことである。産前の時期や新生児誕生の時期から育児に関わることは，母親の育児の助けをする，育児の負担を軽減するというだけでなく，子どもあるいは人間の生命の尊さに気づき，人が人として育っていく過程の出発点を共に喜び，共に生きる態度を育むことにつながる。

経済活動を中心として効率性を追い求める社会においては，親にとって子育ては容易なことではなく，様々な葛藤を生む経験である。その中で，親が子育て支援施設を利用し，子育てを地域で学んだり，子育てを通して親同士のつながりを育むケースも増えている。

親自身が，養護が行き届いた社会の中で子育てをすることで，乳幼児が，乳幼児ならではのあり方で親との信頼関係を育み，子どもの成長の過程で子どものもつ養護の力が，大人に対しても発揮され大人もまたケアされる場面を体験することにつながる。このような子育ての体験は，子どもという存在を一人の人間として尊重することにも深くつながり，親自身の成長・発達の契機となる。

❷　多様な人のつながりによる養護と教育

子どもの育ちと学びを支えるための「養護」のすそ野を社会に広げ，質の高い「教育」を行うためには，親や保育者も含めて，子どもにかかわる多様な人がつながり，子どもの育ちと学びに関与することが必要である。多くの人々が，一人一人個性の異なる子どもに関わることで，画一的な保育・教育を脱することができる。

図 9-2
子どもの育ちと学びを支える「つながり」

　家庭や地域がもっていた養護と教育の機能が弱体化している中では，保育所や認定こども園，幼稚園などが，子どもを真ん中におき，「子ども」に関する専門性である養護と教育の力を復権し，家庭や地域に「人を育てる」モデルを示すことも重要である。

　「保育所保育指針」で「保育士等」とあるのは，施設長，看護師，調理員，栄養士等が含まれるが，園内の様々な職種の連携は，子どもの安全や安心と活動を支える「つながり」のモデルにもなる。

　保育所や認定こども園，幼稚園が拠点となって，地域の人とつながり，社会全体が協力・協働して子育てに対する温かい支援を担うように働きかける時代を迎えている。社会の中で失われつつある人と人のつながりを，養護を軸として新たに再構成する試みが生まれつつある。

　保育における養護と教育のあり方は，社会において人が幸せに暮らすための指針でもある。養護と教育による関わりは，子どもだけではなく，大人も含めて「育ち・学ぶ」ことを支える。「生涯を通じて成長し，生涯を通じて学ぶ」ことができるための基本的な考え方である。子どもが幸せに成長・発達するためには，親や保育者，地域がつながり，養護と教育の一体的な支援を作り出すことが必要である。そして大人自身も幸せに生活することなくして，子どもの養護と教育による育ちと学びの保障は実現されないのである。

（内藤）

課題1　　養護の視点をもった乳幼児，小学生，中学生，高校生の「居場所」にはどのような場所があるだろうか？　地域の親子や子どものための「居場所」について，調べてみよう。また，なぜ親子や子どもの居場所になっているのかを考えてみよう。

課題2　　子どもの権利条約の中で，あなたが一番，大切にしたい権利を1つ選んで，その条項の内容と選んだ理由を書いてみよう。
　　　　　〇〇条「　　　　　　　　　　　　　　　　　　　　　　　」
　　　　　選んだ理由：

第4章　保育所保育指針における保育の基本

第10講

子どもの環境と保育

　子どもに限らず人間の発達は周囲の環境との相互作用によって生じるものである。特に実体験を通して学ぶ乳幼児期の子どもたちは，環境からの刺激を大きく受けながら様々な発達的変化を遂げていく。自ら様々な環境と関わり，関わった対象の特性を知り，試行錯誤や問題解決を繰り返し，発達に必要な経験を積み重ねていく。

1. 子どもを取り巻く環境

　ブロンフェンブレンナーは，子どもを取り巻く環境を4つのシステムとして包括的に捉えている（**図10-1**）。

　これらのシステムは，子どもを中心とした入れ子構造となっており，「マイクロシステム」「メゾシステム」「エクソシステム」「マクロシステム」の順に大きなシステムとなっている。

　「マイクロシステム」は，家庭や家族，子どもたちが通う保育所や幼稚園や認定こども園，近隣の公園などの遊び場で，子どもの具体的な行動場面，対人関係で構成されている。

　「メゾシステム」は，家庭と幼稚園や保育所，家庭と近所の友達など，マイクロシステムに含まれる二つ以上の場面の間のつながりである。

　「エクソシステム」は，親の職場やきょうだいの学校や地域の支援活動など，子どもは直接参加していないが子どもが直接参加している家庭や保育所など

ユリー・ブロンフェンブレンナー（1917–2005）〈U.Bronfenbrenner〉

の行動場面に影響を及ぼすものや，それらのつながりなどを含んでいる。

「マクロシステム」には，社会や文化に固有の子育てについての価値観など，マイクロ，メゾ，エクソシステムの形態や内容の背景に存在する信念やイデオロギーなどが最も外側の環境として取り巻いている。

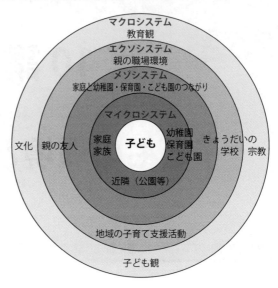

図 10-1
ブロンフェンブレンナーによる 4 つの環境システム
（Bronfenbrenner,1996）

このように子どもを取り巻く環境とは，直接関わるものだけでなく，その直接関わる環境同士の関係や，その環境に影響を与える文化や人々の考え方など，目に見えないものも含む，ありとあらゆるものによって成り立っているのである。保育という営みにおいて環境を考えるとき，子どもの身近な環境はもちろん，それらを取り巻く社会的，文化的な環境など，子どもが育つ環境を包括的に捉えていく必要があるだろう。

保育所保育は，「保育所保育指針」において，保育所の役割として，次のように規定されている。

表 10-1
保育所の役割
（「保育所保育指針」）

> 第1章　総則
> 1 保育所保育に関する基本原則
> 　(1)保育所の役割
> 　　イ保育所は，その目的を達成するために，保育に関する専門性を有する職員が，家庭との緊密な連携の下に，子どもの状況や発達過程を踏まえ，保育所における環境を通して，養護及び教育を一体的に行うことを特性としている。

「保育所保育指針」だけではなく，「幼稚園教育要領」，「幼保連携型認定こども園教育・保育要領」で共通して，保育とは環境を通して行うこととされている。

　なぜ，このように環境が強調されるのだろうか。認知的な発達から見ても，幼児期は，自分の生活を離れて知識や技能を一方向的に教え込まれて身につけていく時期ではない。身近な生活の中で，自身の興味に従って，直接的かつ具体的な体験を通して，その身近な生活に必要なことが培われていくのだ。自ら興味を持って周囲の環境に主体的に関わることで，周囲の環境からの刺激を受け止め知識を得る。また自ら関わることで充実感や満足感を味わいながら，環境の中にある情報や意味に気づき，環境との関わり方を獲得していく。

　さて，ではその環境を通して行われるものとされているその保育の環境とは，どのようなものだろうか。上述したように，子どもを取り巻く環境はあらゆるものによって成立している。
　「保育所保育指針」では保育の環境について次のように規定している。

> 第1章　総則
> 1 保育所保育に関する基本原則
> 　⑷保育の環境
> 　保育の環境には，保育士等や子どもなどの人的環境，施設や遊具などの物的環境，さらには自然や社会の事象などがある。保育所は，こうした人，物，場などの環境が相互に関連し合い，子どもの生活が豊かなものとなるよう，次の事項に留意しつつ，計画的に環境を構成し，工夫して保育しなければならない

表 10-2
保育の環境
(「保育所保育指針」)

　しかし，子どもを取り巻く環境は，驚くべきスピードで変化し，自然や遊び場が減少して直接的な体験が得られにくくなり，地域や家族の関わりのあり方が希薄化してきている。このような現代において，子どもにとって環境がどのような意味を持っているのか，子どもが安心して周囲の環境と関わりながら育っていくためにどのような環境が必要か考えていく必要があるだろう。
　中道ら（2022）は，遊びのための環境設定が，1～2歳の子どもの社会情動的スキルの発達にポジティブに寄与すること，特に保護者の応答性が低いなど支援が必要な場合に発達にポジティブに関連しやすいことを明らかにしている。子どもたちの環境が激変し様々な環境資源が弱体化している現代に子どもたちを育てる重要な役割を担う場だからこそ，保育ではより一層環境を大切にしていく必要があるのだ。

2．人的環境と物的環境

　ヒトの赤ちゃんは，生まれた直後からほとんどの時間を自身を養護する大人と接しながら育っていく。栄養摂取や排泄や移動など，他の動物に比べて他の個体を頼る状態で生まれてくるからである。また，赤ちゃんは生まれたばかりのころから周囲の環境を知覚し，新奇な刺激や複雑な刺激を好むことがわかっている（たとえば Fantz, 1961, 1972）。新奇なものに興味を持ち，接近したり探索したりしながら好奇心を満たし，周囲の環境についての知識を増やしていく。

　初めは手の届くものを眺めたりなめたりつかんだりし，ハイハイができるようになるとさらに広い範囲を探索するようになっていく。この探索が子どもの知的な発達を支えている。また，自由に動けるようになってからも，玩具を通して物の操作を試し学んだりするし，身近なものを別の何かに見立てて遊ぶことは思考の発達につながっている。

　ただし，この物的な環境は，子どもが関わりたくなるような環境でなければ，子どもにとって面白いことが自動的に起こるわけではないし，砂場や水たまりも，子どもたちが関わることで変化が生まれ，子どもにとって面白い現象が発生するのだ。園庭や保育室に，どのようなものをどれだけ準備するかを考え，子どもたちが関わりたくなるような豊かな物的環境を構成していかなくてはならない。

　上述したように，幼い子どもたちはほとんどの時間を周囲の大人と接しながら生活する。保育現場であれば，保育者を安全基地とする人間関係の発達のなか，様々なことに挑戦していく。直接的に関わるだけでなく，そこに存在していることが子どもたちの行動に影響を与える。子どもたちが遊んでいるとき，大人に「見てて」と要求する場面を見たことがないだろうか。「見てて」くれることで安心して環境への関わりに挑戦したりもするし，保育者のふるまいをモデルとして自分たちの行動に取り入れてもいくだろう。また，物的な環境と関わりながら，同時に仲間とも交流し，気付いたり工夫したりといったことを言葉にして仲間と共有したりもするだろう。

　筆者は，5歳の子どもたちを観察していて次のような場面を記録したことがある。

【事例❶　記録場面で】

> 　4人の子どもが複数の容器を使って泥遊びをしていた。一人の男児が，別の男児がお菓子を作っているつもりだった容器を逆さまにして泥を地面に出してしまった。男児は「壊したー」と泣きながら近くでビデオを撮っていた筆者のもとに「〇〇が壊したー」と訴えに来た。筆者はできるだけ参与せずに観察をしており，あまり頼りにならない大人としてそこに通っており，子どもたちもその状態に慣れていた。しかしビデオカメラには，男児が筆者に訴えに来た瞬間に，メンバー全員が男児と筆者に注目している様子が写っていた。そして次の瞬間，中の女児が容器を取った男児に向かって，元に戻すように求めるジェスチャーをした。取った男児もすぐさま地面に出した泥をもとの容器に戻した。訴えに来た男児はもとに戻した男児の隣に戻った。

　この場合の筆者は，積極的には会話に参加したり接触したりせずに，ただそこにいて見ているだけであるにもかかわらず，子どもたちのやりとりに影響を与えている。そこに存在しているだけで，子どもたちにとって意味のある環境の一部となりうるのだ。

　子どもたちの遊びが展開していくと，子どもたちの関わりによって環境が作り変えられていくこともある。工作をしていた子どもたちが，同じ保育室でお店屋さんごっこをしている子どもたちに，商品を提供する工場を作り出すかもしれない。おうちごっこをしていた子どもたちの近くに，買い物のできる商店が作り出されるかもしれない。もっと商品が売れるように，他のクラスの子どもたちに宣伝をしたり，見えやすい場所に移動するかもしれない。子どもたちの遊びがより発展し，子どもたち同士が関わってより学びにつながるよう，環境を再構成していくことも保育者の重要な役割である。

3．社会環境・地域環境

　ブロンフェンブレンナーが示したように，子どもたちを直接取り巻いているのは家庭や保育所・幼稚園・学校に加えて，近隣の地域もその一部である。その近隣の地域とは，具体的には何を指しているのだろうか。我々のイメージする「地域」とは，家庭や学校以外の，公園や駅，公民館などの公共施設，あるいは買い物に訪れる商業施設だろうか。しかしそういった施設や場は，人々が共同的に生活を営む環境であり，そこには必ず何らかの人間の関係が存在する。

　地域社会の中にある様々な施設に接し，子どもたちは情報を取り入れ，様々な役割を理解する。地域の中にある公民館や図書館を利用したり，福祉施設

や消防署や警察署などを見て，地域の中でのそれらの役割を理解したり，自分たちの生活とのつながりを知っていく。そこで働き生活する人々と関わったり，地域で行われる行事に参加したりし，公共心が芽生え地域社会での自分の役割を認識していく。施設として関わるだけでなく，そこにある人間関係に触れたり参入したりすることで，それらは成立する。

ところが，時代と共に地域社会も子どもの生活も変容し，地域社会の無縁化が進み，子どもたちが参加し情報を取り入れ役割を果たすには衰弱した環境となっている。

増山（2021）は，産業構造の転換に伴う共同体の崩壊と子育て文化の衰弱による子どもの生活から「役割」を失わせ，教育熱の高まりにより学習時間が長時間化し，電子メディアの急激な普及により，屋外での環境との接触時間が大幅に減少し，「地域の空洞化」「社会の無縁化」が進んだことを指摘している。かつてあたりまえに地域の生活で役割を果たしたり地域の様々な環境と関わったりして学んできたスキルを，これからは子どもたちにどのように保障していけばよいのだろうか。

2017年に改訂された3法令（「幼稚園教育要領」「保育所保育指針」「幼保連携型認定こども園教育・保育要領」）は，生きる力の基礎を育むために，幼児期に育みたい資質・能力を，具体的に以下のように示している。

知識及び技能の基礎
豊かな体験を通じて，感じたり，気付いたり，分かったり，できるようになったりする
思考力・判断力・表現力等の基礎
気付いたことや，できるようになったことなどを使い，考えたり，試したり，工夫したり，表現したりする
学びに向かう力，人間性等
心情，意欲，態度が育つ中で，よりよい生活を営もうとする

3法令：
「幼稚園教育要領」「保育所保育指針」「幼保連携型認定こども園教育・保育要領」共に2017年に10年ぶりに改定された。第2講「5．保育所保育指針，幼稚園教育要領，幼保連携型認定こども園教育・保育要領における改訂（改定）の方向性」（p.21）

表10-3
育みたい資質・能力

この資質・能力は，気候変動や未知のウイルスなど，我々を取り巻く環境や社会の激変の中で，他者と共に生きていくことができるよう，遊びを通し総合的に育むことが求められているのである。またこの資質・能力は近年注目されている社会情動的スキルとも大きく関連している。特に「学びに向かう力」は，IQなどの知能指数で測られる認知能力以外の，EQと称されるものである。

OECD（2015）では「社会情動的スキル」として，「目標の達成」「他者との協力」「情動の抑制」等の下位カテゴリーが示されている。つまり，より具体的に表すと「目標の達成に向かう心的態度や情動調整，他者と協働す

る力，粘り強く頑張る力，挫折から回復する力などを含んでいる」（内田，2018）。内田はまた，「粘り強さ，やり遂げる気持ちなどは，単に我慢強く練習したり，静かに長時間お話を聞いたりといった様式を身につけることではなく，自らやりたいこと（遊び）に挑戦し試行錯誤し没頭する中で育つものである」と指摘している。

　きょうだいや近隣の同世代の子どもが減少する中，保育現場でも異年齢での交流が持てるようなクラスの編成や，クラス間で交流しやすい保育室の構成を工夫している所も多いだろう。近隣の施設と交流したり，公共施設を訪れたりといった保育内容の工夫をすることもできる。

　地域社会が希薄化し少子化も進み，子どもたちが地域社会の中で様々なつながりや役割を知ったり，多様な仲間集団を経験することが難しくなった現代，地域では育ちきらずに保育所や幼稚園，小学校へと通う子どもたちには，ますます丁寧な保育教育現場での関わりが必要となってくるだろう。

4．自 然 環 境

　子どもは周囲の環境との関わりを通して様々な体験を積み重ねていく。なかでも自然と関わる体験は子どもにとって非常に刺激的で，様々な発見や気づきをもたらし，科学的な心の動きとなる。**自然環境**は季節の変化や，生命の誕生や喪失を伴う。身近な自然の中でも，子どもたちは植物の開花や結実などの成長や，昆虫の変態に出会うことができる。花びらで作った色水が，柑橘の汁を加えると突然色を変えたり，飼育しているザリガニが餌や周囲の環境によって体の色を変えたりといった不思議な現象に驚き，興味をかき立てられたりする。また，かわいがっていた飼育動物が産卵して新しい生命の誕生を喜んだり，弱って死んでしまい，悲しみの感情を経験し生命の尊さに気づくかもしれない。不思議さから，自然の法則を知ったり，大きな自然の美しさに感動し畏敬の念を抱いたりするかもしれない。好きな色水を作るために，あるいは砂場に大きなダムを造るために，子どもたちは試行錯誤するかもしれない。このように自然環境は子どもたちにとって重要な教材となるが，現代では，テレビやビデオどころか，個人が様々な情報端末を持ち，間接的な体験が増えている。私たちは日常で，どれほど自然と直接触れ合い，自然からの直接的な反応を受け取る経験ができているだろうか。

　このような現代であるからこそ，保育の現場では，子どもが直接自然と触れ合い，刺激を受けながら科学的な体験ができる自然環境が必要であり，保育者たちは工夫しながら自然環境を構成している。園庭には様々な草花や樹木などの植物があり，動物や昆虫などが飼育されていることもあるだろう。風や雨，石や土，水など，様々な自然が子どもたちの周りにはある。自分た

ちと同じように，栄養を与えられなければ生き物は弱っていくことも経験する。みずみずしかった木の葉が，秋には色が変わり地面で乾いた音をたて，水を含んだ土は滑りやすいことを自分の脚で感じ取るかもしれない。

　また，上述したような社会情動的スキルの発達にも，「自然体験が有効である」（柾矢，2018）ことも指摘されている。自然と関わる科学的な体験には，試行錯誤や発見が伴う。好奇心や探求心が発揮されたり，自分たちの周囲には面白い現象があふれていることを知る経験となり，ますます周囲の環境に関わるモチベーションを高めるかもしれないし，仲間と共に自然と関わり，発見や目的を共有し，仲間の様々な面に気づいていくことにもつながるのだろう。

　さらに，自然豊かな環境は運動スキルの向上に寄与することが報告されている（小鴨ら，2017）。起伏に富んだ環境は必然的に自身の体をコントロールすることが強いられる。また，杉原ら（2011）は，運動プログラムを作成し運動を行っている園の幼児よりも，自由遊びの多い園の幼児の方が体力・運動能力が高いことを示し，子どもの興味・関心に基づいた自発的な遊びの方が体力や運動スキルを高めるため，多様な動きを含めた主体的な遊びの重要性を主張している。周囲の自然に子どもが自ら興味を持って関わり，変化に富んだ環境に身体をコントロールしながら挑んでいくことが，運動スキルの向上につながるのだろう。

　自然環境が減少し，子どもたちがデジタルメディアに関わる時間が増加し続ける今，子どもたちの環境の中にいかに自然を残し，十分に不思議や驚きといった科学的な体験や，全身を十分に動かせる経験を保障していくことも，保育の重要な役割ではないだろうか。

5．園舎と園庭の遊具，設備，用具

　文化的な環境も子どもたちを取り巻く環境の一つである。保育所などの場での文化的な環境との関わりの中に，物や遊具との関わりがある。保育室や園庭には，どのような遊具が置かれているだろうか。子どもたちが盛んに行っているごっこ遊びは，認知的な発達に関わることはもちろん，大人の生活を再現する遊びであり，生活の中に組み込まれている様々な文化を学んでいるのだ。子どもたちの生活する空間は，十分にごっこ遊びができる環境となっているだろうか。様々な素材を用いて遊び，素材の性質に気づくことができるような環境となっているだろうか。

　3法令において，身近な環境との関わりに関する領域「環境」のねらいでは，次のように求められている。

> - 身近な事象を見たり，考えたり，扱ったりする中で，物の性質や数量，文字などに対する感覚を豊かにすること

　文字や数量，形などは，保育者が教え込むのではなく，子どもたちの周囲の環境の中にあり，関わることで感覚が育っていくようにすることが求められているのである。

　子ども一人では持ち上げられない**遊具**や**用具**を，友達と協力しながら運ぶことで重量についての感覚が育ったり，集団ゲームで得点を競ったり，バケツで水を何度も運ぶことで数量や比例の感覚を味わうだろう。大型の遊具は，重力や遠心力，摩擦力といった，自分たちの周囲で働く力について身体的に学ぶことに役立つ。子どもたちが文字や数量，図形などを身近に目撃し，操作することが可能な**園舎**や**園庭**の環境が必要である。

　園舎や園庭には，視覚的に気づくことができる様々な音があふれている。積み木は組み立てるだけでなく，崩すことも子どもたちの楽しみである。保育者が積み上げた積み木を崩して，その音の響きを楽しむこともできる。3法令において，領域「表現」の内容の取扱いのなかでは，次のように，周囲の環境と触れ合う経験によって感性の育ちが実現するように環境を構成することが強調されている。

> - 風の音や雨の音，身近にある草や花の形や色など，自然の中にある，音，形，色などに気づくようにすること
> - 様々な素材の表現の仕方に親しんだり……

　そして，子どもたちが生活する環境の中には，遊具だけでなく様々な道具が置かれている。食事をしたり工作をしたりするためのテーブルや椅子，給食のワゴンや，掃除用具，ハサミやセロハンテープや画用紙や折り紙といった文房具や材料など，大きさも機能も多様である。生活の様々な場面でそれらを使用することで，子どもたちはその機能や操作方法を学んでいく。子どもたちの生活の中にある用具は，個々に与えられたものばかりではなく，園全体やクラスで共有の物も多い。大型遊具は譲り合ったり協力して使う必要があるし，「みんなの」用具は乱暴に扱わず，大切に使う必要があり，限られた材料も無駄にしないようにしなければならない。用具や道具，器具などは，子どもたちにこのような学びを提供してくれるのだ。

　生態心理学者ギブソンの提唱した**アフォーダンス**という概念がある。いかにも座りやすそうな，腰掛けられるという情報を発している木の切り株，押したくなる電気器具のスイッチ，どこまでも走って行けそうな開けた空間など，我々の周囲はあらゆる情報や意味をもった環境にあふれている。保育室

ギブソン（J.J.Gibson）
〈1904–1979〉

アフォーダンス
（affordance）：
環境が提供（afford）する意味，情報ということを，ギブソンが造語したものである。

第 11 講「5. 環境を通した保育と遊び」（p.127）

や園庭にある遊具は，人工的で無機質なものに感じられ，応答的な環境とは思いにくいかもしれない。しかし子どもたちに何らかの情報を提供し，子どもたちはそれを受け取り動いている。大型の遊具であれば全身で関わろうとするし，目の前に園舎の壁があれば走るスピードを調整する。人工物であっても，子どもたちに意味や情報を提供し，子どもたちは次第にその環境情報の受け取り方や関わりを洗練させていく。そのような環境情報としては，園舎の構造や園庭の構成や眺めも，保育で工夫し得る重要な環境である。

　保育は環境を通して行うこととされ，非常に重要なものとされている。乳幼児期は一方的に知識を教え込まれるのではなく，環境に自ら関わり実体験を通して学ぶ特性を持っているからである。その時期を担う保育においては，子どもが十分に探索し関わることのできる物的な環境を整え，環境を構成し見守る人的環境としての保育者や，学び合う仲間たちが必要である。社会や地域の変化の中でも，子どもたちに十分に豊かな経験を保障していかなくてはならない。　　　　　　　　　　　　　　　　　　　　　　　　　　　　（広瀬）

課題1　自身が子どもの頃と，今の子どもたちと，取り巻く社会環境はどのように変わったかを考えてみよう。

課題2　保育現場での子どもの環境にあるアフォーダンスの例をあげてみよう。

【参考文献】
- U.Bronfenbrenner, 磯貝芳郎・福富護訳 『人間発達の生態学（エコロジー）：発達心理学への挑戦』川島書店　1996
- Fantz,R,L., The origins of form perception "Reading from Scientific American: physiological Psychology, W.H.Freeman & Co., 1961/1972 p.71–77
- J. J.Gibson, 古崎敬・古崎愛子・辻敬一郎・村瀬旻 共訳『生態学的視覚論—人の知覚世界を探る』サイエンス社　1985
- 厚生労働省『保育所保育指針解説』2017
- 小鴨治鈴・松本信吾・久原有貴・関口道彦・中邑恵子・上田毅・清水寿代・杉村伸一郎，「森の幼稚園の保育環境が小学校以降の体力・運動能力および学力に及ぼす影響：小学校での新体力テスト・標準学力検査を用いた長期的な影響の検討」『学部・附属学校共同研究紀要』45　広島大学　2017
- 文部科学省『幼稚園教育要領解説』2017
- 中道圭人・砂上史子・高橋実里・岩田美保 「保育所における〈環境設定の質〉が1―2歳児の社会情動的能力に及ぼす影響」『保育学研究』第60巻1号　日本保育学会　2022
- 七木田敦・杉村伸一郎・財満由美子・林よし恵・三宅瑞穂・菅田直江・正田るり子・落合さゆり・田中沙織・佐藤智恵・松井剛太 「幼児の運動能力の発達と保育環境の関連に関する研究」『学部・附属学校共同研究機構研究紀要』広島大学 36　2008
- OECD. Skills for Social Progress: The Power of Social and Emotional Skills: OECD Skills Studies. 2015
- 増山均「〈地域と子ども〉問題の諸相—子どもの地域参画の可能性」『子ども学』第9号　萌文書林　2021
- 征矢里沙「世界の幼児教育と〈森と自然を活用した保育・幼児教育〉の潮流 」『森と自然を活用した保育・幼児教育ガイドブック』公益財団法人 国土緑化推進機構 2018
- 杉原隆・吉田伊津美・森司朗・中本浩輝・筒井清治郎・鈴木康弘・近藤允夫「幼児の運動能力と基礎的運動パターンとの関係」『体育の科学』61（6）杏林書院 2011
- 内田千春「非認知能力とは」無藤隆編著『育てたい子どもの姿とこれからの保育—平成30年度施行　幼稚園・保育所・認定こども園　新要領・指針対応—』ぎょうせい　2018

第4章　保育所保育指針における保育の基本

第11講

子どもの生活と遊び

1．子どもの生活と養護

　園は，様々な年齢の子どもが，はじめて家庭から離れ，集団で生活をする場であり，その中で，子どもは生活や遊びを通して学び，成長していく。

　保育においては，子どもが安全で衛生的な環境で，安心してゆったりと過ごすために保育者による様々な援助がなされており，こうした保育者の援助を「養護」という。

　子どもの生活の中心は，子どもが主体的に遊ぶことであり，子どもは遊びを通して様々なことを体験し，自発的な遊びの中で自ら学び，自分のものとする。このように教える者と教えられる者があいまいで，遊びながら学ぶという形は乳幼児の教育活動の最大の特長ともいえる。しかも，**保育**は**養護**と教育が一体となって行われる。

　養護とは，保育者等が子どもの安全を守り，心の安定を図るために行う援助や関わりである。「保育所保育指針」では「**生命の保持**」と「**情緒の安定**」という2つの側面で示されている。特に3歳未満児など，大人を拠り所として過ごす小さい子どもにとって，養護の視点は重要である。一方で，3歳以上児についても，「生命の保持」については，自立していくが，一人一人の子どもの発達や家庭の状況に応じて，養護は必要になる。

保育：
「保育」という言葉は，子どもの保護と教育という意であり，明治5年の文部省の布達にはすでに「保護と教育」が保育であると記載されていた。幼稚園教育要領（第1章総則）にも，「幼児期の教育は，生涯にわたる人格形成の基礎を培う重要なものであり，幼稚園教育は，学校教育法に規定する目的及び目標を達成するため，幼児期の特性を踏まえ，環境を通して行うものであることを基本とする」と記載されている。

養護：
保育所保育指針では，「十分に養護の行き届いた環境の下に，くつろいだ雰囲気の中で子どもの様々な欲求を満たし，生命の保持及び情緒の安定を図ること」とされている（認定こども園教育・保育要領にも記載されている）。一方，幼稚園教育要領には養護という語は使われていないが，養

護の概念は保育者が行う
配慮に包含されると解釈
する。

（前頁）**生命の保持：**
「生命の保持」のねらい；
①一人一人の子どもが，
快適に生活できるように
する。②一人一人の子ど
もが，健康で安全に過ご
せるようにする。③一
人一人の子どもの生理的欲
求が，十分に満たされる
ようにする。④一人一人
の子どもの健康増進が，
積極的に図られるように
する。

（前頁）**情緒の安定：**
「情緒の安定」のねら
い；①一人一人の子ども
が，安定感をもって過ご
せるようにする。②一人
一人の子どもが，自分の
気持ちを安心して表すこ
とができるようにする。
③一人一人の子どもが，
周囲から主体として受け
止められ，主体として育
ち，自分を肯定する気持
ちが育まれていくように
する。④一人一人の子ど
もがくつろいで共に過ご
し，心身の疲れが癒され
るようにする。

教育：
篠原助市によれば，「教
育とは教育を受ける者の
発展を助長する」（篠原
助市『理論的教育学』共
同出版　1949）

2．乳幼児にとっての教育

❶　学びと教育

　乳幼児期の子どもの教育は，学校教育の基礎を培い，子どもが関わる環境（物，人，自然，社会の事象）すべてが，教育の要素となり得るため，子どもの教育はすべて"生活や遊びを通して"行われる。

　また，教育の方法については，遊びを通して行われるため，カリキュラムやねらいはあるが，多様性と柔軟性を持ち，教科書があるわけでもなく，活動の内容や到達点も曖昧で個別で広義である

　教育とは，そもそも学び手である子どもの成長や発展を助長する行為であり，自立や自由の獲得をその目的としている。保育者は，子どもの学びを助けるために，今子どもの中にある力を引き出しながら行っていく。

　教育の基本は3つの段階で説明できる。まず，周囲の環境に関心を寄せたり，何かに興味を持ったり，意欲的にしたりするなど"興味を持つ"段階から始まり，何度も挑戦・練習したり，直接体験し，試行錯誤することで自己活動へ取り入れる段階へと発展し，最終的には自分のものとなり，性格の一部となり，獲得や経験となっていく。

　幼児期の教育は，保育者が計画的な適切な環境を用意し，その環境に子どもが主体的に関わっていく方法が基本である。様々な経験が相互に子どもに影響するため，また，発達はスロープ（坂道）を登るがごとくスムーズにはいかず，時に停滞し，時に臨界期になり一気に伸びることがある。

　子どもには，小学校就学までの在園期間に，様々な体験を通して，「心情・意欲・態度」が育つよう働きかけていく。

**図11-1
教育のステップ**

❷　学びの領域

　「保育所保育指針」や「幼稚園教育要領」は，子どもが就学までに育つことが期待される「心情・意欲・態度」を，5つの領域（健康・人間関係・環境・言葉・表現）で示している。

また，それぞれの**領域**は「ねらい」（子どもが育つことが期待される心情・意欲・態度）と「内容」（保育者が指導・援助し子どもが身につけることが望まれるもの）で構成されている。

なお，０歳児では，「発達の特性を踏まえ，生活や遊びが充実することを通して，子どもたちの身体的・社会的・精神的発達の基盤を培う」という基本的な考え方の下，「健やかに伸び伸びと育つ」「身近な人と気持ちが通じ合う」「身近なものと関わり感性が育つ」という**３つの視点**で保育の内容を示している。

領域：
領域は教科ではなく，授業のように個々に扱わない。領域は，遊びの中からも複合的に見出される。

３つの視点：
保育所保育指針 2018 年改定によって新たに追加された。

健康	身体・食・安全・生活・健康	健康な心と体を育て，自ら健康で安全な生活をつくり出す力を養う。
人間関係	人との関わり・ルール・共同・共感	他の人々と親しみ，支え合って生活するために，自立心を育て，人と関わる力を養う。
環境	物・自然・生命・動植物・形・量・文字・情報・社会・国旗	周囲の様々な環境に好奇心や探究心をもって関わり，それらを生活に取り入れていこうとする力を養う。
言葉	言葉・話・聞く・伝える・物語・イメージ	経験したことや考えたことなどを自分なりの言葉で表現し，相手の話す言葉を聞こうとする意欲や態度を育て，言葉に対する感覚や言葉で表現する力を養う。
表現	音・色・感触・美しさ・感動・素材・描く・創る・演じる・音楽・表現	感じたことや考えたことを自分なりに表現することを通して，豊かな感性や表現する力を養い，創造性を豊かにする。

表 11-1
領域とねらい

ア	健やかに伸び伸びと育つ	健康な心と体を育て，自ら健康で安全な生活をつくり出す力の基盤を培う。
イ	身近な人と気持ちが通じ合う	受容的・応答的な関わりの下で，何かを伝えようとする意欲や身近な大人との信頼関係を育て，人と関わる力の基盤を培う。
ウ	身近なものと関わり感性が育つ	身近な環境に興味や好奇心をもって関わり，感じたことや考えたことを表現する力の基盤を培う。

表 11-2
０歳児保育の「３つの視点」

3．育みたい資質・能力

❶ これからの時代に求められる能力

近年，目覚ましいテクノロジーの発展があり，すでに人口知能（AI）は様々な分野に広がっている。現代の子どもは，利便性の高い社会に生を受けているが，これまでとは異なる能力も必要とされている。

これからの AI 時代を生き抜かなくてはならない子どもたちには，近い将

来，今ある仕事が AI に取って代わられる時代が来ることが予測されており，今の時点で子どもがなりたいと考えている職業や大人像は，将来的に存続しているのか，無くなるのかということが問題になるであろう。

　AI に取って代わられにくい職業は，表現する能力を発揮する仕事や人と関わる能力を発揮する仕事，AI を使いこなす仕事などと言われている。そのために，今，保育の中で何をすることが求められているのだろうか。

❷　幼児期の終わりまでに育ってほしい姿

　子どもは，園での生活や遊びを通して，様々な資質，能力を身につける。知識は，学んで身につけるものであるのに対して，資質・能力は，本来，自分の中にあるものを引き出して使う「考える力」を意味する。知識はすべての人が生得的に持っているが，それをいかに上手に深く使っていけるかは，たくさんの機会と経験が必要となる。

表 11–3
保育の内容
（「保育所保育指針」）

> 第2章　保育の内容
> 　この章に示す「ねらい」は，第1章の1の⑵に示された保育の目標をより具体化したものであり，子どもが保育所において，安定した生活を送り，充実した活動ができるように，保育を通じて育みたい資質・能力を，子どもの生活する姿から捉えたものである。また，「内容」は，「ねらい」を達成するために，子どもの生活やその状況に応じて保育士等が適切に行う事項と，保育士等が援助して子どもが環境に関わって経験する事項を示したものである。

表 11–4
育みたい資質・能力
（小学校以降の「資質・
能力」と関係する）
（「保育所保育指針」）

> 第1章　総則
> 4　幼児教育を行う施設として共有すべき事項
> 　⑴育みたい資質・能力
> 　　㋐　豊かな体験を通じて，感じたり，気付いたり，分かったり，できるようになったりする「知識及び技能の基礎」
> 　　㋑　気づいたことや，できるようになったことなどを使い，考えたり，試したり，工夫したり，表現したりする「思考力，判断力，表現力等の基礎」
> 　　㋒　心情，意欲，態度が育つ中で，よりよい生活を営もうとする「学びに向かう力，人間性等」

第 1 章　総則
4　幼児教育を行う施設として共有すべき事項
⑵幼児期の終わりまでに育ってほしい姿
　ア　健康な心と体
　イ　自立心
　ウ　協同性
　エ　道徳性・規範意識の芽生え
　オ　社会生活との関わり
　カ　思考力の芽生え
　キ　自然との関わり・生命尊重
　ク　数量や図形，標識や文字などへの関心・感覚
　ケ　言葉による伝え合い
　コ　豊かな感性と表現

表 11–5
幼児期の終わりまでに
育ってほしい姿
（「保育所保育指針」）

「保育所保育指針」や「幼稚園教育要領」「認定こども園教育・保育要領」では，「資質・能力」「幼児期の終わりまでに育ってほしい姿」が示されている。これらは，子どもが，「幼児期の終わりまでに育つことが期待される」状態であり，保育者が保育の中で達成しなければならない目標や到達度とは異なる。

　次世代の子どもを保育するにあたって，たとえば，直接五感（五官）で体験することを重視したり，自然体験（生き物や植物，自然と触れ合い）を体験することで，“センス・オブ・ワンダー”を子どもの中に育むことが重要である。また，体を動かす機会の減少から自分の体を使い，（特定の種目やプログラム化されたものではなく）自ら参加し全身を使う様々な運動体験をすることが求められる。さらに，現代社会では，きょうだい関係が少なく，異年齢の関わりが少ない子どもが多いため，小さな子どもと関わる体験が日常的にあり，様々な年齢の子どもが自然に関わったり，遊ぶ場を共にしたりすることが大切である。

　自分で考え，自己選択・自己決定する体験や好奇心を持って自分からやってみようとする活動，試行錯誤しながら継続的に取り組める体験，仲間と協同して作ったり考えたりする体験等，様々な遊び体験から「生きる力」や「自己肯定感」が育まれていくのである。

五感：
見る・聞く・嗅ぐ・味わう・触れるなどの 5 つの感覚

五官：
目・耳・鼻・舌・皮膚などの 5 つの器官

『センス・オブ・ワンダー』：
自然の不思議さに心を動かされる感性を育む大切さがやさしく語られている。環境保護の先駆者と知られるレイチェル・カーソンの最後の著作として有名。

3　遊びの発達

　子どもの遊びは，発達や年齢と共に変化する。それは，子どもの関心や意欲（興味やしたいこと）の変化，できる遊びの変化，関わる人の変化も関連する。たとえば 0 歳児などは，大人に見守られながら，触ったり，口に入れたりしながら物に触れ，次第にたたいたりつまんだり，にぎったりと身の

周りのもので遊ぶようになる。次第に大人に見守られながら，大人とやり取りしたり，ひとりで遊んだりするようになる。1歳児や2歳児になると，何かのふりをしたり，真似をしたり，何かに見立てて遊ぶようになる。

　そして，大人から離れて平行遊び（数人で同じ場所で遊ぶが，それぞれが一人で遊ぶ状態）となっていき，仲間関係を意識しだすと，連合遊びに移っていく。数人で遊んでいる様子が見られるが，時に大人の援助が必要な場面もある。さらに5歳児になると，遊びの集団は大きくなっていき，集団遊びや協同遊びなどを好むようになり，遊びの中で力を合わせたり，問題を解決したりするようになる。このように，大人との信頼関係をもとに始まった遊びは，次第に子ども同士の友達関係へと変化していく。

　協同遊びは，子どもの周囲の環境に主体的，能動的に関わっていくことが基本となる。子どもは，夢中になって遊び，遊びの中から様々な学びを得ていく。特に，年上の子どもなどの様子をじっくりと観察して，異年齢の中で遊びが伝承していくような（5歳児の行う遊びをじっくり見て，自らの遊びに取り入れる）関係性を大切にしたい。

　子どもの周囲の環境とは，様々な人（保育者，保護者など他の大人，異年齢の子ども，同学年の子どもなど）や物（子どもの周囲にあるすべての物），自然環境（生き物，植物，土，水，光，影，風，気温，雨，川，太陽，月，星など），社会の事象であり，そうした環境に自ら体を使って遊んだり（おいかけっこ，おにごっこ，上ったり下りたり，投げたり，バランス……），ごっこ遊びやなりきり遊びをしたり，作ったものを遊びに生かしたりしながら，充実した時間を過ごすのである。

4．子どもの生活

　子どもの生活体験とは，自然体験や社会体験，文化体験他，子どもの生活の周囲にある様々な活動等を指し，子どもの生活体験は少なくなっていると言われている。

　園での生活といえば，狭義には，食事や着替え，排泄，睡眠など基本的な生活習慣やそれに伴う日常生活動作があげられる。一方，それ以外にも，その日のスケジュールを把握したり，こぼれたものを拭く，のこぎりで木を切る，釣った魚を食べるなど，生きる上で必要な「体験」を重ねることなどがある。

　かつて，倉橋惣三は，「生活を生活で生活へ」と述べた。子どもの現状の生活を，園で生活を送ることで，子どもさながらの生活へとなっていくこと，園の生活を押し付けるのではなく子どもの現状の生活に沿うことなどが語られた。

年下の子どもの面倒を見る

特に低年齢児は，はじめ食事や排泄，着替えなどを介助されながら行ってきたのが，自分でできるようになる過程で，子どもの身辺の自立がメインとなりがちである。自分で着替える，着替えようとするなど，自分でしたい気持ちを持ち，できるところだけでなく，それ以上のこともしたいと思う気持ちをどう引き出していくのかが大切となる。

子どもの発達に合わせて，自分でできることを自分でするようなはたらきかけも大切である。しかし，「できるできない」に終始するのではなく，大切にしたいことは，"できないけれどしてみたい"という気持ちを持ったり，"したい"と思う気持ちを持つこと，"本当はできるけれど今はしたくない"という思いを表現することなども含まれるのである。

5．環境を通した保育と遊び

環境とは，子どもの周囲にある，人，物，自然，社会の事象などをいう。保育においては，これらの 4 つの環境が子どもに様々な影響を与えると考えられている。

ギブソンの定義した「**アフォーダンス**」では，たとえば，何もない四面の空間に子どもが入るとぐるぐると走り回るが，子どもが自ら走り出すというよりも，その空間が子どもに走るという行動を提供すると考える。同じように，砂場にスコップを置いておくと子どもは穴を掘る。保育室に食器やコップを置いておくとごっこ遊びが始まる。このように，その環境をどう構成するか，何をそこに置くのかによって，子どもの行動や遊びがある程度決まってくるのである。

環境を通した保育では，子どもの育ちには，環境との相互の関わりが大切であることを踏まえ，保育者がそれまでの状況を考慮して，意図的・計画的に構成する環境に，子どもが主体的に関わっていくことが基本となる。

環境を通した**保育**の実践のためには，計画的な環境構成は欠かせない。保育者はその環境が子どものどのような活動を誘発するかを考え，意図してその環境を構成する。構成した環境に対して，子どもはどのように関わっていくか，保育者自らはそこにどう関わるのか，関わるのに十分な機会や時間を設けることが重要である。

保育者は，子どもの遊びの展開に応じながら，「環境の再構成をするか」「共にするのか」「やって見せるのか」「じっくり見守るのか」など人的環境としての自身の役割も考える。

年齢が入り交ざって遊ぶ

👍
環境：
第 10 講子どもの環境と保育（p.111）

アフォーダンス：
ギブソンは，「人間の行動とそこにある環境が相互に依存する」ことから，「環境がその中で生きる動物に与えてくれる行為の機会」を afford（与える，提供する）の造語で「アフォーダンス」と定義しました。

保育：
幼稚園教育要領では，「幼稚園教育は，学校教育法に規定する目的及び目標を達成するため，幼児期の特性を踏まえ，環境を通して行うものであることを基本とする。」とされ（第 1 章総則第 1 幼稚園教育の基本），保育所保育指針では「イ 保育所は，その目的を達成するために，保育に関する専門性を有する職員が，家庭との緊密な連携の下に，子どもの状況や発達過程を踏まえ，保育所における環境を通して，養護及び教育を一体的に行うことを特性としている。」とされている（第 1 章総則 1 保育所保育に関する基本原則(1)保育所の役割）。

128

環　境	子どもに与えるアフォーダンス
何もない空間や一直線に開けている空間がある環境	• 子どもに「走ってもよい」という行動を与える • 走ったり動いたりするためには広い空間が必要
いくつかの遊びのコーナーを作る	• 子どもに好きな遊びを選択させ，その場でじっくりと遊ぶ • 用意されたもので遊んだり，コーナーを転々として，自分から遊びを生み出したり発展させたりしなくなるかもしれない
園庭等で3歳未満児と3歳以上児の遊びの空間を分ける	• 小さい子どもの安全を気にせず，学年にあった遊びを存分にできる • 年上の子どもの遊びを模倣する場面が少なくなる
子どもの目の高さの位置に，ほうきやちり取り，雑巾などを置いておく	• 子どもが自ら行う習慣がつく。ごみをこぼしてしまったり，床を汚したときなどにそれらを使いきれいにしようとする
園庭に草や木を植え，ビオトープや水路などを設置するなど自然物を多く取り入れる	• 存分に自然体験ができ，虫や花，水や水生の生き物などに関心を寄せる • 子どもたちが直接自然に触れたりそれを生かして遊ぶ
空き箱やひも，布，テープやハサミなど，いろいろな素材を用意する。作ったり，作ったものを置いておけるスペースを用意する	• 様々な素材を集め，自由に取り出して，作ったもので遊ぶ • 作ったものをごっこ遊びや様々な遊びに活用しようとし，遊びが広がる

表11-6
環境と子どもが受ける環境からのアフォーダンスの例

　子どもは，用意された環境で遊び，夢中になるうちに，さらに遊びが盛り上がり，遊び自体が次第に変化する。子どもは新たな遊び方やルールを考えたり，工夫して作ったり，遊び方を変えたり，遊びに新たに加えるものを欲したりする。その子どもの動きに応じて，保育者がさらに遊びが広がればと新たな環境的な援助を行うことを「環境の再構成」と言う。遊びが継続したり，さらに盛り上がったりするためには，この環境の再構成が重要となる。

6．生活や遊びを通しての総合的な保育

❶　自発的な遊びの中で子どもは学ぶ

生活や遊びを通して総合的に保育する：
「保育所保育指針」第1章総則1(3)保育の方法

遊びを通しての総合的指導：
「幼稚園教育要領」第1章総則第1幼稚園教育の基本2「2　幼児の自発的な活動としての遊びは，心身の調和のとれた発達の基礎を培う重要な学習であることを考慮して，遊びを通しての指導を中心として第2章に示すねらいが総合的に達成されるようにすること。」

　子どもは，生活や遊びを通して，様々な体験や経験から学び育っていく。すべての学びの要素は，子どもの遊びの中にあるといっても過言ではない。このことについて，「保育所保育指針」では「生活や遊びを通して総合的に保育する」，また，「幼稚園教育要領」では「遊びを通しての総合的指導」と記載されている。

　遊びは，子どもにとって自発的で主体的なものである。教育要領では「自発的な活動としての遊び」が記載されており，危険がない限り，遊びの機会や時間を制限する必要はない。

　遊びの場面では，子どもは年上の子どもや他の子どもの遊びをよく見ており，「観察」と「模倣」を繰り返すことで，やがて自分のものとなっていく。

たとえば，年長児の遊びはすべての学年の子どもにとって憧れとなる。年長児がしている遊びの周りにじっと見つめる年下の子どもがいて，それをやがて自分でもやってみたくなり，やってみるようになる。

【事例❶　お化け屋敷からジャングルへ】

年長児がクラスの片隅に「お化け屋敷」を作った。段ボールを組み合わせて迷路のようなものを作り，ところどころでお化け役の子どもが驚かすという仕組みになっていた。

1人の女児が，保育者に懐中電灯を求めて保育者は懐中電灯を出した。それにカラーのセロファンを貼り，部屋の電気も消してその明かりで照らした。また，別の女児は，自分の手に赤い絵の具をつけ，血が流れているような感じにした。その日は，暗い中，電灯で照らしながら昼食を食べた。そのような感じでお化け屋敷は数日続いた。

その後，お化け屋敷の中に大きなワニを作った子どもがいた。すると，だんだんと動物が増え，ジャングルのようになり，お化け屋敷がジャングルに変わりながら遊びが続いていった。

お化け屋敷（怖いライト）　ジャングルへと発展

2　好奇心を耕す

【事例❷　なんで砂が白くなっちゃったんだろう？】

4歳男児が，砂場で皿に湿った砂を盛り，置いていた。しばらくして「置いてあった砂が黒から白くなった。なんでだろう？」と保育者に聞いてきた。「なんでだろうね。不思議だね〜」と，ともに驚くと，いろいろ知ってそうな大人に聞いて回っていた。

次第に，園庭にある築山の上の土も乾いているところと霜柱が解けて湿っているところがあることにも気づき，カップに湿っている土を入れ穴を掘って埋め実験をした。

砂場で

❸ 探究心を培う

【事例❸　自動販売機を作る】

　　5歳児が絵具で色水を作り，それをジュースに見立ててごっこ遊び
をしていた。そのうちに女児が2人，ジュースを売る自動販売機を作ろ
うと設計図を描きだした。次第に参加する人数が増え，みんなでイメー
ジを共有しての自動販売機作りとなった。段ボールカッターで切り込み
を入れ，ジュースが出てくるような仕掛けを作ったりお金を入れたりで
きるようにした。さらに色を塗り，お金を作り，協同しながら自分たち
オリジナルの自動販売機を完成させた。

色水作り　　　　　　　設計図を書く　　　　　　設計図を書く

設計図　　　　　　　自動販売機完成

❹ 表現する

【事例❹　カメを描く】

　　年長児数人が，冬眠から覚めたカメを洗い，カメの飼育箱も念入りに
洗っていた。カメの飼育箱をどこに置こうか考え話し合い，結局まだ寒
いという理由で部屋の中に置くことにした。
　　そこで，保育者がカメの絵を描きだすと，「なにしているの」と興味
を持った子が1人2人とカメを描き出した。はじめはカメを緑に塗って
いた子どもが「よく見ると黒い」と言い出して黒く塗ったり，よく観察
してカメの色や形に気付く場面もあった。

カメを運ぶ　　　　　　カメを洗う　　　　　　カメを描く

❺　協同性を育む

【事例❺　みんなで小屋を作る】

> 　3歳児が室内で，細く丸めた新聞紙の棒を柱にして家を作っていた。担任が屋根代わりにブルーシートをかぶせると，家のようになった。気に入った子どもたちは，その中で昼食を食べたり，ごっこ遊びに使ってみたりしていた。
> 　そのうちに，興味が木材に移り，保護者から提供された木材を組み合わせて家を作ろうということになりました。木を運んだり，打ち付けたり，のこぎりで切ったりと，遊びながら作業をするうちに，だんだんと家ができてきた。

室内に家を作る　　　屋外に家を作る　　＊保育ドキュメンテーション

❻　子どもの遊びと保育者の役割

　子どもの遊びは継続していくうちにその姿を徐々に変化させていく。保育者は，子どもの遊びの状況をよく見ながら，遊びが発展するように様々な素材を提供したり，必要に応じて関わったりするなど遊びを充実させるための環境の再構成を行う。それぞれの子どもの姿や保育の意図に基づいて環境構成をし，その時々の状況により，環境を再構成したりすることは保育者の重要な役割の一つといえる。

　仕組みを一緒に考えたり，手伝ったりしながら「協同作業者」としての役割，子どもが観察し模倣する「モデル」としての役割，なるべく子どもが自身の力でやっていくことを「見守る」役割など，その子どもの状況や目の前で行われる遊びの意味を考え，それを基に役割や関わりを変えていくことが重要である。

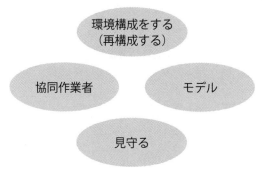

図 11–2
人的環境としての保育者
の主な役割

（石井）

課題1　保育施設における事故について調べてみよう

課題2　理想の園庭の環境と室内の環境を描いてみよう

課題3　それぞれの事例のその後の展開を想定してみよう。子どもの学びになると思われる援助や必要な環境構成はどのようなものが考えられるだろう

【引用・参考文献】
• 倉橋惣三『幼稚園真諦』フレーベル館　1976
• 佐々木正人『新版アフォーダンス』（岩波科学ライブラリー）岩波書店　2015

第4章　保育所保育指針における保育の基本

第 12 講

子ども理解に基づく保育の過程

1．計画・実践・記録・評価・改善の過程の循環

1 保育の過程とは

　保育所等における保育は，計画とそれに基づく保育の実践を，保育の記録などを通じて振り返り，評価した結果を次の計画の作成に生かすという，循環的な過程を通して行われる。計画的な保育の実践とその評価・改善に保育所全体で組織的に取り組み，保育の過程や構造を明確にしていくことは，保育の質の向上や社会的責任を果たすことにもつながる。

　この保育の過程については，「**PDCA サイクル**」として説明されることがある。2009 年版の「保育所における評価ガイドライン」でも，明確にPDCA サイクルを示している。しかし，生産・品質の管理業務を円滑に進めるための手法である PDCA サイクルを保育に応用することへの批判もあり，新たに「**保育実践サイクル**」や「**LPDCA サイクル**」といった提案がなされている。いずれも，子ども理解を保育の過程の最初に位置付けている点が特徴である。また，子ども理解から計画，実践への過程を重視した「**OODA ループ**」，実践から評価への過程に着目した「**ALACT モデル**」などもある。

　なお，2020 年改訂版の「保育所における評価ガイドライン」では，（図**12-1**）のように，子どもの実態を理解し把握することを核として，計画・実践・

PDCA サイクル：
元来，事業活動での生産管理や品質管理のために，Plan（業務を計画する），Do（計画に沿って実行する），Check（計画通りに実行されているか確認する），Action（計画通りに実行されていない部分を改善する）の 4 段階で継続されるマネジメントサイクルを指す。これを保育に応用したのが，Plan（計画を作成する），Do（計画に基づき実践する），Check（実践を評価する），Action（改善に結び付ける）という循環のことである。

保育実践サイクル：
中坪ら（2011）によって示されたもので，①幼児を理解する，②幼児理解に沿って保育を計画

（デザイン）する，③保育の計画（デザイン）に沿って実践する，④実践を省察するという4段階のことである。4つの段階が螺旋状に向上することを目指し，④の省察が次の①の新たな幼児理解に生かされる。

（前頁）**LPDCAサイクル**：長野県保育園連盟保育部会（2015）が提案したもので，PDCAサイクルには「子ども」と「そこにいる子どもをどう理解するか」という視点が不足している点を指摘し，Love・Look・Learn（愛をもって，よく観て，そこから学ぶ），Plan（計画），Do（実践），Check（振り返り・考察），Action（次の保育）というサイクルになっている。

図12-1
保育の過程
（厚生労働省「保育所における評価ガイドライン2020年改訂版」p.3を基に筆者作成）

（前頁）**OODAループ**：John Boydによって提唱されたもので，Observe（観察），Orient（状況に対する適応・判断），Decide（意思決定），Act（行動）の4つのステップからなる。常にObserve（観察）にフィードバックするループ構造が重要とされている。元々は軍事行動における意思決定を対象としていたが，様々な分野に応用され，保育者・教師の意思決定プロセスにおいても活用できるのではないかと論じられている（坂井，2021）。

（前頁）**ALACTモデル**：F.Korthagen.（2018）によって提唱されたもので，Action（行為），Looking back on the action（行為の振り返り），Awareness of essential aspects（本質的な諸相への気づき），Creating alternative methods of action（行為の選択肢の拡大），Trial（試み（行為））と

記録・評価・改善の過程が，循環されているものとして説明されている。子どもに計画通り「させる」保育ではなく，その時々の子どもの実態を常に捉えながら，環境を適宜構成し直すなど，柔軟に保育を展開することが求められている。

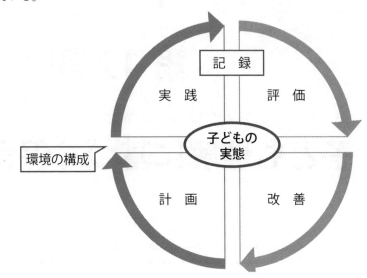

❷　子ども理解から計画へ

❶　全体的な計画

❶　全体的な計画を作成する

「全体的な計画」は，入所から就学に至る在籍期間の全体にわたって，どのような道筋をたどり，保育を進めていくのかを示すものである。それぞれの子どもの在籍期間や保育時間の長短に関わりなく，在籍するすべての子どもを対象として作成される。生活する場や時間・期間がどのような状況であっても，入所しているすべての子どもが「現在を最も良く生き，望ましい未来をつくり出す力の基礎を培う」ことができるような保育を計画していくことが重要である。長期的な見通しをもって作成される「全体的な計画」は，子どもの最善の利益の保障を大切にする保育所保育の根幹となるものであり，保育所保育の全体像を包括的に示すものである。この「全体的な計画」に基づいて，様々な計画が作成される。

❷　全体的な計画を作成する過程

●保育所保育の基本を理解する

「全体的な計画」を作成する前提として，「児童福祉法」「児童の権利に関する条約」などの関係法令や，「保育所保育指針」「保育所保育指針解説」

の内容について，職員間で共通理解を図ることが重要である。特に，子どもの主体性を尊重することの意味を丁寧に理解する必要がある。子どもが保育者を含む多様な環境との相互に関わり合うことで保育が展開すること，保育者だけでなく子ども自身もまた保育をつくり出していく存在であることを認識し，全体的な計画を作成していく。

●子どもの発達過程を長期的に見通す

「全体的な計画」は，入所から就学までの在籍期間全体を見通した計画であるので，子どもの発達過程を長期的に見通す必要がある。発達の過程は，広く一般的に明らかにされている各年齢や時期の姿もあるが，地域の環境や保育所の人的・物的環境が子どもの発達に影響を与える面も大きい。様々な記録や資料等を生かしながら，それぞれの保育所での保育に影響する要因を含め，子どもの発達過程を捉えていくことが大切である。さらにその発達過程の長期的な見通しを踏まえて，それぞれの時期にふさわしい具体的な「ねらい」と「内容」を設定する。

●家庭や地域の実態を捉える

子どもの生活は，保育所での生活だけで完結するものではない。保育所における生活と家庭における生活は連続しているものであり，子どもの生活をひとまとまりにして捉えていくことも大切である。家庭との連携を図りながら，保育時間の長短，在籍期間の長短，家庭の状況，子どもの家庭での過ごし方などに配慮して，それぞれの子どもにとってふさわしい生活が展開するような全体的な計画を作成する。また，地域の生活条件，環境，文化，近隣の関係機関，人材などの実態を捉えていくことも必要である。「全体的な計画」は，各保育所の保育の理念，目標，方針などに基づき，それぞれの保育所において工夫して作成するものであるが，家庭や地域の実態を捉え，それらを計画に生かすことは，その園ならではの特色を生かした保育を行うことにもつながっていく。

2 指導計画

❶ 指導計画を作成する

「全体的な計画」に基づき保育を適切に展開するために，具体的な方向性を示すものとして「指導計画」を作成する。それぞれの保育所では，園の実情に合わせて「**長期的な指導計画**」と「**短期的な指導計画**」を作成し，それを組み合わせながら用いている。「長期的な指導計画」は，子どもの発達や生活の節目に配慮しながら，それぞれの時期にふさわしい保育の内容について作成する。その際，家庭や地域との連携，行事と日常の保育のつながりなどへの配慮も重要である。「短期的な指導計画」は，その時期のより具体的な子どもの興味や関心，遊んだり生活したりする姿に即して作成する。子ど

いうサイクルである。保育者・教師の経験による学びを重視し，行為と省察が代わる代わる行われる状態が理想的であるとしている。

（前頁）**全体的な計画**：
児童福祉法及び関係法令，保育所保育指針，児童の権利に関する条約等と各保育所の保育の方針や目標を踏まえて作成され，保育所における生活の全体を通して総合的に展開される。

（前頁）**保育時間**：
児童福祉施設の設備及び運営に関する基準第34条により，保育所における保育時間は一日につき8時間を原則とし，保護者の労働時間や家庭の状況等を考慮して，各保育所において定めることとされている。延長保育・夜間保育・休日保育など，多様な保育時間の設定がされている場合もある。

（前頁）**様々な計画**：
指導計画の他，保健計画，食育計画といった具体的で日々の保育に直接関わる計画がある。職員の研修計画も，全体的な計画と関連付けながら作成される。また，子育て支援については，全体的な計画と密接に関連して行われる業務として位置付けられている。

ねらい：
保育の目標をより具体化したものであり，子どもが保育所において，安定した生活を送り，充実した活動ができるように，保育を通じて育みたい資質・能力を，子どもの生活する姿から捉えたものである。

内容：
ねらいを達成するために，子どもの生活やその状況に応じて保育者が適切に行う事項と，保育者が援助して子どもが環境に関わって経験する事項を示したものである。保育所保育指針第2章では，教育に関わる側面か

136

らのねらいと内容を示しているが，実際の保育においては，養護と教育が一体となって展開されることに留意する必要がある。

（前頁）長期的な指導計画：
年の指導計画，数か月単位の期の指導計画，月の指導計画など，子どもの生活や発達の長期的な見通しを示す計画である。

（前頁）短期的な指導計画：
長期的な指導計画を基に，さらに子どもの生活に即した週の指導計画，日の指導計画など，短期的な予測を示す計画である。

環境の構成：
環境を構成する際には，人・物・自然事象・時間・空間等を総合的に捉えて行う。物などの有無だけではなく，環境が子どもに十分生かされていることや，人と人の関わりのあり様など，一見しただけでは捉えにくい雰囲気等も，環境を構成する重要な視点である。

もの生活や遊びの連続性を尊重しながら，その流れの中に多様な活動が調和的に組み込まれるように配慮することが重要である。長期・短期の指導計画いずれも，子どもの実態に応じて，「個別の指導計画」「クラスやグループの指導計画」など，書式も含めて工夫しながら作成する。

❷ 指導計画を作成する過程

●子ども理解をする

「指導計画」は，保育者が計画した活動を一方的に子どもに与えてさせるためのものではなく，子どもの実態に基づいて，今育ちつつある子どもの姿を引き出していくためのものである。「指導計画」には様々な形式があるが，冒頭に「子どもの実態」が記述される場合が多い。それは，一人一人の子どもに対する理解を深めることから，「指導計画」の作成が始まると位置付いているためである。子どもの育ちや内面の状態を理解する際には，行動の仕方や考え方などに表れたその子らしさを大切にして，一人一人の子どもが自分のよさを発揮しながら育っていこうとする過程を重視する必要がある。保育者が，その子らしさやその子どものよさを理解しようとする時，保育者自身の価値観等を押し付けるのではなく，自身の子どもに対する見方の特徴や傾向を自覚して，フラットな目で子どもを理解しようという姿勢をもつことも大切である。

●ねらいと内容を設定する

子ども理解から始まる「指導計画」は，次に，捉えた子どもの実態に即した具体的なねらい及び内容を設定していく。設定の際には，家庭生活との連続性や季節の変化との関連性などを考慮することが求められる。特に行事については，保育所と家庭での日常の生活に変化と潤いがもてるように，子どもの自主性を尊重し，日々の保育の流れに配慮してねらいと内容を設定する。

●環境を構成する

具体的に設定したねらいや内容を，子どもが経験できるように，計画的に保育の環境を構成する。清潔で安全な環境，家庭的で温かな環境を基盤に，子どもが環境に関わって主体的に活動したくなるような，心ゆさぶる，魅力ある環境を構成していく必要がある。子ども自らが興味や関心をもって環境に関わりながら多様な経験を重ねていけるように，環境を構成する際にも，子どもの生活する姿や発想を大切にしたり，保育者が子どもの発達の特性と一人一人の子どもの実態を踏まえたりすることが大切である。

3　計画から実践へ

1　環境を再構成する

　実践では，予め計画した保育者の予測を超えて，子どもの豊かな発想や活動が生まれることも多い。そのことが保育の醍醐味でもある。ある特定の活動を想定して大人主導で実践するのではなく，子どもの気付きや工夫を大切にしながら，計画した環境を，子どもと共に再構成していくことが重要である。環境の構成には，子どもが環境に関わる中で生じる偶発性を生かしていく面があることを意識して，柔軟さをもって環境を構成し直したり，しばらく継続している遊びに新たな要素を加えたりしていく。

2　保育者として援助する

　計画の中で予想した姿とは異なる子どもの姿が見られることもあるが，必ずしも計画通りの展開に戻すことを優先するのではなく，その時々の子どもの姿に即して援助することが大切である。保育者の援助について「**適切な援助**」と解説されることが多いが，「適切な援助」として決まった一律の関わり方があるわけではなく，状況に応じて保育者が**多様な関わり**をもつことが「適切な援助」のあり方である。具体的には，子どもの姿が生まれた背景や意味を的確に捉え，言葉をかけたり手を添えたりすることもあれば，何も言わずにそっと傍にいることもある。また，子どもに直接関わるだけでなく，**場や生活の流れを調整**することを通した援助もある。

4　実践から記録へ

1　実践を記録する

　計画に基づく実践の後，保育者はその保育の過程を「記録」する。記録には，子どもに焦点を当てて，生活や遊びの時の様子を思い返してみる記録と，保育者自身に焦点を当てて，設定したねらいや内容・環境の構成・関わりなどが適切であったかなどを見直してみる記録がある。二つの見方で保育を記録することで，子どもと保育者との相互作用の様子が明らかとなる。

　記録は，もう一度実践の状況を思い起こし，子どもの行動や心の動きを探ってみることであり，保育者自身の関わり方や感じ方を振り返ることである。記録には，記録する保育者自身の子どもに対する見方，保育の考え方などが反映されていることが多い。また，記録することを通して，実践中には意識していなかったことに改めて気付くこともある。保育者が自身の計画に基づいて実践したことを，記録によって客観化することで，循環的な**保育の過程**を改めて意識化したり，子ども理解を深めたりすることにつながる。

適切な援助：
①子どもが十分に主体性を発揮できるような援助であるか，②子どもが安心して様々なことに取り組めるような援助であるか，③子どもが充実感や達成感を得て更に好奇心や意欲を高めていけるような援助であるか，④子どもが豊かな体験を得られるような援助であるか，⑤子どもの気付きや感動を尊重した援助であるかといった点が重要である。

多様な関わり：
子どもに対する保育者の援助は，一緒に遊ぶ・共感する・助言する・提案する・見守る・環境を構成するなど，多様な関わり方がある。

場や生活の流れの調整：
子どもが居心地のよさを感じたり，生活に見通しをもったりできるような場を整えること，また，集中して遊び込めるように時間のゆとりをもって生活の流れを整えることなどが大切である。

保育の過程：
指導計画に基づく保育の実践や，実践での一人一人の子どもに対する援助などを，記録を通して振り返り，そこで浮かび上がる改善すべき点を次の指導計画に反映させていくという一連の流れが，保育の過程である。

❷　視点をもって記録する

　一人一人の子どもの具体的な姿を記録する際に，何を見取ろうとするのかという視点を明確にもつことが大切である。ただ漠然と子どもを見るのと，視点をもって捉えようとするのでは，実践の捉え方が大きく異なってくる。視点は，様々なものが考えられるが，以下にいくつかその例を挙げる。

❶　子どものありのままを捉えて，記録する

　子どもの姿を記録する保育者の姿勢として，一人一人の子どものありのままを捉えようとすることが必要である。子どもが今，どのように興味や関心を広げたり深めたりしているのか，どのように伸びようとしているのか，どのような願いをもっているのかなどを記録していく。その際，目に見えて分かる言葉や行動だけでなく，子どもの内面を丁寧に推察し，記録することが大切である。

❷　継続的な視点をもって，記録する

　子どもの生活する姿の全体的な変化や遊びの傾向の変化などは，継続的な視点をもって記録することで捉えることができるものである。その時々に生まれた出来事と共に，子どもが何に面白さを感じているのか，何を実現しようとしているのかなど，子どもの発見や感動などを受け止めて記録しておくことが必要である。さらには，保育者自身が見たり，感じたりしたことを併せて記録しておくことも，子どもの変化の過程を捉えていく際に有効な方法である。

❸　他との関わりを視点にして，記録する

　一人一人の子どもについて記録する際，保育者との関わり，子ども同士の関わり，事物との関わりなど，周囲の環境との関わり方も視点としていくことも大切である。他との関わりを視点として記録することは，子どもの姿が生まれた状況や背景を読み取ることにつながり，次の環境の構成や保育者の援助を考えるための手がかりともなる。

❸　様々な記録の方法を用いる

　次に挙げるのは，記録の方法に関する一例である。

　5歳児クラスの一年を通して，**マップ形式の記録**を用いた保育者がいた。一日の中で，一人の幼児が複数の遊びに移行することもあったので，その都度，名前に記号を付けるなどして，その変化がわかるような工夫も試みた。その結果，環境との関わりの変化，人の関わりの変化などを記録することができた。一方で，保育中に，すべての遊びを均等に見るという意識が強くなることがあり，一つの遊びにじっくりと関わる中で見えてくる子どもの育ち

マップ形式の記録：
保育室や園庭などの簡易の地図に，誰が，どこで，どのような遊びを展開していたのかを書き込む形で，積み重ねていく記録である。物的・空間的環境に対して，子どもたちがどのようにアプローチしているかを継続して見ることがしやすい記録の方法である。

を記録に反映されにくくなったという課題も明確になった。同じ保育者が，別の年度に今度は，一年の中で**様々な記録の方法**をその都度試行しながら，記録を積み重ねた。その日に必要を感じた視点，面白さを感じた視点を記録に含めることを意識する中で，保育者自身が保育の見方を整理することにつながった。

様々な記録の方法：
例えば，時間の経過に沿って遊びの変化を捉えた記録，友達関係と興味の変化を合わせた記録，一人の子どもについての記録などがある。

　この例のように，記録の視点や方法に一定の形式があるわけではないので，既成の形にとらわれることなく，自分らしい記録の方法を工夫することが大切である。また，写真や動画などで記録する方法も盛んになっているが，子どもの内面や保育者自身の振り返りなどについては，丁寧に言語化して記録することが重要である。

5　記録から評価へ

1　子どもの育ちを振り返る

　保育者は，記録を通して，計画とそれに基づく実践を振り返り，「**評価**」を行う。子ども理解に基づいて作成した計画のねらいや内容と，実践の中で見られた子どもの姿を照らし合わせ，子どもの経験がどのような育ちにつながるものであったかを捉え直す。保育は一人一人の子どもに応じて行うものであるが，日々の記録の蓄積から，一人一人の何を読み取るかが，次の保育を改善するために重要になってくる。ある期間に蓄積した記録をまとめてみると，その子どもの生活の変化，興味や関心の表し方の変化，友達との関わり方の広がりや深まりなどに気付くことが多い。評価に当たっては，子どもが何をしていたのかということやその結果だけでなく，子どもの心の育ちや意欲，取り組む過程に目を向けることが大切である。子どもの表情や言動の背後にあるものをより多面的に理解しようとすることが，次の子どもの経験をより豊かなものにしていくことにつながる。

評価：
子どもの育ちを捉え，発達を援助する上でより適切な環境や働きかけを検討することを目的として行うものであり，何らかの基準に照らして到達度として子どもの発達等を評定することを目的とするものではない。

2　保育者自らを振り返る

　保育者は実践を終えた後，活動全体の漠然とした印象や保育者の意図に沿った子どもの姿だけを記憶に残していることがある。評価を行う際には，記録の中から，実践での保育者自身の姿を振り返ることも重要である。記録の中にその時々の保育者自身の言動や思いなどを具体的に記述しておくことで，保育者の援助は適切であったか，関わり方の方向性はよかったかなど，子どもの姿と関連させながら評価することができる。また，他の保育者や保護者と十分な連携をとることができたかについて振り返ることも大切である。

⑥　評価から改善へ

　評価を行う意義は，計画に基づいて行った実践を，日々の記録を生かして振り返りながら，次の計画の改善につなげることにある。子どもの育ちと保育者自身のあり方について丁寧に振り返る中で，次の計画のねらいや内容を設定する上で必要な観点を得たり，環境の構成や援助の改善点を見いだし，継続的に構想し直したりすることが重要である。

　子どもの最善の利益を保障し，よりよい保育を展開していくためには，「保育の過程」が継続的に循環していくことが欠かせない。特に，評価を通して改善すべき点を具体的に捉え，それを次の計画の作成と保育の実践へとつなげていくという過程は，「保育の過程」が循環していく上で大切にしたい部分である。

　評価を踏まえて保育の質の向上を目指していく際，保育の計画と実践を改善へつなげることに加え，保育者自らの保育者としての専門性を高めていくことも必要な視点である。子どもと共に保育をつくる当事者として，保育者自らのよさや課題に気付くことは，「保育の過程」の循環を通して得られるものである。また，保育は一人の保育者だけで行われるものではない。保育者間で記録や評価を共有し合いながら，互いの理解を深め，次の保育を共につくっていこうとすることが，保育所全体として保育の専門性を向上させることにつながる。

2．保育における個と集団への配慮

① 個と集団の関係

　保育所における保育の方法の一つは，子ども相互の関係づくりや互いに尊重する心を大切にし，集団における活動を効果あるものにすることである。保育所は，個，つまり一人一人が集まった集団として生活が成り立っているが，個と集団の関係は，生活を共にする中で変化していくものである。低年齢の時期には，保育者による仲立ちの下，近くにいた子ども同士が少人数で同じ遊びをする場面があり，年齢が高くなる時期には，クラス全体などの大きな集団で仲間と一緒に取り組む場面も多くなる。集団の中で，子ども同士が協力したり分担したりすることを通して，個で取り組む場合とは異なる面白さや達成感，難しさなどを感じていく。合わせて，互いの考えの違いに気付いたり，それをやりとりする大切さを感じ取ったりもしていく。

　個が育つことと，集団として育つことは，決して相反するものではない。子ども一人一人の育ち，個の育ちが関連し合うことで集団としての育ちが

子どもの最善の利益：
第8講側注（p.90）

集団：
第二次世界大戦後の保育の実践と研究に尽力した大場（1990）は，園生活は，子ども一人一人の結びつきがなくばらばらな状態（群れ）から，経験を積み重ることによって集団らしくなっていく過程のことであるとしている。また，園生活は，「集団生活」ではなく「集団化の生活」であるとも述べている。

個：
我が国の保育理論の確立に貢献した倉橋（1934）は，『個・分団・組』として，組（クラス）全体を基にして，組では大きすぎるから分団（グループ）に分け，さらに分団から個を取り出すという考え方ではなく，幼児の生活は個から分団（グループ）へ，分団から組（クラス）へという順序が本当であるとしている。

生まれ，集団における様々な活動が，一人一人，個の育ちを促すものである。保育者は，子どもが複数いる状態をひとまとまりとして捉える（**図 12-2**）のではなく，一人一人の子どもをかけがえのない存在の個として捉え，個と個の間にある関係性も捉えていくことが，集団を捉えることになる（**図 12-3**）。

　実際の実践では，集団の中で同時に様々な個の姿があり，保育者は，今自分が援助すべき子どもは誰かを捉え，判断しながら関わっていく必要がある。また，子ども同士が互いの良さを感じていけるように，その関係を育む援助も必要となる。一人一人の子どもが十分に思いや考えを発揮できることが，集団の中で安心感をもって友達と関わり合うことや，集団での遊びや活動が豊かになることにつながるという保育者の意識が大切である。

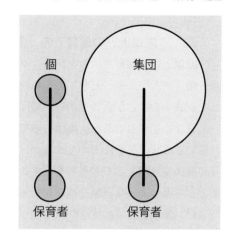

図 12-2
保育者と子どもの関係 A

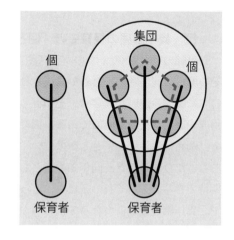

図 12-3
保育者と子どもの関係 B

２　年齢ごとの配慮点

１　３歳未満児の保育での「個と集団」

　３歳未満児の保育は，集団での生活の中で，個（一人一人の子ども）にどれだけ丁寧に対応できるかが重要である。そのため指導計画は，子ども一人一人の生育歴や心身の発達への理解を基に，個別の指導計画を作成することが基本となる。計画に基づく実践では，一人一人の子どもが，心の拠り所としての大人との関係をもてるように，保育者の緩やかな担当制を取り入れている園も多い。また，３歳未満児は，心身の諸機能が未熟かつ変化の著しい時期であり，その個人差も大きい。担当する保育士のほか，看護師，栄養士，調理員などとも連携をとりながら，一人一人の子どもの保健面，安全面に留意することも必要である。

3歳未満児の保育：
保育所保育指針第 2 章「保育の内容」では，乳児（1歳未満児）の保育と1歳以上3歳未満児の保育について分けて示している。

3歳以上児の保育：
保育所保育指針第2章「保育の内容」では，3歳以上児の保育について，5領域（健康・人間関係・環境・言葉・表現）からねらい，内容，内容の取扱いを示しているが，それらは幼稚園教育要領（2017）や幼保連携型認定こども園教育・保育要領（2017）の記述とも整合性が図られている。

② 3歳以上児の保育での「個と集団」

3歳以上児の保育では，クラスやグループなど集団での生活が中心となるが，個（一人一人の子ども）の主体性が重視されてこそ集団の育ちがあることを認識することが重要である。集団を構成しているのは，その育ちが一人一人異なる子どもである。集団の中で，一人一人の子どもが安心して自己を発揮できる状況を整えていくことが，個の育ちを促すだけでなく，子ども相互の関係や集団としての育ちを促すことにつながる。集団での生活において個としてどのような経験を積み重ねるか，一人一人の育ちがどのように関連し合い，集団としての生活が成り立っていくのかといった過程を大切にすることが求められる。

③ 異年齢児の保育での「個と集団」

異年齢の子どもが，一つのクラスやグループなどの集団になることもある。その場合，同年齢の子どもで構成される集団よりも，さらに個々の子どもの育ちに関する違いが大きく，その育ちに対する理解と，育ちに応じた環境の構成や適切な援助が必要である。様々な年齢の子どもたちが共に生活する中で，例えば，年下の子どもへの思いやりを感じたり，年上の子どもへの憧れをもったりするなど，同年齢の子ども同士とは異なる関係が生まれることが期待できる。それぞれの子どもにとっての集団の意味を捉えて保育することで，異年齢児での保育ならではの豊かな生活を送ることができる。

ただし，異年齢児の関係を育もうとするあまり，保育者の意図を強くした計画，実践となることも考えられる。子どもがそのことに負担感を感じることのないよう，子ども同士が自ら関係を築いていけるよう十分に配慮することが重要である。

❸ 「個と集団」としての職員のあり方

保育所内の職種：
保育所には施設長（園長）の他，保育士がいる。また，嘱託医，看護師，栄養士，調理員など，子どもの健康に関わる職種の職員もいる。園によっては，事務員，保育補助員，子育て支援員，カウンセラーなどの職員を置く場合もある。

子ども観：
第3講「児童観と保育観の確立について」（p.25）

保育所では，子どもだけでなく，保育に当たる大人も一人一人が集まり，職員集団として構成されている。保育者としての経験年数，それぞれの職種，常勤やパートタイムなどの勤務体制，雇用の形態等，置かれている状況はそれぞれ異なる。また，どのような保育観や子ども（児童）観をもっているか，保育に対する考えや意識も一人一人異なる。その個の違いがとても大切であり，保育者が互いの違いを理解し合うことが，保育者集団として保育の質を高めていくことにつながる。

子ども理解に基づく保育の計画，実践，記録に基づく評価と次の計画の改善という「保育の過程」の循環があるが，全職員がその「保育の過程」に関

わることが，特に重要である。保育の計画は，施設長の責任の下に作成されるものだが，全職員が参画することで，子ども理解の仕方や実践の方向性を共有することができる。計画に基づく実践では，一人一人の職員が一人一人の子どもに丁寧に関わることが積み重なる中で，職員同士が連携しようとする関係が生まれ，より適切な援助につながる。実践後の記録に基づく評価では，保育者が個々一人で行うことに加え，保育者同士が互いを尊重しながら見合ったり話し合ったりすることも大切である。同じ実践場面でもその捉え方は様々であり，自分と異なる子ども理解や援助のあり方に出会うことは，個としての子ども観や保育観を見つめ直すと共に，保育を共にする職員集団としての質の向上も可能になる。

　このように「保育の過程」全体を通じて，その循環に職員全員が関わっていくための基盤には，それぞれの保育者が，相手の意見に耳を傾けて自らを振り返ろうという姿勢や，責任感や自覚をもって保育をしようという姿勢をもつことが重要である。「保育の過程」を循環していこうとする際，施設長や主任保育士といった管理職，経験のある保育士などが中心となることが多いが，一部の保育者だけの意識だけでは，子どもにとってのよりより「保育の過程」は実現できない。保育の経験や立場，職種などに関わらず，それぞれの保育者の意見が尊重されるような関係をもった個と集団の職員であることが大切である

（小谷）

課題1　様々な園の「計画」や「記録」を集めて，それぞれの特徴を調べてみよう。

課題2　保育実践での具体的な子どもの姿を，「子ども一人一人の良さ」という視点で見取ってみよう。

144

【参考文献】
- F．Korthagen 編著，武田信子監訳『保育者教育学：理論と実践をつなぐリアリスティック・アプローチ』学文社　2018
- 片岡今日子・松井剛太「保育者集団がリフレクションにおいて本質的な諸相への気づきに至る過程—アクションリサーチによる縦断的検討を通して—」『保育学研究』第 60 巻第 2 号　2022
- 厚生労働省『保育所保育指針』2017
- 厚生労働省『保育所保育指針解説』2018
- 厚生労働省『保育所における評価ガイドライン』2009
- 厚生労働省『保育所における評価ガイドライン 2020 年改訂版』2020
- 倉橋惣三『幼稚園真諦』フレーベル新書 10　フレーベル館　1976
（原著『幼稚園保育法真諦』東洋図書　1934，著者加筆整理し改題『幼稚園真諦』フレーベル館　1953）
- 文部科学省『幼児理解に基づいた評価』2019
- 文部科学省『幼稚園教育要領』2017
- 長野県保育園連盟保育部会『保育の LPDCA サイクルを考える —子どもを観ることから始まる保育—』2015
- 内閣府『幼保連携型認定こども園教育・保育要領』2017
- 中坪史典・香曽我部琢・後藤範子・上田敏丈「幼児理解から出発する保育実践の意義と課題－幼児理解・保育計画（デザイン）・実践・省察の循環モデルの提案－）『子ども社会研究』17 号　2011
- 大場牧夫・大場幸夫・民秋言『新保育内容シリーズ　子どもと人間関係』萌文書林　1990（改訂版 2000）
- 坂井清隆「D － OODA ループを取り入れた教育実践に関する研究」『福岡教育大学大学院教職実践専攻年報』第 11 号 2021

第5章　保育の社会的役割と責任

第13講

事例で見る家庭・地域との連携

　近年，子どもたちを取り巻く社会的環境が著しく変容するなかで，核家族化による家庭の養育機能の低下，少子化の進行による子どもの社会性の発達への影響や地域社会の活力の低下，極端な母子密着や子育ての孤立化といった子育て環境や親子の関係性の変化等，様々な問題が深刻化の一途をたどっている。また，ひとり親家庭にかかわる問題や児童虐待相談対応件数の急激な増加等を背景とした福祉ニーズの高まりも顕著となっている。

　子どもたちのより良い育ちの環境を整えていくためには，家庭，地域社会の子どもの養育機能の向上を目指すとともに，幼稚園や保育園がその教育・保育機能の充実を図り，相互の連携を深め，子どもたちの育ちを共に支えていくことができる環境づくりを進めていくことが不可欠である。

1．家庭・地域との連携の重要性

　家庭・地域との連携については，「保育所保育指針」第2章4（3）で，「子どもの生活の連続性を踏まえ，家庭及び地域社会と連携して保育が展開されるよう配慮すること」とされ，「幼稚園教育要領」第6節2でも「幼児の生活は，家庭を基盤として地域社会を通じて次第に広がりをもつものであることに留意し，家庭との連携を十分に図るなど，幼稚園における生活が家庭や地域社会と連続性を保ちつつ展開されるようにするもの」とされている。

　こうした家庭や地域での子どもたちの生活の連続性への配慮や，家庭や地域

との連携や協働，地域における社会資源の積極的な活用のためには，幼稚園や保育園，家庭・地域での子どもたちの育ちに関する情報の共有が大切である。

それでは，幼稚園や保育園が家庭・地域と連携するとは具体的にいかなるものであろうか。

表 13-1
幼稚園・保育園，家庭，
地域の連携

園と保護者とのつながり	保護者同士のつながり	地域とのつながり
保育者と保護者が日頃からコミュニケーションを図り，子どもたちの育ちを共有	保護者同士が気軽にふれあえる機会やしくみをつくる	さまざまな人やものとふれあう機会やしくみをつくる

2. 園と家庭との連携

❶ 園と保護者とのつながり

子どもたちのより良い発達が図られるための保護者との連携では，保護者の乳幼児期の保育・教育に対する理解が重要である。そのためには，保育者と保護者が日頃から子どもの様子を伝え合うことが大切になってくる。

日々の連絡帳で園と家庭での子どもの様子や成長の姿を伝え合ったり，園だよりやクラスだよりでも，園での子どもたちの生活や遊びの様子を紹介したりすることがあげられる。最近は，保育ドキュメンテーションに取り組む園も増えており，保護者に向けて様々に発信していくことで，園内と家庭での子どもの様子を共有していけると良い。

運動会などの園行事へ保護者に参加してもらうことも，保護者が園に足を運ぶ機会を増やし，保育者と保護者のつながりを深める機会となる。運動会での親子競技は，保護者が子どもとふれあう良いひと時となると共に，日常での子どもとの関わりを考える良い機会ともなる。会場作りや片付け，用具の出し入れ等，保護者にも関わってもらうことで，保育者と共に行事を作り上げているという一体感を保護者に感じてもらうことも大事である。

日常の保育の中では「保育参加」という取り組みもある。平日，保護者が仕事の休みがとれる時に，子どもと一緒に園で生活をしてもらう。子どもたちと一緒に保育室や園庭で遊んだり散歩の引率などに参加したりしてもらい，わが子以外の子どもたちとも関わってもらうことを通し，保護者が園の生活を直接体験することで，園の保育について具体的に理解を深めていくことができる。さらには，保護者が子どもと体験を共有することで，子どもの心情に気づくきっかけとなり，子どもの発達について客観的に捉えていく助けとなっている。子育てに対する不安や孤立感を深めている保護者が増えている昨今，わが子以外の子

保育ドキュメンテーション：
子どもの日々の活動を写真や動画，音声，コメントで記録するもので，イタリアのレッジョ・エミリア市の幼児教育から発祥した記録の方法である。保護者が保育をイメージしやすく，安心して子どもを預けられ，保育者と保護者間で子どもの姿を共有できることで，子どもの姿について共通理解を深める一助とできる。

どもたちの様子や保育者が子どもたちに関わっている姿を直に見聞きすることは, 保護者の子どもへの関わりを学ぶ良い機会となる。「保育参加」を終えた後, 保育参加中の子どもの様子について, 保育者と保護者との面談で, 保育参加中の子どもの気持ち, それをふまえた保育者の関わりなどについて話し合うことで, 保護者の保育に関することや子どもへの関わり方への理解をより深めていくことができる。このような取り組みを重ねることで, 園と保護者との連携が深まり, 子どもたちの生活がより豊かになっていく。

【事例❶　保育参加】

> 地域の子育て家庭を中心とした地域の方々に門戸を開いている。平日の午前中に園庭を開放し自由に遊べる機会を設けたり, 毎月の「ポニーとのふれあい交流」に参加してもらう中で, 園の子どもたちとも関わったり, 保育者から子育ての情報を提供したりもしている。

その他にも, 幼稚園・保育園での保育や活動などに保護者が参加できる機会は様々に設けることができる。子どもたちの「生きる力」を育むうえで, 作物を自分で育て, 成長する様子を傍らで見て, 収穫や調理の直接体験から, 食べ物の生産や命の大切さに気づいていく「**食農保育**」もその一つである。これらの活動を通して, 保護者たちも子どもたちの気づきや発見, 驚きや感動を共に分かち合うことができ, 子どもとのコミュニケーションを深めながら, 園での活動を家庭にも取り入れていくことで, 家庭における食生活を豊かにしていくことが期待される。

食農保育：
第 18 講「3. 保育における食農・食育」(p.202)

【事例❷　食農活動】

> 給食食材の野菜を栽培してもらっている地域の協力生産者と連携し, 農園で四季折々様々な野菜や果樹の収穫体験を行ったり, その場でそのまま食したり, 簡単に調理をして食べたりする活動を行っている。その活動に参加した保護者たちからは, 「協力生産者との交流を通じて野菜作り等に興味・関心を持てた」「作物の本来の味を知ったりすることで家庭内での食に関する話題や行動が増えた」「子どもとスキンシップを深めながら一緒に体験できて良かった」などの感想が多く上がっている。また, 園で子どもたちが取り組んでいる梅干しや沢庵, 味噌など様々な伝統食づくりに保護者も参加することで, 日頃の子どもの園での様子を知るとともに, 食の生産と消費のつながりについて学び合う機会にもなっている。

地域とつながる食農活動
【動画】

共に行事を作り上げるということでは, 保育者と保護者の共催行事として園行事を行っている園もある。

地域のおまつりへの参加

園行事への参加

【事例❸　おまつり行事】

> 夏まつりや冬まつり（餅つき会）等の行事を園と保護者会で実行委員会を立ち上げ準備を重ね，保育者と保護者で遊びや食べ物の出店を開いたり，和太鼓や民舞などの出し物をしたりすることで，保育者と保護者だけでなく，保護者同士の一体感を醸成していった。

【事例❹　父親と職員でバンド演奏】

> 音楽好きな父親たちと職員たちとで結成したバンドで，まつりの出し物として演奏し始めたことが，音楽を通して子育ての楽しさを感じられる良い機会となり，継続していくうちに園行事に限らず地域の様々な行事への参加につながり，父親同士の交流だけでなく自主的な地域における相互支援に発展した。好きな音楽を通して，父親は子どもたちに頑張っている姿や格好良いところを見せたいと思い，子どもたちの中には生き生きと活動する父親の姿にあこがれを持ったり誇りに思ったりする子も少なくなかった。成長してから親と同じ楽器を演奏するようになったり，自分自身もバンド活動を始めたりする子どももいた。父親に限らず母親も含めて，音楽を通して保護者同士の仲も深まり，幅広い世代の保護者が卒園後も交流を深め，OBOG の複数のバンドで定期的に演奏活動を行ったりもしている。そこには必ず卒園児たちの姿がある。

❷　保護者同士のつながり

　保護者間の交流の機会という点では，特に父親たちは，母親たちと比べてその機会に乏しい傾向にある。保護者同士で交流したいという希望は潜在的にはあっても，きっかけがうまく作れないという父親たちの声は少なくない。父親たちに交流を深めていってもらうためには，保護者同士や父親同士の交流の機会が図れるように，行事の際には園からの積極的な働きかけで保護者間の交流の機会を提供していくことも必要である。

親父の会そば打ち

【事例❺　そば打ち体験】

> 園からの呼びかけで，父親を主とした親子の「そば打ち体験」を行ったことに始まり有志の父親の会が作られるに至った。父親たちが中心となり，園で定期的に「そば打ち体験」の集まりを続けていく中で，夏まつりや冬のまつりで出店するまでになり，他の保護者や地域の方々の中には，父親たちの手打ちそばを楽しみにする方も増え，園行事に欠かせない存在になっていった。

　母親のみならず，父親も含めた保護者同士のつながりが様々な活動を通して深まっていくことは，子どもたちの家庭や地域での生活を含め，生活全体を豊

かにし，健やかな成長を確保していくなど，地域の子育ての質が高まることにもつながる。園には地域の実態や保護者及び地域のニーズをふまえつつ，子育ての拠点としてその施設や機能を開放し，時々で保護者と活動を共にし，積極的に子育ての支援に関わっていくことが求められる。

このように，園と家庭・保護者との連携に基づく体験は，地域の中での生活経験とも相互に結びついていくことでより豊かな経験としていくことができる。園での生活と遊びの中での子どもたちの経験が家庭や地域の中での生活にもうまく生かされ，また家庭や地域での経験が園での生活に生かされていけるようにしていきたいものである。そのことで子どもは，自分の身の回りの様々な事物や事象についての興味・関心を高め，他児との関わりも含めて，周囲の人たちとの関わりを積極的に行うようになっていくのである。

3.　園と地域社会との連携

1　小・中学校との連携

地域の様々な人との交流ということでは，園の子どもたちが地域の小・中学校に出向いたり，小・中学校の児童生徒が園を訪れたりすることで交流する機会を設けていくことも大切である。散歩の途中で小学校の校庭に立ち寄り，授業の妨げにならないように配慮しながら，児童たちの体育活動や小動物の様子を見学したり，運動会等で未就学児童の競技に参加させてもらったりすることも，園の子どもたちにとっては楽しい経験となる。

年長の子どもたちが，年度末に学校訪問をさせてもらうことで，校長先生の話を伺ったり，1年生の授業を参観したり，高学年の児童に校内を案内してもらったりするなど，小学校という場の理解を深め，就学に向けての不安を和らげ，期待を高められるような取り組みを行っているところもある。

【事例❻　小学校低学年児童の園訪問】

> 地域の小学校の低学年児童のグループが町探検の一環で園を訪れる。そこに卒園児が含まれていると，その子がたいへん誇らしげにグループの他の子どもたちを案内して回っていたりする。その他，地域の中学校の生徒が職場体験で来園する機会もある。園内で自分たちより年齢の上の子どものモデルがいない年長児にとって，小・中学校の児童生徒は大変刺激的であこがれを感じる存在である。小・中学校の児童生徒にとっても，園の子どもたちと直接密にふれあう体験は，乳幼児期の子どもたちや育児に対する理解を深め，園の子どもたちも児童生徒もお互いが育つ良い機会となる。

　幼稚園においては，乳児が在籍していないことから，地域の保育園や認定こども園，乳児院などと連携し，3歳以上の子どもたちが乳児と関わることができる交流の機会を作っていくことが望ましい。

　交流連携を深めていくためには，保育者，教職員の情報交換といった交流が欠かせない。そこを十分に行っておかないと，園生活で子どもたちが育んできた主体性や自主性が，小・中学校の児童生徒との交流によって損なわれてしまうこともある。一番多く見受けられることは「赤ちゃん返り」である。交流についてていねいにふりかえる機会を持っておくことが大切である。園の子どもと小・中学校の児童生徒の交流にあたっては，事前の打合せ・準備や事後の反省・まとめなどの作業を通して，園の保育内容や小・中学校の教育内容について相互理解を深めていくことが大切である。

　また，保育園は幼小と比較して，連携のための話し合いを持つ時間を確保しにくい。日常的にはメールなどでやり取りをすることも可能だが，園外での会議への参加がしやすい環境作りも必要である。

【事例❼　保幼小中の連携強化の取り組み】

> 　副園長を主に年長の子どもたちを担当する保育士も加わり，担当分けして保幼小中の連携のための取り組みを積極的に行っている。全地域を幾つかのブロックに分けて就学前教育・保育の情報交換会が定期的に開催され，実践報告や分科会での討議などで交流を深めている。また，小学校区や中学校区単位での情報交換会も開催され，授業参観を行ったり，相互理解を深めるための研修などを行ったりしている。

　地域との連携は，すべてにおいて一過性のものであってはならないが，小・中学校との連携も継続させていくことが重要である。そのためには，園をあげて組織的に連携に取り組んでいく必要がある。

　園の子どもたちと児童生徒との継続的な交流連携は，相互に教育的効果が期待されるものである。そのためには，園の子どもたちや児童生徒も，保育者や教職員も相互に尊重し合いながら，主体的に交流を進めていくことが望まれる。無理のない範囲で環境に配慮しながら交流が継続されていくよう工夫することで，園の子どもたち，児童生徒の相互の親しみが増し，地域の中での異年齢の子どもたちの関係が深まっていくことが期待される。

　ただ現実的には，どうしても児童生徒が主となってしまい，園の子どもたちの方は「遊んでもらう」「面倒をみてもらう」といった従的な立場，所謂「お客様」的な扱われ方をされてしまうことも多い。これは児童生徒個別の課題というだけではなく，学校側の課題でもある。園側も，小・中学校の交流連携活動が教科や総合的な学習などの教育カリキュラムに基づいて計画されていることを理

解し，一方学校側も，幼児期を生きている園の子どもたちへの理解をより深め，相互に尊重し合いながら主体的に関わっていくことが望まれるのである。

　園の保育者と小・中学校の教職員相互に相手の保育や授業を参観する機会を持つことは，情報共有や情報交換といった観点からも重要で，それぞれの保育や指導の内容や方法について十分に話し合い理解を深めていくことこそが，地域における子どもたちの保育・教育の充実につながるのである。

　なお，文部科学省策定の「**幼児教育振興アクションプログラム**（平成18年10月）」では，幼児教育を地域で支える基盤等の強化の一環として，「各都道府県において，少なくとも一例以上，幼稚園と小学校間の長期にわたる派遣研修若しくは人事交流を実施する」という目標が示されている。管轄省庁や免許・資格制度の違いなどの課題はあっても，幼稚園と小学校に限らず，保育園も含めての地域での人事交流連携が活発に行われるようになっていくことが大切である。

　また，2017（平成29）年3月に，次代に必要な教育の実現に向け，教育課程の基準を大綱的に定めた新しい「小学校学習指導要領」が公示された。第1章総則「第2 教育課程の編成」で，「4 学校段階等間の接続」が新設され，幼児期の教育を通して育まれた資質・能力を踏まえて教育活動を実施し，子どもたちが主体的に自身の力を発揮しながら学びに向かうことが可能となるようにすることが示され，幼児期の教育と小学校教育の円滑な接続の実現が期待されるようになった。

　遊びや生活を通して総合的に学んでいく幼児期の教育と，各教科等の学習内容を系統的に学ぶ児童期の教育では，内容や進め方が大きく異なり，連携が容易でないことは先に記したが，この課題の解決のために示されたのが，平成20年の「小学校学習指導要領解説生活編」の「スタートカリキュラム」である。これは小学校へ入学した子どもが，幼稚園・保育園・認定こども園などの遊びや生活を通した学びと育ちを基礎として，主体的に自己を発揮し，新しい学校生活を創り出していくことを目的としたものである。

　「小学校学習指導要領（平成29年告示）解説総則編」の(1)幼児期の教育との接続及び低学年における教育全体の充実（第1章第2の4の(1)）では，「小学校の入学当初においては，幼児期の遊びを通じた総合的な指導を通じて育まれてきたことが，各教科等における学習に円滑に接続されるよう，「スタートカリキュラム」を児童や学校，地域の実情を踏まえて編成し，その中で，生活科を中心に，合科的・関連的な指導や弾力的な時間割の設定など，指導の工夫や指導計画の作成を行うことが求められる。」とある。

　子どもは，幼稚園・保育園等で，遊びを通して試行錯誤し，様々な創造的活動にも取り組み，自分の思いを伝え友だちと協力することの大切さを知る等たくさんの経験を重ねている。「スタートカリキュラム」では，そうした幼児期から

幼児教育振興アクションプログラム：
幼児教育の振興に関する施策の推進のため，国公私立の幼稚園，認定こども園における教育の条件整備を中心とした文部科学省の施策に関する計画を定め，地方公共団体が取り組むことが望まれる施策を示した総合的な行動計画。中教審答申（H17.1）の具体的提言や，骨太の方針2006（H18.7），認定こども園制度等の幼児教育をめぐる状況の変化を踏まえ，実施期間を平成18～22年度として策定された。

の学びと育ちを生かす活動や環境を意図的に設定したり，学びやすい環境づくりをしたりすることで，子どもが安心して小学校での生活をスタートでき，自信や意欲をもって活動し，自己発揮できるようになることを目指している。【事例❻】はまさにそれらを目的とした取り組みの一つである。

　小学校への接続では，年長児後半のカリキュラムは「アプローチカリキュラム」と位置づけられている。決して小学校への適応を目的にして，知識や技能を一方的に教え込むものではないが，「幼児期の終わりまでに育ってほしい姿」を目安とし，幼児期にふさわしい生活を通して，この時期ならではの資質・能力を育み，小学校の生活や学びにつながるように工夫することが求められている。子どもたちの交流だけでなく，【事例❼】のような職員の連携や交流を充実させることで子どもが安心して就学できる環境を整え，「アプローチカリキュラム」や「スタートカリキュラム」による接続を通して，子どもの育ちと学びをつないでいくことが，地域において子どもたちが健やかに成長し続けていくためにたいへん重要である。

　文部科学省では保幼小の接続のあり方について，幼児期からの切れ目ない教育の実現を目指して「**幼保小の架け橋プログラム**」を令和4年度から一部の地域でモデル事業として推進してきた。これまで述べてきたような交流や連携を通じて，保幼小相互の信頼関係を深める機会は増えてきているが，今後はその関係性を基盤に，教育要領や保育指針の理念に基づいて，具体的な実践につなげていくことが課題となっている。それを意識していくために「架け橋」という言葉が用いられている。幼児教育・保育は長きに渡って，一人一人の子どもたちの最適な学びを大切に考えてきた。幼児教育・保育がこれまで積み重ねてきた実践を積極的に発信していくことは，小学校以降の教育についても良い影響を及ぼすものである。子どもを中心として保幼小がさらに連携を深め，話し合いや学び合いを重ね，一緒に架け橋期のカリキュラムを作り上げたり，実施に必要な教材教具や環境について検討したりしていくことが，架け橋期の取組みを充実させていくことにつながると考える。また，それらの取組みは保育者の子ども観を豊かなものにし，幼児教育・保育の質もさらに高めていくことにもなる。子どもを真ん中に，保幼小の関係者が連携協力し架け橋期の取組みの充実に努めていく事が，地域の子育て環境をより良いものとしていくと考える。

❷　地域社会との連携

❶　地域との連携の重要性

　保育者は，園が所在する地域社会の中での子どもたちの生活環境全般を視野に入れながら，子どもたちの興味・関心や経験してもらいたい活動などに気を配り，できるだけそれに合った環境を整えて子どもたちの心を豊かにするとい

幼保小の架け橋プログラム：
義務教育開始前後の5歳児から小学校1年生の2年間を架け橋期とし，この間の発達を考慮して，5歳児のカリキュラムとスタートカリキュラムを一体のものとして捉え，地域の保育園・幼稚園・小学校等の関係機関がそれぞれの立場を超えて協力連携することで，子どもたち一人一人の多様性に配慮した主体的・対話的な学びや生活の礎を育むことを目的としたプログラム。文部科学省では，令和4年度から3か年程度で，モデル地域における実践を推進していくこととした。

う視点を持つことが重要である。そのためには，保育者自身がその地域で生きる一人の生活者という立場で，子どもたちと家庭や地域とのつながりを考えていけると良い。園の近くに商店街があれば，生活者という立場で，気に入った店に立ち寄って店員の方と会話をしてみたり，好みの品が見つかれば買い求めたりという具合に，保育者自身が地域に溶け込んでみることも大切なのである。

　子どもたちは，氾濫するデジタル情報に囲まれながらの生活を余儀なくされているため，日々の生活の中で，地域の自然を愛でたり，異年齢の子どもと遊んだり，高齢者や幅広い世代の人たちと交流したり，様々な文化や伝統的なものにふれたりするなどの直接体験が乏しくなりがちである。子どもたちが自然の中で豊かな経験を重ねていくことは大切ではあるが，今や都市部だけでなく自然豊かな地域に暮らしていても，その機会は極端に少なくなってきている。子どもたちばかりでなく保護者たちも同様に，自然と関わる体験が少なくなってきており，動植物に苦手意識を持つ人も年々増えているほどだ。子どもたちが自然に親しみ，自然の中での様々な経験を通じて，豊かな感性を育み，たくましく生きる力を育んでいくことを目標に，園の近隣で自然豊かな場所があればそこを活用してみたり，子どもたちが無理なく安全に移動できる手段を確保できるのであれば，山や高原，湖畔や海などにある施設を活用したりするなど様々な工夫も必要である。

【事例❽　季節の行事「サンマ焼き」】

> 　季節の食育行事で「サンマ焼き」を行う際に，子どもたちがたくさん魚を食べてくれて嬉しいと，魚屋さんからサンマ以外のたくさんの魚の差し入れをいただいたこともある。そうしたことがより子どもたちと地域の人たちとの相互の親しみを深めることにもつながっていく。

　地域の様々な人との交流では，園での日常とは違った環境にふれていくことが，子どもたちの豊かな心を育んだり，新しいことを知ろうとしたりする意欲を育むことを助けていくことになる。

❷　地域の人々との交流
①住宅地の散歩：散歩等で出会う地域の人たちと日常的に交流を重ねていくことで，高齢者をはじめ幅広い世代の人たちと相互に顔のわかる関係を構築していくことができる。行き交う人たちと笑顔で挨拶を交わすことはとても大切なことであるし，四季折々に美しい花を育てているお宅や人懐っこい犬が居るお宅などは子どもたちにとっても日々の散歩の楽しみとなり，日を重ねていくことでそのお宅の人との交流につながっていく場合

もある。

②**商店街の散歩**：園近隣に商店街があれば，住宅地の散歩と同様足を運び，店の人に挨拶をしたり会話を交わしたりすることで，店の人たちの子どもたちや園への理解や親しみを深めていくことにつながっていくことも期待できる。造形活動の材料や栽培活動の種苗，料理保育の食材などを子どもたちが買い物で訪れた際に，子どもたちの目線で対応をしてもらえるようにもなる。

③**園の運動会**：子どもたちの祖父母たちだけでなく，そうした地域の高齢者の人をはじめとした交流のある方々を招待することも，子どもたちや園の保育を知ってもらうことにつながる。運動会は観覧席で観てもらうばかりでなく，園の子どもたちや保育者と簡単な競技に参加してもらうことも親しみを深めることになる。

④**園の敬老行事**：子どもたちの出し物を観てもらうだけでなく，クラスに分かれて日頃の子どもたちの遊びを直接体験してもらうことも大事である。けん玉やお手玉，コマ回し，ボードゲームに積み木遊びなど，子どもたちも好きな遊びや得意な遊びを中心に主体的に関わっていくことができる。園によっては，茶道の活動に取り組んでいる年長児が自身の祖父母や地域の方をお茶でもてなしている所もある。もてなされている方たちは，改まった静粛な雰囲気の中での子どもたちの姿に，普段とは違う一面を見て驚いたり喜んだり，加えて園の文化にもふれてもらえる良い機会にもなる。

⑤**福祉施設の訪問**：地域の人たちに園に足を運んでもらうだけでなく，子どもたちが高齢者の人たちとの交流を深める目的で，地域の福祉施設を訪問する取り組みを行っているところもある。子どもたちが日頃取り組んでいる和太鼓や民舞を披露したり，高齢者の人たちと一緒に歌を歌ったり手遊びをしたりして過ごす。高齢者の人たちも喜んでくれることで，子どもたちもそうした姿を嬉しく感じたりする。子どもたちは高齢者の人たちに喜んでもらえたことが自分たちの喜びとなり，人の役に立てているという自己肯定感を高める。ただ，中には子どもが苦手という人もいるので，交流前に施設の職員たちと事前の確認をしっかり行うことは必要である。

【事例❾　「おいなりさん」作り】

> 絵本に触発された子どもたちが，自分たちもおいなりさんを作りたいと豆腐屋に油揚げを買いに行くことになった時に，豆腐屋さんが，子どもたちがすし飯を詰めやすいようにと油揚げを全て開いて待って下さっていた時は，担当の保育者も地域の人たちの温かさを肌で感じられたという。

運動会の親子参加

【事例❿　ごみ拾い活動】

> 　子ども用のごみ集め用のトングなどの道具を揃え，安全には留意しながら散歩先の公園のごみ拾いを主に年長の子どもたちが行っている。普段使わせてもらっている公園の美化にわずかでも関わることを通して，地域の資源への親しみを深めていく。園によっては，年長の子どもたちが地域のリサイクルセンターや清掃工場を見学し，リサイクルに関して学び，園でも自分たちができるリサイクル活動に取り組んでいるところもある。そうした活動に子どもたちが主体的に取り組み，地域社会のしくみを知り理解を深めていくことは大切なことである。

【事例⓫　ありがとうカード】

> 　毎年，年度末に，給食の食材を届けてくれるお肉屋さんや八百屋さん，定期健診で診て頂いている園医の先生等，日頃からお世話になっている地域の方々に，子どもたちが「ありがとう」の気持ちを込めてカードを作って届けている。子どもたちから手渡された方々は一様に笑顔を見せてくれて，その笑顔に子どもたちも笑顔になる。地域の方々には交流を通して，園が地域の子育て拠点でもあることを理解して頂き，家庭や園と共に子どもたちの成長を見守って貰えたら良い。また子どもたちにとっても，家庭や園だけでなく地域の方々からも愛され見守られていると実感できることで，その地域で安心してすくすくと成長することができる。

　また，子どもの保護者や家族，地域の人たちの中には様々な経験や技能を持っている人たちがたくさんいる。そうした場所や人材は，子どもたちの教育・保育の充実のためにはとても大切な資源である。【事例❷】で紹介した地域の畑の協力生産者の方もそうした役割を担っている。

【事例⓬　園庭の環境整備】

> 　子どものお祖父さんで日曜大工が得意な方が，子どもたちが見立て遊びで使う冷蔵庫や園で飼っている動物の飼育小屋を木工で作って下さった。また，園庭の環境整備を進めていた時は，有志の保護者たちやそのつながりの地域の人たちが園に集い，職員と一緒に，築山づくりや水路づくり，遊具づくり等に取り組んだこともある。建築，土木，石工，管工，電気などの知識・技術に精通した人たちが指導的役割を担い，知見を持たない人たちはその人たちに学びつつ，測量し，スコップをふるい，コンクリやモルタルを練って，左官もこなした。計画通りに事が進むことは少なく，額を寄せ合って試行錯誤を重ねることもしばしばであった。重労働ではあったが，形になっていく毎に参加した人たちの相互の親密さは増し連帯感も深まった。

園庭整備への親の参加

特に，【事例❸】と同じく，その場に子どもたちも参加していることで，額に汗して作業している親たちの姿を見ることは，子どもたちの良い経験となる。親たちがどのように関わり合い助け合っているのか，実際の姿を見せることは子どもたちの成長に大いに役立つことである。

❸　地域ぐるみで育てる保育

家庭や地域との連携は，地域ぐるみで子どもたちを支え見守り，育んでいくことである。地域とのつながりの中で，子どもたちが自分たちは大切にされている，愛されているという実感を持ちながら，周囲を思いやる力や社会参加の力を育んでいけるように支えていくことが大切なのである。

【事例❸】でも紹介したように，地域の行事や祭りに親子で参加していくことも大切である。地域には，永年にわたり伝えられてきた文化や伝統がある。子どもたちが幼児期の頃から，そうした地域の伝統や文化にふれていくことは，自分が生まれた土地への親しみを深めていくことにつながる。

【事例⓭　お囃子の会】

お囃子の会への参加

> 　年明け，園の餅つきの行事に地域のお囃子の会に来ていただいた。笛の音色と大太鼓，小太鼓，鉦のリズムに乗って，獅子やキツネ，おかめ，ひょっとこなどの面をつけた踊り手が舞うにぎやかなものであり，そのお囃子に魅せられて会に入会していく親子もいる。年を重ねるごとに，太鼓の奏者や踊りの演者の中に卒園児の姿が見られるようになった。園の行事を介して子どもたちが地域の伝統芸能に出会い，興味を持って参加し，地域の人たちの結びつきを深めながら豊かな体験を積み重ね，いずれは地域の伝統芸能の担い手になっていくことは喜ばしい限りである。

【事例⓮　園の見守り活動】

> 　保育者，地域の高齢者が協力して，園の門前に立ち，登降園時の事故防止や防犯を兼ねた見守り活動を行っている。園の職員だけでは難しかったので，ボランティアで力を貸してもらえる個人や団体について社会福祉協議会のボランティアセンターに相談したところ，地域の高齢者の会を紹介していただいた。園の職員が立てない時に会の方たちに協力してもらっている。
> 地域ぐるみで子どもを支え，見守るという点では，挨拶したり言葉を交わすことで，子どもたちだけではなく保護者も「地域によって支えられている」という意識を深めていくことを期待している。

通常の保育を行いながら，様々な連携への取組みを行っていくことは，人員配置を中心に業務体制上の課題も生じる場合もある。「保育所保育指針」第4

章3(1)地域に開かれた子育て支援においても，「その行う保育に支障がない限りにおいて，地域の実情や当該保育所の体制等を踏まえ」とある。地域交流連携についても保育者に過剰な負荷をかけるような状況では，良い形での地域交流連携を進めていくことは難しい。園内でしっかり園の状況を検証し，園の実情に応じた方法を構築して，できるところから一つ一つ実践していくことも大切である。

　保育園や幼稚園に課せられた責務は，地域と一体となって保育に取り組み，地域の子育て施設としてそれぞれの専門性を生かして，地域の子どもたちや人々の育ちに寄与していくことである。

　園と地域との円滑な交流や連携の結果，参加した方々同士が知り合いになったり，園の行事に参加した地域の方同士がつながっていくことが期待され，園と保護者，保護者同士に限らず，地域社会という観点からもつながっていくことができることから，地域全体で子育てをしているという安心感も生まれるのである。

　子どもたちの地域での連続した育ちを切れ目なく支援していくためには，一人一人の保育者が，園や保護者のみならず，地域から理解と信頼を得られるようたゆまぬ努力を重ね，地域における子育ての重要な一翼を担っていることを深く自覚したうえで，自らに与えられた社会的責任を果たしていかなくてはならない。

（野村）

課題1　内容全般をふまえながら，地域において幼稚園・保育園・認定こども園の存在意義について考えてみよう。

課題2　自分の住んでいる地域のスタートカリキュラムについて，自治体の教育委員会等が出している様々な資料から調べてみよう。

課題3　地域住民，学校その他の関係機関と連携する際の留意点について考えてみよう。

158

【参考文献】
- 厚生労働省「保育所保育指針」2018　49，57頁
- 文部科学省「幼稚園教育要領」2018　10頁
- 文部科学省「幼児教育振興アクションプログラム（概要）」2006
  （https://www.mext.go.jp/a_menu/shotou/youchien/07121721/001.pdf）
- 香﨑智郁代「保育現場における地域連携保育の現状と課題」紀要 visio : research reports No.50　九州ルーテル学院大学　2020　49–54頁
- 田口 鉄久「子どもの育ちを促し，地域の連帯 を深める保育実践」鈴鹿大学・鈴鹿大学短期大学部紀要人文科学・社会科学編 第3号 2020 p211-224
- 文部科学省「小学校学習指導要領（平成29年告示）解説」 2017
- 文部科学省　国立教育政策研究所　教育課程研究センター 「スタートカリキュラム　スタートブック」 2015
- 中央教育審議会初等中等教育分科会　幼児教育と小学校教育の架け橋特別委員会「学びや生活の基盤をつくる幼児教育と小学校教育の接続について—幼保小の協働による架け橋期の教育の充実—」

第5章　保育の社会的役割と責任

第14講

保育における子どもの安全

1. 保育における子どもの安全とは

　日々の保育の中で大切なのは，周囲の目を引くような華やかでユニークな実践を行うことではない。保育の中で最も大切なのは，そこで過ごす子どもの命を守ることである。何かユニークな実践をしようとする前に，まずは子どもの命を守ることこそが，保育者にとって最も大切な使命であることを肝に銘じてほしい。たとえ周囲から賞賛されるような実践を行っていたとしても，もしそこで子どもの命が失われたり，あるいは後遺症が残るような大ケガをしてしまったりするようなことがあれば，その実践も意味を失ってしまうのである。

　とはいえ，もちろん実践の中身は重要である。良い実践とは，保育者が子ども一人一人の発達や個性をしっかり把握し，一人一人に寄り添いつつ子ども主体の保育を行うことだろう。保育者が，見た目の良さやユニークさではなく，日々の生活の中で真の意味で子どもに寄り添った実践をすることができていれば，おのずと保育の質は向上し，子どもの「安全」も守れるようになってくるとも言えるだろう。

　保育における子どもの安全を考えるときに，大前提として考えなければならないのは，保育というものの営みの特性である。保育における子どもの安全は，工場の製造ラインの安全管理をすることとはまったく次元が異なる。

保育の安全は，工場の機械の安全点検のようにマニュアル通りにすべての動作を確認して，油を差して，ソフトをアップデートすれば点検完了，というわけにはいかないのである。

　保育所，認定こども園，幼稚園など保育の現場には，一人一人年齢や発達や個性が違う子どもたちがいる。同じ学年で,同じクラスにいる子どもであっても，その子の発達や個性には大きな違いがある。同じ月齢の子どもであっても，発達が大きく違うことはよくあることである。同時に，子どもたちに関わる保育者も同じように一人一人年齢や経験，個性が異なっている。子どもも保育者も，一人一人がその日によって体調も違えば，気持ちも違っている。気候やお天気によっても，保育をする場所や内容が変わってくる。二度と同じことが繰り返されることがない極めてファジーな毎日を送る中で，保育者は自らの経験値や，養成校で学んだことや職場でのOJT，さらには様々な研修の機会に学んだことを踏まえ，常に最悪の状態を想定し，とにかく子どもの命を守ることを最優先に考えていなければならない。

　職場には安全マニュアルが用意されているはずだが，ただそこに示されたことを守っていれば十分，ということではない。子どもにも，保育者にも「心」があり「気持ち」が動く。「身体の安全」が守られていても，「心の安全」が守れなければ真の意味で安全とはいえないからだ。「保育所保育指針」第1章総則 2養護に関する基本的事項養護には「生命の保持」と「情緒の安定」が示されているが，これはすなわち「身体の安全」と「心の安全」と言いかえることができるだろう。これらの両方が満たされて初めて，子どもたちは心身共に「安全」と言えるのである。

　日々の保育の中には思わぬ危険がたくさんある。子どもの成長と発達によって，危険の種類も変わってくる。また，自然災害が多い日本という国に住んでいる限り，地震や津波，洪水等の自然災害も容赦なく子どもたちを襲ってくる。しかし，それらすべての危険を取り除いて生きることはできないし，子どもたちはいずれ成長して大人になるまでの間に，危険を回避して生きていく術を身につけていかなければならない。そのためにも，まずは保育者が保育の中にどのような危険があるか，それらをどのように防ぎ，健康と安全とを確保していくかを学び，実践に生かしていくことが求められる。それこそが保育者には絶対に欠かせない原理的な知識なのである。

OJT：
（On the Job Training）
上司や先輩が部下や後輩に対して，実際の仕事を通じて指導し，知識，技術などを身に付けさせる教育方法。

2．子どもの発達と安全

1　子どもは発達するからケガをする

　安全について学ぶとき，まず最初に知ってほしいのは，子どもの発達と事故との関連である。「子どもは発達するからケガをする」ということである。

　生まれたばかりの赤ちゃんはまだ自ら身体を動かすことができず，寝ているばかりである。そのため，基本的には誰か他の人が赤ちゃんに対して何かをしたり，動かしたりしない限り，自らケガをするようなことは起きない。しかし，生後 4 ～ 5 か月が過ぎると赤ちゃんはある日突然，寝返りができるようになる。そのときソファやベッドの縁に対して平行に寝ていた場合，転落する事故が起きるのだ。8 か月頃になり，お座りからハイハイができるようになれば活動範囲が広くなり，指の発達も加わっていろいろなものを掴むことができるようになれば，その場に落ちている小さなものを拾って口に入れてしまうかもしれない。10 か月頃を過ぎ，つかまり立ちができるようになれば，今度は倒れることが起きるようになる。1 歳を過ぎてヨチヨチ歩きができるようになると，転ぶようになる。さらに走ることができるようになれば，もっと勢いよく転ぶようになる。子どもは成長して発達し，いろいろなことができるようになるからケガをするのだ。

　そこで保育者は，**子どもの発達とケガ**について，子どもの年齢とよく起こりやすい事故についてしっかりと理解しておくことが必要である。その上で，子どもの発達から考えて次にどのような事が起きるかを想定しながら，安全な保育環境を構成していかなればならない。

2　保育所保育指針「養護」から考える子どもの健康と安全

　「保育所保育指針」には，保育の目標として以下の 2 つが掲げられている。「十分に養護の行き届いた環境の下に，くつろいだ雰囲気の中で子どもの様々な欲求を満たし，生命の保持及び情緒の安定を図ること」「健康，安全など生活に必要な基本的な習慣や態度を養い，心身の健康の基礎を培うこと」（第 1 章総則 1 （2）保育の目標）の 2 つである。

　このうち最初の項に掲げられた「十分に養護の行き届いた環境」を考えるときには，まず「保育所保育指針」第 1 章総則 2 「養護に関する基本理念」に記されている項目をしっかりと理解し，身につけなければならない。**養護**の項目は「保育所保育指針」にしかないが，これは保育所だけでなく，幼稚園や認定こども園においても同じように重要なものである。

子どもの発達とケガ：『子どもを事故から守る事故防止ハンドブック』（消費者庁 2023）には，子どもの年齢ごとに起こりうる危険について細かく記してある。家庭での事故についてまとめたものであるが，子どもが成長する過程と起こりうる事故について示されている。基礎的な知識として知っておくことで，保育の現場でも役立つ。

養護：養護と教育の概念については様々な意見があるが，「0 ～ 2 歳が養護で 3 ～ 5 歳が教育」といった区分はいささか乱暴なものに思える。倉橋惣三は「教育を目的として出発した時でも，幼児事業であるからにはケヤーを放す事はできぬのである。」（「学校教育法における幼稚園（一）」）と記しており，「ケヤー」という言葉で 3 ～ 5 歳の幼稚園教育の中でも養護的な対応が必要だとしている。3 ～ 5 歳の子どもだから養護が必要ないということはない。

「養護」には「生命の保持」と「情緒の安定」の2つの項目があり，それぞれ4つのねらいで構成されている。その内容を見てみよう。

生命の保持
❶ 一人一人の子どもが，快適に生活できるようにする。
❷ 一人一人の子どもが，健康で安全に過ごせるようにする。
❸ 一人一人の子どもの生理的欲求が，十分に満たされるようにする。
❹ 一人一人の子どもの健康増進が，積極的に図られるようにする。

情緒の安定
❶ 一人一人の子どもが，安定感をもって過ごせるようにする。
❷ 一人一人の子どもが，自分の気持ちを安心して表すことができるようにする。
❸ 一人一人の子どもが，周囲から主体として受け止められ，主体として育ち，自分を肯定する気持ちが育まれていくようにする。
❹ 一人一人の子どもがくつろいで共に過ごし，心身の疲れが癒されるようにする。

注目してほしいのは，これら8項目の書き出しがすべて「一人一人の子ども」となっていることである。保育所や認定こども園では，子どもたちは年齢ごとや異年齢でもいくつかのクラスに分かれて所属していることが多い。そのため「○○組の子どもたち」とひとまとめに語られることも多いが，ここで求められているのはザックリと「○○組の子ども」として考えることではなく，その組にいる子ども一人一人に対して，この8項目が満たされなければならないということである。

そして文末が「ようにする」で締めくくられていることでもわかるように，これは**保育者がやるべきこと**について記されたものである。

「生命の保持」とは，生き物としての命が守られることと考えられる。そして「情緒の安定」とは，その子どもの心が守られることと考えられる。つまり，身体の安全と心の安全が両方とも守られることが必要だといえる。たとえ園で過ごす時間が物理的に安全で，生き物としての命があることは守られているとしても，もし園で過ごす間に保育者や友達から嫌なことを言われたり，いじめられたりするようなことがあれば，その子の心は安全であるとはいえない。心と身体の両方の安全が守られて初めて，子どもは安全に過ごすことができるのである。その意味でも，「養護」に記された2つの項目「生命の保持」と「情緒の安定」に記された8つの項目は，保育者が安全について考える上で必ず守らなければならない非常に重要なものである。

「養護」の項目は「保育所保育指針」にしかないが，「幼保連携型認定こども園教育保育要領」においては「幼保連携型認定こども園として特に配慮すべき事項」として，「6 園児の健康及び安全は，園児の生命の保持と健やか

保育者がやるべきこと：「養護」のねらいは園の毎月の月案にも必ず入れなければならないものであるが，5領域の「健康」と混同されがちである。しかし「養護」が求めているのは保育者が行うことであり，「健康」は子ども自身が行うことである。その概念の違いをはっきりと区別しておく必要がある。

な生活の基本であり，幼保連携型認定こども園の生活全体を通して健康や安全に関する管理や指導，食育の推進等に十分留意すること」と記されている。また「幼稚園教育要領」には「健康」「安全」に関する項目はないものの，「幼稚園生活が幼児にとって安全なものとなるよう，教職員による協力体制の下，幼児の主体的な活動を大切にしつつ，園庭や園舎などの環境の配慮や指導の工夫を行うこと」と記されており，こちらは学校保健安全法に従って子どもの安全を守らなければならないことが定められている。

　0歳からの子どもがいる保育所，認定こども園に比べ，幼稚園は満3〜5歳の幼児が主であり，保育時間も短く，「学校」の枠組での扱いであることから安全に対する記載が異なっているが，幼稚園でももちろん，保育所と同様に子どもの安全を守る必要がある。特に近年ではほとんどの幼稚園で預かり保育を実施していること，また2歳から園児を受け入れる園も増え，以前よりも低年齢の子どもを長時間預かる幼稚園が増えてきている。さらに幼稚園から認定こども園に転じ，0歳からの保育を行っているところも増えており，幼稚園でも保育所並の安全対策が必要になっている。

　つまり，就学前のすべての子どもに対して身体と心，両方の安全を守っていくことが求められていることになる。保育指針の「養護」の項目に記されているように，一人一人の子どもの発達や個性に合わせ，一人一人の子どもの存在を大切にし，子どもたちが日々安心して過ごせる環境を丁寧に構成していくことが，保育者には求められているのである。

❸　「一人一人」の考え方

　養護の項目に示されている「一人一人」という概念は，健康と安全の分野では最も大切な考え方だと言えるだろう。前述したように，子どもは一人一人，その個性や発達の状況が違うからだ。同じクラスにいる，同じ月齢の子どもであったとしても，その身体の発達や認知力の発達に大きな違いがあることはよくあることである。

　最も違いが大きいのは0歳〜1歳児クラスの子どもであろう。満1歳を過ぎている子の中には，同じ月齢でも上手に歩ける子もいれば，まだヨチヨチ歩きの子もいる。歯の生え方によって離乳食の進み具合も違う。スプーンやコップを使えるかどうかも手の発達によって違ってくる。気持ちの面でも違いは大きい。新しい事を積極的にやってみたいと思う子と，新しいものになかなか馴染めない子とでは，新しい事への関わり方が違う。

　3〜5歳の子どもでもやはり一人一人の違いは大きい。特に性格的なものや好みの違いから見えてくる子どもの姿が違ってくるはずだ。外遊びが好きな子もいれば，お部屋で静かに遊んだり絵本を読んだりするのが好きな子も

いる。怖いもの知らずで危険な遊びにも積極的にチャレンジする子もいれば，用心深く，怖そうな遊びには近づかない子もいる。

　子どもの発達は決して教科書通りではなく，またその違いを「できる」「できない」と評価するべきではない。その状況をポジティブに受け止め，その子一人一人の「今」をありのままにしっかりと受け止めるべきである。

　特に外遊びの場面では，子どもたちを単純に年齢や月齢で区切って一斉に何かをさせるのは危険である。目の前にいる一人一人の子どもの姿を見ず，「3歳児だから」「去年の3歳さんはこれができたから」というように一斉に同じことをやらせようとすると，大きなケガにつながることがある。同じ3歳児でも去年のクラスと今年のクラスではそこにいる子どもが違っているのだ。だからこそ保育者は今，実際に目の前にいる子どもたち一人一人の発達や気持ちをきちんと把握していなければならない。それができないと思わぬ大きなケガにつながることもある。

　時には普段と違って体調が悪い子どももいるかもしれないが，多くの子どもたちは自分の体調の変化を言葉で説明することができない。そこで，子どもがぐずったり，嫌がったりしていつもと違う状況の時には，保育者は「体調が悪いのかもしれない」と想像して対応することも必要になる。

　「いつもと違う」「何かがおかしい」という保育者の判断が，子どもを危険から守ることになる。自分の気持ちや体調を言葉で十分に伝えられない子どもたちの様子を保育者が常に観察してくみ取ることで，子どもたちの安全が確保されるのである。

4　「自ら健康で安全な生活をつくり出す」をどう考えるか

10の姿：
①健康な心と体
②自立心
③協同性
④道徳性・規範意識の芽生え
⑤社会生活との関わり
⑥思考力の芽生え
⑦自然との関わり・生命尊重
⑧数量や図形、標識や文字などへの関心・感覚
⑨言葉による伝え合い
⑩豊かな感性と表現

第11講「3. 育みたい資質・能力」「**2**幼児期の終わりまでに育ってほしい姿」(p.124)

　最新の「保育所保育指針」「幼稚園教育要領」「幼保連携型認定こども園教育保育要領」に共通して取り入れられたのが「**幼児期の終わりまでに育ってほしい姿**」である。10項目あることから通称「**10の姿**」とも言われており，5領域のほか，小学校以上の教科とも関連付けられて考えることができている。この「10の姿」の最初に掲げられているのが「ア　健康な心と体」である。「幼稚園／保育所／幼保連携型認定こども園の生活の中で，充実感をもって自分のやりたいことに向かって心と体を十分に働かせ，見通しをもって行動し，自ら健康で安全な生活をつくり出すようになる」とある。

　この「自ら健康で安全な生活をつくり出す」という部分だが，これを目標とするのはそう簡単なことではない。5歳児の終わり頃にそういったエッセンスが少し見られれば十分だろう。たとえば，食事の前に手を洗うような健康を守るための生活習慣を身につけることは子どもにとって重要なことであるが，それらは5歳になればいきなりできるようになるわけではない。

アタッチメントに始まる０歳からの保育者との信頼関係や，温かで的確な言葉かけなどを日々積み重ねていくことが大切で，その結果，５歳の終わり頃に「健康で安全な生活をつくり出す」エッセンスが見られるようになるのである。

　また，この項目を「子どもが自分で自分の身を守れるようになる」と考えている人がいるが，それは間違った解釈である。子ども自身が自分で身を守れるようになるのは，小学校高学年以上の話になるだろう。５歳児が自分で自分の身を守ることなどできるわけがなく，「自分で自分の身を守れるように」という考え方は，保育者の責任放棄に近いものがあると考える。５歳までの子どもの安全は，家族や保育者を含めた周囲の大人が守るべきなのが大前提であることを忘れないでほしい。

3．保育におけるリスクマネジメント

❶　事故予防の基礎知識

　保育中の**重大事故**は，毎年起きている。2015 年に子ども・子育て支援新制度がスタートし，翌 2016 年からは重大事故が起きた場合には自治体を通して国（当初は厚労省，その後「内閣府」，現在は「こども家庭庁」）に報告しなければならなくなっている。園で最も起こしてはならないのは死亡事故であり，この死亡事故について詳しく見ていくと，どのように事故を防げばよいかがわかってくる。

重大事故：
「重大事故」とは治療に 30 日以上かかるケガ，意識不明，死亡のことを指す。もし園でいずれかの重大事故が起きた場合には，自治体を通してこども家庭庁に報告する義務が課されている。

	0 歳	1 歳	2 歳	3 歳	4 歳	5 歳	6 歳	合計
2004	5	4	2	2			1	14
2005	5	5	1	1	1		1	14
2006	9	2	1	1	1	2		16
2007	11	2	2					15
2008	7	3			1			11
2009	6	4	1			1		12
2010	7	5				1		13
2011	7	5						14
2012	10	4	2	1			1	18
2013	8	8	3					19
2014	8	5			3			17
2015	7	5	1	1				14
2016	7	4					2	13
2017	2	2			2		1	8
2018	4	4					1	9
2019	1	3	2					6
2020	1	2			2			5
合計	105	67	18	6	10	5	7	218

表 14-1
教育保育施設等における死亡事故　厚生労働省（2006–2015）「保育施設における重大事故報告」，内閣府（2016–2020）「教育・保育施設等における事故報告集計」より筆者作成。年齢は満年齢で表示。
（毎年 1 月 1 日～ 12 月 31 日までの間に報告された死亡事故についてまとめたもの。2006 年から，2004 年に遡って報告書が発表されるようになった。2017 年以降は報告書の第一報のデータが載るようになり，意識不明から死亡した事例などが含まれなくなり，実際の死亡数はこの数字よりも多いことから 2020 年までのデータにとどめた。）

「保育所保育指針」「幼保連携型認定こども園教育保育要領」「第3章 健康と安全」には，事故予防について以下のように記されている。

3　環境及び衛生管理並びに安全管理（中略）
　(2)　事故防止及び安全対策
　ア　保育中の事故防止のために，子どもの心身の状態等を踏まえつつ，施設内外の安全点検に努め，安全対策のために全職員の共通理解や体制づくりを図るとともに，家庭や地域の関係機関の協力の下に安全指導を行うこと。
　イ　事故防止の取組を行う際には，<u>特に，睡眠中，プール活動・水遊び中，食事中等の場面では重大事故が発生しやすいこと</u>を踏まえ，子どもの主体的な活動を大切にしつつ，施設内外の環境の配慮や指導の工夫を行うなど，必要な対策を講じること。
　ウ　保育中の事故の発生に備え，施設内外の危険箇所の点検や訓練を実施するとともに，外部からの不審者等の侵入防止のための措置や訓練など不測の事態に備えて必要な対応を行うこと。また，子どもの精神保健面における対応に留意すること。（下線筆者）

　ここで示された「睡眠中，プール活動・水遊び中，食事中等の場面」が，最も死亡事故が多い場面である。実際には睡眠中の0〜1歳児，プール活動・水遊び中の3〜5歳児，食事中の1〜5歳児に事故の危険がある。この場面を「くう・ねる・みずあそび」と覚えて，保育の中で最も危険な場面だと考えてほしい。また，国が示した「**教育・保育施設等における事故防止及び事故発生時の対応のためのガイドライン**」にも，指針に示された「睡眠中，プール活動・水遊び中，食事中等の場面」についてどのようにすればよいか，いくつかの地方自治体のマニュアルをもとに解説しているので，必ず目を通しておいてほしい。

❷　睡眠中の事故を防ぐために

　睡眠中（一般的な園では主に午睡中）の事故は主に0〜1歳の子どもに起きやすいが，多くは窒息によるものである。睡眠中の事故を防ぐために，保育者は以下の4つのことを守る必要がある。

教育・保育施設等における事故防止及び事故発生時の対応のためのガイドライン：
日本における保育の安全についてのガイドラインで2016年に発行された。事故予防のためにいくつかの自治体のマニュアルが示されている他，万が一事故が起きてしまった際に，施設でどのようにすれば良いかについても示されている。

窒息：
SIDS(乳幼児突然死症候群)の危険について言われてきているが，事故後に司法解剖をすることが増えたこともあり，はっきりと「突然死」とされる死亡以外はSIDSとされなくなったことから最近ではSIDSによる死亡事故の例は極めて少なくなった。ただ，原因不明の死亡事故はなくなったわけではなく，SUDI（予期せぬ乳幼児突然死）と言われるようになっている。

> ❶ 仰向けで寝かしつけ，絶対に「うつぶせ寝」にしない。特に寝返り
> 　ができない赤ちゃんのうつ伏せは絶対に禁止である。もし寝返りを
> 　して子どもがうつ伏せになったときには，仰向けになおす。
> ❷ 熱性けいれんやチアノーゼなど体調の変化が起きる場合に備え，常
> 　に赤ちゃんの表情や顔色が見えるように，明るい部屋で寝かせる。
> ❸ 保育者は配置基準以上を必ず配置し，タイマーを使って体に触れ，
> 　確実に呼吸チェックをする（0～1歳は5分に1回を推奨）
> ❹ 寝具やぬいぐるみなどが顔にかからないよう，また突然の地震など
> 　で物が落ちてこないよう，ベッドや布団の配置や周囲にあるものに
> 　気をつける。

　園では子どもの午睡中に昼休みをとったり，会議をしたり，書類の記入を
する時間に当てることもあるが，午睡中は実は死亡事故がもっとも多い時間
帯であることをふまえ，保育者がしっかりと午睡を見守る体制を作ることが
重要である。

❸　食事中の事故を防ぐために

　近年，前述の4つのルールを守る園が増えたことから認可保育施設での睡
眠中の事故は減っている。その一方で目立つのが，食事中の食べものによる
窒息事故である。食事以外でも，おもちゃを誤嚥（ごえん）して窒息することもあるの
で，遊びの時間にも注意しなければならない。普段から誤嚥チェッカーや誤
嚥防止ルーラーなどのスケールを用いて，食べものやおもちゃの大きさに気
をつけるようにすると良い。スケールを常に用意するのは大変なので，自
分の親指と人差し指で丸い輪を作りその直径を測っておいたり，指の長さを
計っておくなどして，だいたいの大きさを把握できるようにしておくのが良
いだろう。具体的には3歳児の口の大きさは約40mmと言われており，そ
の前後の大きさのものは子どもの口に入り，窒息する危険がある。
　誤嚥，窒息につながりやすい食材として，以下のようなものがあげられる。

> ❶ 弾力があるもの ➡ こんにゃく，きのこ，練り製品など
> ❷ なめらかなもの ➡ 熟れた柿やメロン，豆類など
> ❸ 球形のもの ➡ プチトマト，乾いた豆類など
> ❹ 粘着性が高いもの ➡ 餅，白玉団子，ごはんなど
> ❺ 固いもの ➡ かたまり肉，えび，いかなど
> ❻ 唾液を吸うもの ➡ パン，ゆで卵，さつま芋など
> ❼ 口の中でばらばらになりやすいもの ➡ ブロッコリー，ひき肉など

表 14-2
誤嚥，窒息につながりや
すい食材
（出典：内閣府「事故防止ガ
イドライン」から「誤嚥・
窒息事故防止マニュアル—
安全に食べるためには」〈浦
安市作成〉）

168

行事との関連も注意したい。たとえば節分の**豆まき**の豆で窒息する例があり，現在では国から豆まきはしないようにという通達が出ている。また小さな積み木やままごと用の野菜を模した木のおもちゃを喉に詰まらせる例もあり，食べもの以外にも十分に注意する必要がある。小さなおもちゃを口に入れるかどうかは，子どもの認知力にも関わってくるので，「何歳クラスなら使ってよい」というように年齢で区切るのではなく，自分が関わる子ども一人一人の認知力がどのような状態であるかをきちんと把握しておく必要があるだろう。

❹　プール活動・水遊び中の事故を防ぐために

3歳以上の園児の死亡事故で最も多いのが，プールや水遊び中の事故である。これまでの事故の例をみると，「自由に泳いで良いよ」と子どもたちをプールで自由に泳がせていた時に溺れて亡くなる例がほとんどである。そこでプール遊びの際には子どもを自由に遊ばせることは禁止され，必ず「**監視**」の人をつけなければならなくなった。監視を付けられない場合にはプール活動を中止するように勧められている。

プール活動はこれまで幼児の夏の大きな活動であったが，監視を付けなければできないものになり，「子ども主体」とは真逆の活動になってしまった。しかし「幼稚園教育要領」「保育所保育指針」「幼保連携型認定こども園教育・保育要領」のいずれにも「プール遊びをする」という記載はないことから，特に園で無理に行うべき活動でもないと考えられる。さらにコロナ禍ではプール遊びにも規制があったことから，この数年でプール遊びを止めてしまった園も少なくないのが現状だ。子どもの安全を第一に考え，水をかけあったり，たらいのような小さなものに水を汲んで使ったりするなど監視が不要な水遊びを楽しく行うことの方が良いと考えるのも一つの方策である。特に夏休み中の活動では夏休みを交代でとるために保育者の人数がギリギリであることも多いことから，保育者の人数と子どもの人数を照らし合わせ，監視者が付けられない状態であれば別の遊びにシフトすることが求められる。

4．園での防災

日本は災害の多い国である。1995年の阪神・淡路大震災以降，2011年の東日本大震災，2016年の熊本地震，鳥取県中部地震，2018年の北海道胆振東部地震，2024年の能登半島地震など，全国各地で大きな地震が相次いでいる。特に2011年の東日本大震災は，園が開園している時間に大地震と津波が起きたことから，子どもたちの避難のあり方について大きな課題が

豆まき：
消費者庁のホームページには詳しく掲載されている。5歳までの子どもには豆を食べさせないようにすることが示されている。

監視：
「プール活動・水遊び監視のポイント」（消費者庁）

生まれた。

　また，地震だけでなく 2018 年の西日本豪雨，2019 年の台風 19 号による関東甲信越の広範囲にわたる災害など，大雨による洪水で被災する園もあり，園での防災のあり方は，最も喫緊の課題となっている。

❶　地震・津波にどう対応するか

　園が開園している時間に起きた最も大きな災害は 2011 年の東日本大震災である。震源に近い東北地方，関東，北海道の沿岸部では，津波も発生し，多くの被害が出た。三陸地方では大津波から逃れるために必死で子どもたちを連れてガケのような急斜面を駆け上がり，なんとか命をつないだ園もある。

　大震災はいつ，どこで起きるかわからない。日本に住んでいる以上，園では日頃から様々な視点から安全対策を講じておく必要がある。保育者一人一人が，様々なパターンを考え，平時から災害が起きた場合のことを想定しておかなければならない。

　たとえば，単純に地震だけであれば，園舎の耐震化を行うことがまず第一に求められる。園舎が倒壊しなければ，子どもたちの命は守られるからだ。散歩，遠足，園外活動などで子どもたちが園外に出ている場合に地震が起きることもあることから，保育者は普段から散歩等の際には近隣の様子に注意を払い，どの道がどこにつながっているか，どの道を通るのが最も安全かを考えておく必要がある。津波の可能性がある地域では，あらかじめどこにどのように逃げるのかを想定したマップを作成しているはずだが，東日本大震災では，建物が倒壊して予定していたルートを通れなくなった事例もある。やはり普段から通勤の際や散歩をする際などに「ここで津波が来たら，どこにどのように逃げるか」と考えておくとよいだろう。避難訓練は現実に則したものであることが求められる。前述した，大津波から逃げるために急斜面をかけ上がった園では，今も園長だけがいつやるか知っているという，抜き打ちの避難訓練をしているという。

　東日本大震災では，園にとどまった子どもたちは助かったが，家に帰った子どもたちの中に津波で死亡した事例が多かった。津波がなくても大地震の後はたびたび余震が起き，家で子どもと過ごすのも不安になるものである。そこで「家に帰さないで園にとどまる」という方法もある。子どもにとっても大人にとっても最も危険で不安な時間を，親しい保育者や保護者同士が集まり，協力して乗り越えるのも一つの有効な対策である。

2 大雨による洪水にどう対応するか

大雨による洪水は，天気予報であらかじめある程度のことが予測できる災害である。もし大雨の予想が出ていれば，自治体の判断によっては事前に休園にできる場合もある。これまでには子どもの送迎の際に保護者が溢れた水に巻き込まれた事例もあり，大雨の際に外に出ることには大きな危険があることは知っておくべきである。

園のある場所にどれくらいの水害の危険があるかは，ハザードマップを使って調べておく必要がある。最近では予想を超えたゲリラ豪雨によって，ハザードマップではそれほど危険ではないとされた地域でも災害につながる場合があるので油断は禁物である。保育者一人一人がそういった災害についても敏感になり，普段から情報をキャッチしておくべきである。

5．ま と め

園での安全は毎日の平凡な作業の積み重ねから成り立つものである。たとえば，場面が変わるごとに子どもの人数確認を確実に行い，出席や欠席の確認をしっかりと行うこと，ここに示した「くう・ねる・みずあそび」の場面での安全対策をしっかり行うことなど，気を緩めることなく保育者が一つずつ丁寧に対応していくことが求められる。愚直に見えるかもしれないそれらの作業を，保育者同士が連携し，関わりあいながら行っていかなければならない。

保育は人間同士の関わり合いの営みである。一人一人の保育者同士が信頼し合い，語らい合い，分かち合い，子どもたちの命を守ることを最も大きな使命として積み重ねていくことが最も大切なことである。

（猪熊）

課題1　保育園では散歩や遠足の他，災害時の避難などのため，子どもの命と安全を確保しながら園外で保育をすることがある。この時，保育者は非常時（危機管理）として携帯するバックやリュックを用意しているが，その中にはどのような物品が必要か考えてみよう。実習施設で実際の物品を見せてもらい確認しよう。

第5章　保育の社会的役割と責任

第15講

子ども家庭福祉と保育

　保育者の主な職務は，保育を必要とする子どもに対して保育を行い，その健全な心身の発達を図ることである。その目的を達成するためには，子どもへの関わりだけでなく，家庭との連携が不可欠である。本講では，子どもの権利について考えた上で，子ども家庭福祉の観点から保育における子育て支援について考えていきたい。

1. 子どもの権利

　子どもは身体的・精神的に未熟な存在であり，大人や社会による保護が不可欠であるが，一方で，一人の人間として自分の意思や意見をもっており，子どもの人権は尊重されなければならない。ここでは，子どもの権利とは何か，子どもの権利を守る制度等について見ていきたい。

❶　保育者と子どもの権利

　「保育所保育指針」第1章総則では「保育所は，子どもの人権に十分配慮するとともに，子ども一人一人の人格を尊重して保育を行わなければならない」と保育所の社会的責任について規定されているが，子どもの尊厳や人権を守ることは保育所の使命であるといえる。そのため，保育者一人一人が子どもの権利とは何かについて十分に理解して子どもと関わっていくことが必

要である。

❷　子どもの権利をめぐる国際的動向

　20 世紀に起こった二度の世界大戦は，子どもの犠牲や戦災孤児問題など
を生じさせ，世界中の多くの子どもが苦しめられた。第一次世界大戦では多
くの子どもがいのちを落としたため，その反省から国際的に子どもの権利を
守る取り組みが進められた。1924 年には国際連盟において「**児童の権利に
関するジュネーブ宣言**」が採択され，人類は子どもに対して最善のものを与
える義務を負うとして，5 つの原則が掲げられた。

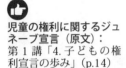

児童の権利に関するジュ
ネーブ宣言（原文）：
第 1 講「4. 子どもの権
利宣言の歩み」（p.14）

　第二次世界大戦後には，世界中の一人一人が豊かで幸せに生きる人権が保
障された世界平和の実現を目指し，国際連合で 1948 年に全ての人は平等で
あり同じ権利があるという「世界人権宣言」が採択され，1959 年にはジュ
ネーブ宣言を拡大した「児童の権利に関する宣言」も採択された。しかし，ジュ
ネーブ宣言や児童の権利に関する宣言は，各国が道義的責任において遵守す
るという性質であり拘束力をもたないものであったため，実効性に乏しいと
いう問題があった。
　子どもの権利を守る取り組みが難航する中，国際連合は児童の権利に関す
る宣言が採択されてから 20 周年を迎えたのを機に 1979 年を国際児童年と
定め，改めて世界の子どもの問題に目を向けるよう促すとともに，効力をも
つ条約を制定することによって，国際社会が子どもの権利を保障するための
体制づくりに着手し始めた。こうして，児童の権利に関する宣言採択 30 周
年である 1989 年に児童の権利に関する条約が採択され，国際的に子どもの
権利が拘束力をもつ形で明確化されたのである。日本は，1994 年に条約に
批准している。

❸　児童の権利に関する条約

児童の権利に関する条
約：
第 1 講「3. 子どもの最
善の利益と保育」（p.12）

　「児童の権利に関する条約」の基本的な考え方は，4 つの原則に表されて
いる。
　また，「児童の権利に関する条約」は第 1 部から第 3 部に分かれ，全 54
条で構成されているが，第 1 部の第 1 条から第 41 条において様々な子ども
の権利が定められている。これらの権利は大きく以下の**4 つの権利**として
表すことができる。

生きる権利
　　すべての子どもの命が守られること
育つ権利
　　もって生まれた能力を十分に伸ばして成長できるよう，医療や教育，
　　生活への支援などを受け，友達と遊んだりすること
守られる権利
　　暴力や搾取，有害な労働などから守られること
参加する権利
　　自由に意見を表したり，団体を作ったりできること

表 15-1
4 つの権利

❹　子どもの権利を守る日本の制度

　日本では，第二次世界大戦後の 1947 年に全ての子どもを対象とした総合的な児童福祉の法律として，児童福祉法が制定された。

　1951 年には「**児童憲章**」が 5 月 5 日に制定され，以後，5 月 5 日は子どもの日となった。「児童憲章」は法律ではなく，実効性をもつ性質のものではないが，子どもの権利を守る社会づくりの礎として，福祉関係者が大切にしている宣言である。

　われらは，日本国憲法の精神にしたがい，児童に対する正しい観念を確立し，すべての児童の幸福をはかるために，この憲章を定める。

　　児童は，人として尊ばれる。
　　児童は，社会の一員として重んぜられる。
　　児童は，よい環境のなかで育てられる。

一　すべての児童は，心身ともに，健やかにうまれ，育てられ，その生
　　活を保障される。
二　すべての児童は，家庭で，正しい愛情と知識と技術をもつて育てら
　　れ，家庭に恵まれない児童には，これにかわる環境が与えられる。
三　すべての児童は，適当な栄養と住居と被服が与えられ，また，疾病
　　と災害からまもられる。
四　すべての児童は，個性と能力に応じて教育され，社会の一員として
　　の責任を自主的に果すように，みちびかれる。
五　すべての児童は，自然を愛し，科学と芸術を尊ぶように，みちびか
　　れ，また，道徳的心情がつちかわれる。
六　すべての児童は，就学のみちを確保され，また，十分に整つた教育
　　の施設を用意される。
七　すべての児童は，職業指導を受ける機会が与えられる。
八　すべての児童は，その労働において，心身の発育が阻害されず，教
　　育を受ける機会が失われず，また児童としての生活がさまたげられ
　　ないように，十分に保護される。
九　すべての児童は，よい遊び場と文化財を用意され，悪い環境からま
　　もられる。

表 15-2
児童憲章（1951.5.5）

> 十　すべての児童は，虐待，酷使，放任その他不当な取扱からまもられ
> 　　る。あやまちをおかした児童は，適切に保護指導される。
> 十一　すべての児童は，身体が不自由な場合，または精神の機能が不充
> 　　分な場合に，適切な治療と教育と保護が与えられる。
> 十二　すべての児童は，愛とまことによつて結ばれ，よい国民として人
> 　　類の平和と文化に貢献するように，みちびかれる。

　日本では近年まで，子どもの権利に関して法律上で明文化されていなかっ
た。「児童の権利に関する条約」を批准した 1994 年以降も，日本にはすでに十分に子どもの権利が守られる法体系であるとして明文化はされてこなかったが，2016 年の児童福祉法改正において，第 1 条が「全て児童は，児童の権利に関する条約の精神に則り，適切に養育されること，その生活を保障されること，愛され，保護されること，その心身の健やかな成長及び発達並びにその自立が図られることその他の福祉を等しく保障される権利を有する」と明文化されるようになった。以後，子どもの「貧困対策推進法」や「成育基本法」などでも児童の権利に関する条約について触れられるようになった。

　さらに，2023 年に施行された「**こども基本法**」において，子どもの権利について明文化されるようになった。「こども基本法」は，子どもの権利を守り，社会全体で子どもの成長を支えるための施策を行うための法律である。

　第一条の「目的」において子どもの権利を守るための法律であるということを示した上で，第三条において子どもの権利についてより具体化された 6 つの理念が明記されている。

　その内，1 号から 4 号までが児童の権利に関する条約における「差別の禁止」「生命，生存及び発達に対する権利」「子どもの意見の尊重」「子どもの最善の利益」の 4 原則に対応し，5 号では子どもの養育について，6 号では子育てについての基本理念がそれぞれ定められている。

> 第一章　総則
> （目的）
> 第一条　この法律は，日本国憲法及び児童の権利に関する条約の精神に
> 　　のっとり，次代の社会を担う全てのこどもが，生涯にわたる人格形成
> 　　の基礎を築き，自立した個人としてひとしく健やかに成長することが
> 　　でき，心身の状況，置かれている環境等にかかわらず，その権利の擁
> 　　護が図られ，将来にわたって幸福な生活を送ることができる社会の実
> 　　現を目指して，社会全体としてこども施策に取り組むことができるよ
> 　　う，こども施策に関し，基本理念を定め，国の責務等を明らかにし，
> 　　及びこども施策の基本となる事項を定めるとともに，こども政策推進
> 　　会議を設置すること等により，こども施策を総合的に推進することを
> 　　目的とする。

第三条　こども施策は，次に掲げる事項を基本理念として行われなければならない。
　一　全てのこどもについて，個人として尊重され，その基本的人権が保障されるとともに，差別的取扱いを受けることがないようにすること。
　二　全てのこどもについて，適切に養育されること，その生活を保障されること，愛され保護されること，その健やかな成長及び発達並びにその自立が図られることその他の福祉に係る権利が等しく保障されるとともに，教育基本法（平成十八年法律第百二十号）の精神にのっとり教育を受ける機会が等しく与えられること。
　三　全てのこどもについて，その年齢及び発達の程度に応じて，自己に直接関係する全ての事項に関して意見を表明する機会及び多様な社会的活動に参画する機会が確保されること。
　四　全てのこどもについて，その年齢及び発達の程度に応じて，その意見が尊重され，その最善の利益が優先して考慮されること。
　五　こどもの養育については，家庭を基本として行われ，父母その他の保護者が第一義的責任を有するとの認識の下，これらの者に対してこどもの養育に関し十分な支援を行うとともに，家庭での養育が困難なこどもにはできる限り家庭と同様の養育環境を確保することにより，こどもが心身ともに健やかに育成されるようにすること。
　六　家庭や子育てに夢を持ち，子育てに伴う喜びを実感できる社会環境を整備すること。

表 15–3
こども基本法
（令和 4 年　法律第 77 号）

🖬　子どもの権利の日本における状況

　ここまで「子どもの権利」に関する法制度等について説明してきたが，日本において「子どもの権利」に関する理解は不十分である現状がある。

　セーブ・ザ・チルドレン・ジャパンが行った調査では，児童の権利に関する条約について内容まで知っていると回答した割合が子ども 8.9％，大人 2.2％であり，聞いたことがないと回答した割合が子ども 31.5％，大人 42.9％という結果であり，「児童の権利に関する条約」に関して十分に知られていないことが示されている。また，同調査において，子どもの権利が尊重されていると回答した子どもが 18.7％，尊重していると回答した大人が 31.0％という結果も示されている。

セーブ・ザ・チルドレン・ジャパン：
「子どもの権利条約」採択 30 年，日本批准 25 年にあたり 2019 年夏に全国の 15 歳から 80 代までの 3 万人を対象に子どもの権利に関する大規模な意識調査を行った。

　なお，児童の権利に関する条約第 42 条では「締約国は、適当かつ積極的な方法でこの条約の原則及び規定を成人及び児童のいずれにも広く知らせることを約束する」と，広報義務が課せられており，児童の権利に関する条約の履行はまだ道半ばといえる。保育者は，子どもに関する専門家として，子どもの権利が守られるよう，こうした状況に対する問題意識をもつことが望ましい。

2．子ども家庭福祉

　「教育基本法」第10条において「父母その他の保護者は，子の教育について第一義的責任を有する」と規定され，また「こども基本法」第5条の5においても同様に子どもの養育の基本は家庭であることが明記されており，子どもの権利を守るためには，家庭を踏まえる必要がある。どの家庭も様々な問題を抱えていることが多く，家庭を含めた支援が求められるようになってきている。そのため，近年，従来使われていた児童福祉という言葉から子ども家庭福祉という言葉が使われるようになった。

　ここでは，「子ども家庭福祉」とは何か，また，「子ども・子育て支援新制度」や保育所における子育て支援の役割は何かについて見ていきたい。

❶　子ども家庭福祉

　「子ども家庭福祉」とはどのようなものであろうか。

　柏女（2014）によると，子ども家庭福祉とは「理念的に人格主体として理解されつつ，実際には自己の立場を主張し守り難い子ども並びにその子どもが生活する基盤である家庭を対象とし，子どもが生存し，発達し，自立しようとする際に出会う様々な困難に対し，子どもや家庭と環境との接点にあって，社会統合や一定の社会的価値並びに子ども家庭福祉にかかわる根源的な価値追求その他を理念として，子ども並びに家庭のウェルビーイングの実現のために，国，地方公共団体，法人，私人等が行う子どもや家庭及び関係者を対象とする実践及び法制度の総体である」と定義される。

　子どもの権利を踏まえて，子どもが保護を必要とする立場に置かれていることを考慮し，子どもの生活基盤である家庭も含めて，子どもと家庭のウェルビーイングの実現のために行われる実践や法制度が子ども家庭福祉であり，保育，子育て支援，児童虐待，社会的養護，子どもの健全育成，母子保健，障がい児福祉，少年非行，貧困家庭への支援等，様々な領域が含まれている。近年，少子化や核家族化の進行，共働き家庭の増加，地域のつながりの希薄化，子育て家庭の孤立，待機児童問題，保育ニーズの多様化等を背景に，子ども家庭福祉の重要性がますます高まってきている。

❷　子ども・子育て支援新制度

子ども・子育て支援新制度：
第6講「子ども・子育て支援新制度」(p.65)

　子育て支援に関する近年の大きな動きとして，「**子ども・子育て支援新制度**」の施行がある。「**子ども・子育て支援新制度**」とは，幼児期の学校教育や保育,

地域の子育て支援の質と量の向上を目指し，「子ども・子育て支援法」「就学前の子どもに関する教育，保育等の総合的な提供の推進に関する法律の一部を改正する法律」「子ども・子育て支援法及び就学前の子どもに関する教育，保育等の総合的な提供の推進に関する法律の一部を改正する法律の施行に伴う関係法律の整備等に関する法律」の３つの法律（子ども・子育て関連３法）に基づき，2015 年に施行された制度である。

この制度のポイントは以下の７つにまとめられている。

❶ 認定こども園，幼稚園，保育所を通じた共通の給付（「施設型給付」）及び小規模保育等への給付（「地域型保育給付」）の創設	• 地域型保育給付は，都市部における待機児童解消とともに，子どもの数が減少傾向にある地域における保育機能の確保に対応
❷ 認定こども園制度の改善（幼保連携型認定こども園の改善等）	• 幼保連携型認定こども園について，認可・指導監督の一本化，学校及び児童福祉施設としての法的位置づけ • 認定こども園の財政措置を「施設型給付」に一本化
❸ 地域の実情に応じた子ども・子育て支援（利用者支援，地域子育て支援拠点，放課後児童クラブなどの「地域子ども・子育て支援事業」）の充実	
❹ 市町村が実施主体	• 市町村は地域のニーズに基づき計画を策定，給付・事業を実施 • 国・都道府県は実施主体の市町村を重層的に支える
❺ 社会全体による費用負担	• 消費税率の引き上げによる，国及び地方の恒久財源の確保を前提
❻ 政府の推進体制	• 制度ごとにバラバラな政府の推進体制を整備（内閣府に子ども・子育て本部を設置）
❼ 子ども・子育て会議の設置	• 国に有識者，地方公共団体，事業主代表・労働者代表，子育て当事者，子育て支援当事者等（子ども・子育て支援に関する事業に従事する者）が，子育て支援の政策プロセス等に参画・関与することができる仕組みとして，子ども・子育て会議を設置 • 市町村等の合議制機関（地方版子ども・子育て会議）の設置努力義務

この制度では，幼保一体型の認定こども園の設立を促進するとともに，小規模保育，家庭的保育，居宅訪問型保育，事業所内保育への財政支援を創設することによって，保護者の保育料負担を軽減し，待機児童問題の解消を図っている。また，子育て支援を市町村が主体となり，地域の実情に即して実施できる「13 の地域子ども・子育て支援事業」を定め，多様な保育ニーズに応える事業を展開できるようになった。

❸　地域子ども・子育て支援事業

「地域子ども・子育て支援事業」のうち，特に保育所と関わりが深い事業について見ていきたい。

「地域子育て支援拠点事業」は，乳幼児及びその保護者が相互の交流を行う場所を開設し，子育てについての相談，情報の提供，助言その他の援助を行う事業であり，保育所や公共施設，児童館等の地域における身近な場所で

表 15–4
子ども・子育て支援３法の主なポイント
（内閣府子ども・子育て本部「子ども・子育て支援新制度について」2022）

13 の地域子ども・子育て支援事業：
利用者支援事業，延長保育事業，実費徴収に係る補足給付を行う事業，多様な事業者の参入促進・能力活用事業，放課後児童健全育成事業，乳児家

庭全戸訪問事業，養育支援訪問事業・子どもを守る地域ネットワーク機能強化事業，地域子育て支援拠点事業，一時預かり事業，病児保育事業，子育て援助活動支援事業（ファミリー・サポート・センター事業），妊婦検診である。

第6講「2. 新制度の概要」
5地域子ども・子育て支援事業（13事業）」(p.67)

開設されている。

「延長保育事業」は，保育認定を受けた子どもについて，通常の利用日及び利用時間以外の日及び時間において，保育所等で保育を実施する事業である。一方，「一時預かり事業」は，家庭において保育を受けることが一時的に困難となった乳幼児について，保育所等や地域子育て支援拠点その他の場所で一時的に預かり，必要な保護を行う事業である。

また，「病児保育事業」は，病児について，病院・保育所等に付設された専用スペース等において，看護師等が一時的に保育等を実施する事業である。保護者の就労等のために自宅での子どもの療養が困難になる場合の支援として実施されている。

❹ 保育所における子育て支援の役割

子育てについての悩みを抱える保護者が増え，家庭での養育力の低下や児童虐待の増加を背景に，「保育所保育指針」の2008年改定において「保護者に対する支援」の章が新設され，さらに2018年改定で「子育て支援」という名称に変更された。保育所には，保育所を利用している保護者だけでなく，地域を含めた子育て支援の実施が求められている。

「保育所保育指針」第1章総則において，保育所の役割として，家庭や地域の様々な社会資源との連携を図りながら，保護者への支援や地域の子育て家庭に対する支援を行うことや，保護者に対する保育に関する指導を行うことが明記されている。その際には，保護者の状況や意向を理解，受容し，親子関係や家庭生活等に配慮しながら援助する必要がある。

また，第4章子育て支援では，保育所における子育て支援に関する基本的事項，保育所を利用している保護者に対する子育て支援，地域の保護者等に対する子育て支援について記載されており，保護者との信頼関係や地域での連携体制の構築，保護者への情報提供，秘密保持等の取り組むべき事項が具体化されている。子どもに障がいや発達上の課題が見られる場合や，外国籍家庭などの特別な配慮を必要とする家庭においては，個別の支援を行うよう努めることなど，多様な保育ニーズにきめ細やかに対応することも求められている。こうした子育て支援は，保護者及び地域が有する子育てを自ら実践する力の向上に寄与するために行われるものであり，保護者が子どもの成長に気付き子育ての喜びを感じられるように，保育所が積極的に子育て支援を行うことが大切である。

3. 児童虐待

　児童の権利に関する条約の前文において「児童が，その人格の完全なかつ調和のとれた発達のため，家庭環境の下で幸福，愛情及び理解のある雰囲気の中で成長すべきである」と示されているように，すべての子どもには，適切な教育を受け，健やかに育つ権利がある。こうした権利を侵害される問題のひとつが児童虐待である。全国の児童相談所における児童虐待に関する相談件数は年々増加しており，中には児童虐待によって命を落とす子どももいる。保育者は子どもの命や権利を守るためにも，虐待防止に努める必要がある。

❶　児童虐待とは

　児童虐待は，児童虐待の防止等に関する法律第 2 条において，身体的虐待，性的虐待，ネグレクト，心理的虐待の 4 種類に分類され，定義されている。

身体的虐待	殴る，蹴る，叩く，投げ落とす，激しく揺さぶる，やけどを負わせる，溺れさせる，首を絞める，縄などにより一室に拘束する等の行為を指す。
性的虐待	子どもへの性的行為，性的行為を見せる，性器を触る又は触らせる，ポルノグラフィの被写体にする等の行為を指す。
ネグレクト	家に閉じ込める，食事を与えない，ひどく不潔にする，自動車の中に放置する，重い病気になっても病院に連れて行かない等の行為を指す。
心理的虐待	大声や脅しなどで恐怖に陥れる，無視や拒否的な態度をとる，著しくきょうだい間差別をする，自尊心を傷つける言葉を繰り返し使って傷つける，子どもがドメスティック・バイオレンスを目撃する，などを指します。

表 15-5
虐待の種類

　なお，しつけの名目で身体的虐待に繋がる不適切な養育が行われていることがあったため，2020 年の児童虐待の防止等に関する法律の改正において，保護者による体罰の禁止が明確化された。

（児童虐待の定義）

第二条　この法律において，「児童虐待」とは，保護者（親権を行う者，未成年後見人その他の者で，児童を現に監護するものをいう。以下同じ。）がその監護する児童（十八歳に満たない者をいう。以下同じ。）について行う次に掲げる行為をいう。

一　児童の身体に外傷が生じ，又は生じるおそれのある暴行を加えること。

二　児童にわいせつな行為をすること又は児童をしてわいせつな行為をさせること。

三　児童の心身の正常な発達を妨げるような著しい減食又は長時間の放置，保護者以外の同居人による前二号又は次号に掲げる行為と同様の行為の放置その他の保護者としての監護を著しく怠ること。

四　児童に対する著しい暴言又は著しく拒絶的な対応，児童が同居する家庭における配偶者に対する暴力（配偶者（婚姻の届出をしていないが，事実上婚姻関係と同様の事情にある者を含む。）の身体に対する不法な攻撃であって生命又は身体に危害を及ぼすもの及びこれに準ずる心身に有害な影響を及ぼす言動をいう。）その他の児童に著しい心理的外傷を与える言動を行うこと。

表 15–6
児童虐待の防止等に関する法律
（平成 12 年　法律第 82 号）

2　児童虐待の現状

全国の児童相談所が対応した児童虐待の内容別相談件数は，2021 年度は 207,660 件であり，2012 年度と比べると約 3.1 倍と急激に増加している。近年は増加率が低い傾向にあるが，少子化が進んでいる状況を鑑みると，子どもの人数自体は減少傾向にあるため，子ども全体の人数比で児童虐待が生じている割合で見ると報告件数の増加率よりも状況は悪いことが考えられる。

2021 年度の児童虐待について内容別に見ると，身体的虐待が 49,241 件（23.7％），性的虐待が 2,247（1.1％），ネグレクトが 31,448（15.1％），心理的虐待が 124,724（60.1％）であり，心理的虐待の割合が最も高いことが分かる。2012 年度では身体的虐待の割合が最も高い状況であったが，身体的虐待，性的虐待，ネグレクトの割合は年々減少傾向にあり，心理的虐待の割合は増加傾向が見られる。ただし，発生件数から見てみると，身体的虐待，性的虐待，ネグレクト，心理的虐待全てにおいて年々増加傾向が見られ，特に心理的虐待の割合については，2012 年度と比べて約 5.5 倍に急増している。

年　度	総　数	増加率	内　訳			
			身体的虐待	性的虐待	ネグレクト	心理的虐待
2012	66,701 件	+11.3%	23,579(35.4%)	1,449(2.2%)	19,250(28.9%)	22,423(33.6%)
2013	73,802 件	+10.6%	24,245(32.9%)	1,582(2.1%)	19,627(26.6%)	28,348(38.4%)
2014	88,931 件	+20.5%	26,181(29.4%)	1,520(1.7%)	22,455(25.2%)	38,775(43.6%)
2015	103,286 件	+16.1%	28,621(27.7%)	1,521(1.5%)	24,444(23.7%)	48,700(47.2%)
2016	122,575 件	+18.7%	31,925(26.0%)	1,622(1.3%)	25,842(21.1%)	63,186(51.5%)
2017	133,778 件	+9.1%	33,223(24.8%)	1,537(1.1%)	26,821(20.0%)	72,197(54.0%)
2018	159,838 件	+19.5%	40,238(25.2%)	1,730(1.1%)	29,479(18.4%)	88,391(55.3%)
2019	193,780 件	+21.2%	49,240(25.4%)	2,077(1.1%)	33,345(17.2%)	109,118(56.3%)
2020	205,044 件	+5.8%	50,035(24.4%)	2,245(1.1%)	31,430(15.3%)	121,334(59.2%)
2021	207,660 件	+1.3%	49,241(23.7%)	2,247(1.1%)	31,448(15.1%)	124,724(60.1%)

　虐待を受けた子どもの年齢別に，児童虐待の報告件数や内容の割合を見てみると，未就学児の報告件数が多い傾向にあり，3歳をピークに減少傾向が見られる。報告内容については，年齢が高くなるにつれて，身体的虐待と性的虐待の割合が増加し，ネグレクトと心理的虐待の割合が減少する傾向が見られる。保育者は，未就学児の児童虐待報告件数の割合が多いことや，特に心理的虐待やネグレクトの割合が高いことには留意する必要があろう。

表 15-7
児童虐待の報告件数の年次推移
（こども家庭庁「令和 3 年度児童相談所での児童虐待対応件数」2023）

年　齢	件　数	身体的虐待	性的虐待	ネグレクト	心理的虐待
0 歳	11,791 件	9.8%	0.1%	19.1%	71.0%
1 歳	13,593 件	10.8%	0.1%	13.8%	75.3%
2 歳	13,368 件	14.3%	0.2%	14.4%	71.0%
3 歳	14,035 件	17.4%	0.4%	15.5%	66.7%
4 歳	13,142 件	19.6%	0.5%	16.1%	63.8%
5 歳	12,785 件	20.1%	0.8%	16.1%	63.2%
6 歳	12,653 件	22.7%	0.8%	16.3%	60.2%
7 歳	12,382 件	25.7%	0.7%	15.5%	58.0%
8 歳	11,954 件	26.4%	0.8%	15.4%	57.4%
9 歳	11,837 件	27.0%	0.9%	15.1%	57.1%
10 歳	11,784 件	27.6%	1.2%	15.7%	55.4%
11 歳	11,548 件	29.6%	1.5%	14.7%	54.3%
12 歳	11,430 件	30.0%	1.9%	14.2%	53.9%
13 歳	11,255 件	33.3%	2.1%	13.9%	50.8%
14 歳	10,231 件	32.1%	2.3%	14.4%	51.3%
15 歳	8,671 件	31.3%	2.3%	14.1%	52.2%
16 歳	7,361 件	33.2%	2.5%	11.9%	52.3%
17 歳	6,572 件	30.5%	2.7%	13.3%	53.5%
18 歳	1,268 件	31.5%	4.0%	19.5%	45.0%
総　数	207,660 件	23.7%	1.1%	15.1%	60.1%

表 15-8
2021 年度年齢別虐待報告件数
（厚生労働省「令和 3 年度福祉行政報告例」2023）

虐待を行った主たる者を見ると，2021年度では，実父が41.5%，実母が47.5%，実父以外の父親が5.4%，実母以外の母親が0.5%，その他（祖父母，叔父・叔母等）が5.2%であった。この傾向は過去と比較しても概ね変化はなく，実母からの虐待が最も多く，次いで実父からの虐待が多い。

表15-9 虐待者別構成割合の年次推移
（厚生労働省「令和3年度福祉行政報告例」2023）

年度	実父	実母	実父以外の父親	実母以外の母親	その他
2017	40.7%	46.9%	6.1%	0.6%	5.7%
2018	41.0%	47.0%	5.8%	0.5%	5.7%
2019	41.2%	47.7%	5.4%	0.4%	5.3%
2020	41.3%	47.4%	5.3%	0.4%	5.6%
2021	41.5%	47.5%	5.4%	0.5%	5.2%

近年，保育所や認定こども園等においても児童虐待が行われていたという事案が報告されており，2022年にはこども家庭庁により「保育所等における虐待等の不適切な保育への対応等に関する実態調査」が行われた。

調査の結果から，保育所において，子どもに対して不適切な関わりが行われている報告が931件確認された。不適切な関わりの内容としては，子ども一人一人の人格を尊重しない関わりが394件，物事を強要するような関わりや脅迫的な言葉掛けが343件，罰を与える・乱暴な関わりが284件，子ども一人一人の育ちや家庭環境への配慮に欠ける関わりが123件，差別的な関わりが44件，その他が113件であった。この内，虐待と確認された事案は97件にのぼった。

こうした状況を受けて，こども家庭庁は2023年5月に「保育所等における虐待等の防止及び発生時の対応等に関するガイドライン」を公表し，不適切な保育や虐待等の考え方や防止，発生時の対応について保育所等に周知している。保育者は，自分自身の子どもとの関わりについても，不適切な保育となっていないかを常に見つめていくことが大切であろう。

❷ 児童虐待防止に関する保育所の役割

保育者は，日常的に子どもの様子を把握することができ，虐待を発見しやすく，また保護者にとっても身近な専門家と感じられることが多いため相談しやすいという強みを持っている。保育者には，こうした強みを生かし，児童虐待防止に向けた役割を果たすことが期待されている。

「保育所保育指針」においても，「第3章健康及び安全の1(1)ウ」や「第4章子育て支援の2(3)」において，児童虐待等の不適切な養育等が疑われた場

合には，関係機関と連携して支援にあたるよう規定されている。

　児童虐待の防止等に関する法律第 5 条においても，児童福祉施設の職員は児童虐待の早期発見に努めることや，児童虐待防止のために，子どもや保護者に対して教育や啓発に努めることが規定されている。

　また，児童福祉法第 25 条では「要保護児童を発見した者は，これを市町村，都道府県の設置する福祉事務所若しくは児童相談所又は児童委員を介して市町村，都道府県の設置する福祉事務所若しくは児童相談所に通告しなければならない。」，児童虐待の防止等に関する法律第 6 条では「児童虐待を受けたと思われる児童を発見した者は，速やかに，これを市町村，都道府県の設置する福祉事務所若しくは児童相談所又は児童委員を介して市町村，都道府県の設置する福祉事務所若しくは児童相談所に通告しなければならない。」とあり，児童虐待が疑われる子どもを発見した場合の「通告義務」が課せられている。なお，児童福祉法第 18 条の 22 において，保育所には子どもや保護者に関する情報を秘密保持義務が課せられているが，通告義務は秘密保持義務より優先される。

　児童虐待の早期発見や対応には様々な機関の連携が必要であるが，児童福祉法第 25 条の 2 において，**要保護児童対策地域協議会**（子どもを守る地域ネットワーク）を設置することが求められている。なお，協議会参加者に対しては，児童福祉法 25 条の 5 により守秘義務が課せられている。要保護児童対策地域協議会の設置は努力義務ではあるが，2017 年時点で 99.7％の市町村において設置されている。

　一人一人の保育者が児童虐待から子どもを守るためには，日頃から子どもや保護者の様子をよく観察し，疑わしい様子が見られた場合には，自治体や児童相談所と連携していくことが重要である。全国保育士会が保育者向け児童虐待防止のための研修用ワークブックとして公表している「これって虐待？子どもの笑顔を守るために」内で虐待が疑われる様子に気付くためのポイントがまとめられている。

要保護児童対策地域協議会：
虐待を受けた子どもをはじめとする要保護児童の早期発見や保護を目的として，保育所のほか，市町村や児童相談所，保健機関，医療機関，学校・教育委員会，警察，弁護士会，民生・児童委員，民間団体等の地域の関係機関間で情報や考え方を共有し，適切な連携のもとで援助を行うためのネットワークである。

場面		子どもの様子	保護者の様子
保育の場面	登園時	・着衣，頭髪の汚れ（毎日同じ服，季節感のない服，臭う等） ・不自然なあざ，ケガ，やけどがある ・ケガの理由をごまかす，つじつまが合わない ・保護者の言葉に緊張した態度（視線）を見せる ・登園が遅い，保護者が寝ている等で連れて来られない	・表情が硬い，保育者と話したがらない ・子どもに暴言を吐いたり，強引に引っ張って連れてきたりする ・コップや弁当箱等必要なものを持ってこない，不衛生なまま持たせる
	日中	・保育者が腕を上にあげただけで頭を抱えて防御態勢をとる ・叱っていなくても，すぐに「ごめんなさい」や「怒らないで」と言う ・執拗に甘えたり，怒ったり，感情の起伏が激しい ・拒絶の言葉が多い（「いや」，「触るな」等），会話や遊びが乱暴 ・元気がなくて遊べない，無気力，無反応，無表情	
	昼食時	・朝から空腹を訴える，配膳棚を何度ものぞきに行く ・異常な食欲，食事時に落ち着いて座っていられない	
	午睡時	・着替えるのを嫌がる，傷を隠そうとする ・保育者のタッピングを異常に怖がる ・眠れない，寝つきが悪い，寝言でうなされる ・保育者と一緒に寝たがる，抱きついてくる	
	降園時	・保護者の迎えを喜ばない，帰りたがらない，顔色をうかがう ・他児の保護者に必要以上に甘える	・迎えが頻繁に遅れる，怒鳴ったり命令口調で連れて帰る ・無表情で歩いて子どもが後ろを小走りで追いかけて行く
保護者と接する場面		・参観日に保護者が来ると異常に緊張した様子を見せる ・保育者が保護者と話していると怯えた表情で様子をうかがう	・子どもの様子に関心がない，家庭のことを話したがらない ・執拗に子どもを責めたり，思わず叩きそうになったりする ・参観日等の行事に全く参加しない
休み明けの場面		・無気力，機嫌が悪い，友だちへの攻撃的言動や暴力が多い ・オムツかぶれがひどくなっている，傷やあざができている ・休み中のことを聞いても答えない，または「何もない」と言う・食事を待ち望んでいる様子がある，通常とは異なる量を食べる	・傷やあざの事を弁解するように話しかけてくる
発育測定・内科検診・歯科検診の場面		・成長が遅い（身長・体重が変化なし，または減少する） ・むし歯が多い，むし歯が悪化している・治療されてない ・服で見えない所に傷やあざがある，服を脱ぎたがらない	・健康診断の日に欠席する ・乳幼児健診や予防接種を受けない ・具合が悪くても病院に行かない
そのほかの場面		・子どもが望んでいない染髪や服装をいつもさせられている ・子どもが尿意を伝えられるのに，いつもオムツで過ごさせている ・保護者の休日でも常に開所時間いっぱい預ける ・昼夜関係なく，子どもだけを家に置いて出かけることが多い	・子どもの前で夫婦喧嘩をしたり，家族に暴力をふるったりする ・子どもの年齢や状況に合った食事（離乳食を含む）を与えない

表 15-10
虐待に気付くためのポイント
（社会福祉法人全国社会福祉協議会全国保育士会「これって虐待？子どもの笑顔を守るために」2020）

（大内）

課題 1　子どもの権利を守るために必要な家庭への支援にはどのような
　　　　ものがあるのかをまとめてみよう。

課題 2　児童虐待を防止するために保育者として何ができるのかを考え
　　　　てみよう。

【参考文献】
• 柏女霊峰「子ども家庭福祉学とは何か」『淑徳大学社会福祉研究所総合福祉研究』
　21 号　2014
• こども家庭庁「令和 3 年度児童相談所での児童虐待対応件数」2023
• 厚生労働省「令和 3 年度福祉行政報告例」2023
• 厚生労働省『保育所保育指針解説』フレーベル館　2023
• 内閣府子ども・子育て本部「子ども・子育て支援新制度について」2022
• 社会福祉法人全国社会福祉協議会全国保育士会『これって虐待？子どもの笑顔を
　守るために』2020

第6章　多様化する保育ニーズと保育原理

第 16 講

特別なニーズを持った子どもの保育

1．サラマンカ声明と特別なニーズをもつ子どもの保育

　1994（平成6）年，スペインのサラマンカにおいてユネスコとスペイン政府によって開催された「特別なニーズ教育に関する世界会議：アクセスと質」（World Conference on Special Needs Education : Access and Quality）において，「特別なニーズ教育に関する**サラマンカ声明**」が採択された。

　すべての人を含み，個人主義を尊重し，学習を支援し，個別のニーズに対応する活動の必要性の認識を表明したサラマンカ声明における重要なキーワードは**インクルージョン**（inclusion）である。インクルージョンとは，包括的とか包み込むという意味である。それは特別な教育的ニーズをもつ子どもたちだけのためではなく，すべての子どもたちのためでもある，ということである。サラマンカ声明には，特に優先度の高い分野としていくつかの行動要綱が定められているが，特に幼児教育に関しては包括的（ほうかつてき）な方法で開発されなくてはならないとされている。

　以下，サラマンカ声明の条文の中から，幼児教育の重要性を謳（うた）っているものをいくつか紹介しよう。

サラマンカ声明：
インクルーシブ教育（inclusive education）のアプローチを促進するために，世界中の特別な教育的ニーズをもつ子どもたちが，差別されることなく，より効果的に教育されるために必要な基本的政策の転換を検討するとして，世界の92カ国の政府および25の国際組織を代表する300人以上の教育行政担当者，政策立案者や専門家らが出席して採択された声明。日本政府もこれに署名している。

第52条
　特別な教育的ニーズをもつ子ども・青年のインテグレーションは，以下の分野への教育開発プランに特別な配慮がなされるならば，ずっと効果的になり，成功を生むであろう。すなわち，すべての子どもたちの教育可能性を増大させる幼児教育，少女の教育および，教育の場から社会人生活への移行である。

第53条
　インクルーシブな学校の成功は，かなりの部分が特別な教育的ニーズをもつ幼児の早期発見，アセスメントおよび刺激提供に依存している。幼児のケアおよび6歳までの子どもたちのための教育計画が，身体的・知的・社会的発達と学校教育へのレディネスを促進するため，開発ならびに，もしくは再方向づけがなされる必要がある。これら計画は，障害状態が悪化するのを予防するという点で，個人，家族および社会にとって，重要な経済的価値をもっている。このレベルでの計画は，インクルージョンの原則を認識すべきであるし，就学前活動と幼児期の保健ケアを組み合わせることによって，包括的方法で開発されなければならない。

第54条
　多くの国々は，幼稚園や託児所の発展を支援することで，あるいは，地域サービス（健康・母親・幼児ケア）と学校と地域の家族，もしくは女性の組織と連携しての，家族に対する情報提供や意識の高揚を組織化することによって，幼児期の教育を促進する政策を取り入れてきている。

　サラマンカ声明から学ぶべき点としては，幼児教育・保育の場において，特別な教育的ニーズをもつ子どもたちが差別されることなく，より効果的に教育・保育がなされる必要性が求められるということがある。

2．インクルーシブ保育の重要性

❶　「障害児保育」の現在

　保育は一人一人の育ちを大切にしなくてはならない。その意味で「障害児保育」は保育の原点とも言える。
　日本の保育所のうち「障害児保育」の入所を実施している園は，その約4分の1と言われている。保育所でさえその程度の割合であるから，保育・教育内容にもよるが，より教育的である幼稚園においてはさらにハードルが高いと考えられる。また今日，制度自体は維持されていても，自治体によっては定員枠など改善されていない課題も多く，現場サイドでは閉塞状態に

陥っているのが実情である。

　一般的に，障がい児の入所を阻むものとして 3 つの壁が考えられる。

❶**制度の壁**：自治体によって入所基準が様々で統一されていないことや，地域によって格差が大きいことが問題となっている。気になる子どもの実態を重視するのか，**愛の手帳**を重視するのかによっても異なるし，保育に欠ける，親が就労していることが第一条件という自治体もある。実際に障がいを持つ子どもを抱える保護者が，子どもの通院，リハビリ，療育訓練等の事情で，正規雇用での就労が困難となる場合も多い。自治体側の財政的な問題も大きい。「障害児保育」は手厚く保育者を配置しなくてはならず，多くの補助金を必要とするため，財政不足の自治体では敬遠されやすくなるのである。また，待機児童の問題，保育所不足，公立保育所優遇の姿勢，私立保育園に依存する姿勢，私立保育園に対する補助の格差など多くの課題を抱えている。

❷**保育士・幼稚園教諭の壁**：保育所や幼稚園における「障害児保育」の観点から言えば，保育者の技術・経験不足，保育者が持つ仕事への不安，保育者自身の偏見や差別意識，障がいに対する無理解，医療的知識の不足など様々な問題が存在する。障がい児を保育することはたやすいことではない。短大や専門学校での勉強だけではとても十分とは言えず，複雑で難解な事案にも対応できる専門的な知識と技術が必要となるのである。

　また，そうした問題を解決に導けない管理者側の力量のなさや理論的な弱さが原因となる場合もある。その他，保育士や幼稚園教諭の研修不足，現場管理者の事なかれ主義，事故を過剰に恐れる自治体や法人の体質，自治体のサポートの不足や現場との連携不足等々，複合的に絡み合う要因が障がい児の教育の権利を奪っている。

❸**保護者の壁**：これは差別の壁である。「障がい児のいるような園には子どもを預けられない」「ケガをさせられる」「教育の質が落ちる」「高いお金を払っているのだから教育のレベルを落とさないでほしい」等，保護者から苦情や要求が寄せられることが多い。**モンスター・ペアレント**がメディアで話題となって久しいが，こうした保護者の自己中心的な態度を生む背景となっている障がいに対する偏見や差別意識，無理解こそが，インクルーシブ保育の健全な理解の妨げとなっているのである。

愛の手帳：
知的障害の人が持つ手帳。身体に障害がある人が持つのは「身体障害者手帳」。

モンスター・ペアレント（Monster parent）：
元小学校教諭で現在はTOSS（教育技術法則化運動）の代表を務める向山洋一氏（1943 ～　）が発案したとされる造語で，幼稚園や学校などに対して，極めて自己中心的で身勝手・理不尽な要求を突きつける親たちのことを言う。

❷ インクルーシブ保育とは

　筆者は，ある大学の学生を対象に 20 年にわたって毎年調査をした結果，以下に示すように，幼児期に統合保育やインクルーシブ保育で，障がいを持っている児童に出会っている学生の方が，学齢期に出会っている学生よりも偏見が少ないということがわかった。

- 50 人中約 10 人が保育園で統合保育を経験し，その全員が障がい者を身近な存在として捉えており，「障がいと言っても変わらない。普通に接することが出来る」と答えている。
- 残りの 40 人は，身近な存在とは思わないと答えている。
- そのうち 15 人は「障がいは個性」「意思が強い人たち」「障がいを持っていても頑張る人たち」と，テレビなどで感動的ストーリーを視聴してのステレオタイプ的な答えが多い。
- また残りのうち 15 人は「可哀そう，不便，たいへんそう」といった同情的意見が多い。
- 残りの 10 人は「怖い」「電車の中で大きな声を出していると怖い」「どう接して良いか分からない」「できれば関わりたくない」と答えている。無知による怖れから避けてしまう傾向のようである。

　かつての「障害児保育」は分離教育，または**統合保育（インテグレーション）**の考えが中心で，すべての子どもを子どもとして包括するという発想はなかった。例えば，インテグレーションというのは，A と B という異なる二つのものが一つになるという発想から成り立っているが，子どもの中には健常児と障がい児の 2 通りの子どもがいて，彼らが一つの場所で一緒に学び暮らすという考え方である。

　しかし，インクルーシブは発想そのものが異なる。包み込む（すなわち包摂し共生する）という意味であるから，健常児と障がい児という区別をするのではなく，すべての子ども一人一人に必要な援助をしていくという考え方なのである。伸ばすところは伸ばし，苦手なところは支援していく，それがインクルーシブ保育の基本理念である。保育所や幼稚園で行われている統合保育から，さらに一歩進んだインクルーシブという理念を持った保育・教育が今求められている。

　インクルーシブ保育によって，障がい児本人が健全に発達するだけでなく，周囲の子どもたちも差別や偏見の気持ちを持たない子どもに育つ。その時，親も同時に育てていくという考え方が重要である。インクルーシブ保育は，外の差別や偏見をなくすだけでなく，個々の内なる差別もなくしていく，そんな保育なのである。

❸　保育者とインクルーシブ保育

　教育基本法第 1 条（教育の目的）には，「教育は，人格の完成を目指し，平和で民主的な国家及び社会の形成者として必要な資質を備えた心身ともに健康な国民の育成を期して行われなければならない」とある。ひと言で言うならば「人格の完成」なのである。

　では，何を持って人格の完成と言えるのだろうか。学校教育において学ぶ最大の目的は，一人一人が幸福で充実した人生を生きていける国家や社会を形成することにある。人間が人間として生きることができるような共生社会でなくてはならない。大切なことは，すべての人が同じ人権を持ち，すべての人が大切な人として認められ，すべての人が人間らしく生きる権利があることである。そうした理想に向かって努力していくことが人間の人間たる所以であり，生きる証でもあるのだ。

　そのためには，幼児期からの教育と体験がきわめて重要になってくる。幼児期からどのような人に出会い，どのような環境の中で，どのような保育・教育理念のもとに成長していくかが，子どもたちの人格形成に大きな影響を与えるのである。保育・教育に携わる者は，その重い責任の一端を担っていることを自覚しなくてはならないのである。

　最後に，障がいを持った子どもの母親の言葉を紹介する。

> 　「健常児と交わることでこの子が健常児のなかでたくさんの言葉のシャワーを浴びることが，この子にとって大きな刺激となりますが，それ以上にこの子と出会うことで，他の子どもたちがやさしくなったり，差別意識を持たないで大きくなったりして欲しいのです」「この子は社会をもっと温かくやさしいものにするために産まれて来たのだから」

　これからの保育者は，インクルーシブの理念のもとで保育・教育を発展させていかなくてはならない。　　　　　　　　　　　　　　　　　　（倉田）

課題1　インクルーシブ保育について，経験した保育者や保護者から体験をを聞いたり，調べたりして紹介し合ってみよう。
課題2　障がいによりできることが限られている子どもと共に活動に参加する工夫について考えてみよう。

【参考文献】
• 『障害のある幼児の保育・教育』明治図書出版　2003
• 『障害のある乳幼児の保育方法』明治図書出版　2008
• 『これからの子ども家庭ソーシャルワーカー ―スペシャリストの養成の実践 』
　ミネルヴァ書房　2010

第6章　多様化する保育ニーズと保育原理

第17講

ノーマライゼーションと多様性の受容

1．差別と偏見

■1　差別と偏見を考える

　平和で豊かになったように見える日本，でも本当にすべての人々が豊かで平等で自分らしさを感じる社会になっているであろうか。

　教育は，まさに「すべての人々が豊かで平等で自分らしさを感じる社会」を実現するためになくてはならないものであるが，まずここでどうしても考えておきたいこととして「差別と偏見」というものがある。

　筆者は，授業で必ず学生に問うことがある。「あなたは差別をしたことがありますか？」「あなたは差別を受けたことがありますか？」という質問である。100人中10人ぐらいが差別をしたことがあると手を上げる。差別をしたことがない，されたこともない人というと半数ほどになる。その他はどちらにも手を上げない。差別という言葉が自分には無縁だと考えているからなのか，また普段使っていても，いざ自らの尺度に当てはめてみるとよく分からないからなのか。

　では，世の中にはどのような差別が存在するのか，考えてみてほしい。

　差別には，「障がい」「年齢」「肉体」「容姿」「性別」「人種」「民族」「家庭環境」「貧富」「職業」「学歴」「部落」「階級制度」「文化」「地域」「方言」「言

LGBTQ：
LGBTQ とは Lesbian（レズビアン―女性同性愛者），「Gay（ゲイ―男性同性愛者），Bisexual（バイセクシュアル―両性愛者），Transgender（トランスジェンダー―心と体の性が異なる人），Queer ／ Questioning（クィアもしくはクエスチョニング―性的指向・性自認が定まらない人）」の頭文字をつなげた略語で，性的少数者(セクシャルマイノリティ)を総称する言葉。

福井達雨：
(1932–2022) 日本の教育者。障がい者支援施設・止揚学園の創設者。「障がい児」への差別・偏見をなくすために生涯を捧げた。

糸賀一雄：
(1914–1968) 理論派福祉の父。戦災孤児と知的障害児のための近江学園を創設し，戦後日本の社会福祉基盤を作った一人。重度心身障害児のために，びわこ学園を開設。「この子らを世の光に」の主張と実践は，戦後の障害者教育の指針となった。

アドボカシー (advocacy)：
声なき声を代弁して伝えていくこと。本人のエンパワメントを支援するための一つの方法である。侵害されている，あるいは諦めさせられている本人（仲間）の権利がどのようなものであるかを明確にすることを支援するとともに，その明確にされた権利の救済や権利の形成・獲得を支援し，それらの権利にまつわる問題を自ら解決する力や，解決に必要な様々な支援を活用する力を高めることを支援する，方法や手続きに基づく活動の総体を言う。

葉」「宗教」「思想」「信条」「病気」「LGBTQ」等々，差別はありとあらゆる領域に存在していることに気づかなくてはならない。

誰もが皆，自分が知らない間に差別していたかもしれないし，差別されていたかもしれない，つまり差別の当事者であったかもしれないということを自覚する必要がある。そのように認識するということによって初めて，どのように生きるかについての根本的な問いかけが可能となるのである。

福井達雨は，「差別をしてきた私たちが差別をされた人たちに謝ろうと止揚学園が生まれた」と言っている。また，近江学園を創設した**糸賀一雄**は「障害者との共感の世界を持つためには，自分の内面を直視することがいかに大切か」と言っている。

まさに自らの自覚の上で教育者は行動しなくてはならないのである。

❷　差別の再生産

差別は再生産される。親から子へ，大人から子どもへ，教師から生徒へと。メディアによる情報の氾濫も大いに影響しているだろう。家庭や地域の中で，そして教育現場でも再生産されていく。子どもたちが日常体験したり，見聞きする大人たちの「暴力」「横暴」「へつらい」「うわさ話」「何気ない一言」が，子どもたちの意識として内面化されていくのである。

差別は，無知や不安から起こる場合も多く，気づかぬ内に浸透してしまう「先入観」「思い込み」「認識」「レッテル」「偏見」など，類型化された観念から一歩踏み出す勇気が必要である。

都合の悪いときは見て見ぬ振りをする人を「沈黙の共犯者」と言う。心に開いた穴を埋めるために，自分より弱い立場の人を差別して自分を支えようとする不幸な人間を育ててはならない。社会的に孤立し排除されてしまうような弱き人々の声，小さき人々の声，周辺の声（Other voices）に耳を傾けることができる人間を育てなくてはならない。自ら手をさしのべ，手をつなぐことができる人材を育成しなくてはならないのである。

かつて子どもだった私，いずれ老いを重ねる私，いつかの自分のためにも沈黙を破ること（Breaking Silence），そして声を上げること（**アドボカシー**）が大切である。社会の差別や偏見を断ち切るために，保育・教育に携わる者は声を上げていかなくてはならないのである。

❸　差別を学習するステップ

差別を学習するステップとしては，まず差別とは何か，どういうものであるかを正しく知ることである。それによって客観的・多面的なものの見方を

身につけることができる。多くの情報の中から，正しいことと間違っていることを見分ける力をつけること，差別の有り様を見抜く力をつけること，自分の感じることを表現する力を育てていくこと，集団を正しい方向へ導いていくための価値観を身につけることが，差別をなくすための行動へとつながっていくのである。

　今日，教育現場においても，ハラスメント防止に関する規程や**コンプライアンス**遵守規程等，人権を擁護するうえでの様々な取り組みがなされているが，差別や偏見のない社会を築き上げていくためには教育しか手立てはないのである。それには，教科の学びだけではなく，本当の意味での教養を身につけることが大事である。

　真の教養を身につけるとはどういうことだろうか。それには 4 つの力が必要と考えられる。

---

❶ 人の痛みに対してどれだけ想像力（創造力）を働かせることができるか
❷ 自分の痛みを知りどれだけ想像力（創造力）を働かせることができるか
❸ 自分とは違う価値観を受け入れ，生活の中で生かすことができるか
❹ 自己の価値観を確立し，それが他のためにならず他を傷つけることがあれば，それを自ら壊すことができる力を持つことができるか

---

2. ノーマライゼーションについて

1 ノーマライゼーションとは

　ノーマライゼーション（normalization）という言葉がある。「正常化」という意味合いであるが，それでは，何を，どのように正常化（ノーマル）するのだろうか。

　それは，障がいを持つ人を訓練や治療によってその障がいを緩和軽減していくことではない。障がいがあったとしても，ありのまま生きていけるような社会にすることが正常化（ノーマル）だと言うのである。ノーマライゼーションは，20 世紀に人類がたどり着いた最も崇高な原理，叡智の一つと言ってよい。障がいを変えていくのではなく，社会を変えていくこと，障がいがあっても自由に生きられる社会こそが正常な社会であり，そうでない社会はノーマルではないということなのである。

　この考えを最初に提唱したのは，1950 年代に活躍したデンマークの社会活動家，バンク＝ミケルセンである。当時の知的障害児の隔離的・保護的

（前頁）**エンパワメント**（empowerment）：
様々な社会的抑圧や不足から解放され，社会的資源へのアクセス，対等な存在として政治・経済・文化的生活への参画，権利などが満たされ，本来自分に備わっている能力を発揮し，生活や環境を自分自身でコントロールする力を持つこと。

コンプライアンス（compliance）：
「法令遵守」という意味で使用される。社会規範に反することなく，公正・公平に業務を遂行すること。また単に法令を守るだけでなく。倫理や社会規範なども含めた広い範囲の規範を遵守することを意味している。

ニルス・エリク・バンク＝ミケルセン（N.E.Bank-Mikkelsem）：
ノーマライゼーションの父と呼ばれている。ノーマライゼーションの理念を英訳し，国際的に広めた功績は大きい。デンマークの社会省（厚労省）の精神薄弱福祉課に勤務していた彼が推進力となって作られた 1959 年法は，ノーマライゼーションという言葉が世界で初めて用いられた法律となった。

で劣悪な処遇，巨大施設の環境の実態に深く心を痛めながら「親の会」の活動に共鳴し，社会省への要請を文章化するために筆をとって，タイトルに「ノーマライゼーション」という言葉を用いたのが始まりである。

　ナチ強制収容所で自らが人間として扱われなかったという強烈な体験により，自分を生かしてくれたのはヒューマニズムによってでしかなかったと言う結論に達する。そして「ノーマリゼーションとは，ヒューマニゼーション（humanization）〈人間化〉であり，イクォーライゼーション（equalisation）〈平等化〉である。文化をノーマライズ（normalize）〈正常化〉することが必要」と考えたのである。

② ノーマライゼーションの8つの原理

　スウェーデンのニィリエは，ノーマライゼーションの育ての親といわれ，「知的障害者は，ノーマルなリズムにしたがって生活し，ノーマルな成長段階を経て，一般の人々と同等のノーマルなライフサイクルを送る権利がある」と，ノーマライゼーションの理念を成文化し，原理として定義づけた。

　また彼は，アメリカの施設の悲惨な状況を目の当たりにし，1969年アメリカ大統領諮問委員会からの依頼を受け，施設改善に向けての提案や処遇改善のための論文「ノーマライゼーションの原理とその人間的処遇とのかかわり合い」を発表して，その中で「ノーマライゼーションの8つの原理」を提示した。これによって，アメリカでは法律の具体化が図られ，ノーマライゼーションの思想は，アメリカから世界へ，そして日本へも伝えられ，多種多様な人が相互に認められる社会が始まったのである。

3．多様性の受容

① 多様性とは

　今日，多様性という言葉が日常的に頻繁に使われるようになった。しかし，多様性という言葉がもつ本来的な意味について，私たちがどこまで理解しているかと言えばまだまだ十分とは言えない。

　多様性が語られ始めたのは，1950年代のアメリカの公民権運動の頃からで，人種差別や性差別などを禁止した1964年の公民権法の制定によって，その概念が注目されるようになった。すなわち多様性とは，平等で自由な社会を形成するための重要なキーワードなのである。

　多様性は，単にばらばらな状態を良しとするものではなく，それぞれの個性を認め合い，尊重し合うことに意味があり，それを多様性の受容（diversity

ベンクト・ニィリエ（B.Nirje）〈1924〜 〉：スウェーデン生まれ。1961年から10年間スウェーデンの知的障害者親の会（スウェーデン知的障害児者連盟（FUB）の事務長兼オンブズマン）をして知的障害児の処遇問題に大きく関わり，1967年には知的障害者援護法の成立に尽力した。

ノーマライゼーションの8つの原理：
①一日の普通のリズム
②一週間の普通のリズム
③一年間の普通のリズム
④ライフサイクルにおけるノーマルな成長発達過程
⑤ノーマルな個人の尊厳と自己決定権
⑥ノーマルな性的関係
⑦ノーマルな経済水準とその保障
⑧ノーマルな環境形態と水準

多様性（diversity）：英語の直訳としては「互いに異なる多くの人や物の集まり」のこと。障がいや人種，性別など生得的特徴のように比較的わかりやすい特徴による「表層的ダイバーシティ」と，思想・信条や価値観，嗜好といった個人個人の内面的特徴による「深層的ダイバーシティ」の2つに分けて考えられることが多く，今日では，政治・経済・社会・文化等様々な分野で広く用いられている概念である。

and inclusion）と呼んでいる。

❷　多様性を相互に認め合う社会へ向けて

　人間というものは十人十色，千差万別であり，百人いれば百通りの個性が
ある。眼の色や髪の色といった外見はもちろんだが，性格や嗜好，長所・短
所なども人それぞれ異なる。多様性を互いに認め合い，多様である人たちが，
それぞれ多様に幸福に生きていくことが当たり前の社会こそが成熟した社会
と言えるのである。

　「子供叱るな来た道だもの　年寄り笑うな行く道だもの」という言葉があ
る。意訳すると「自分だって子どもの時には同じようないたずらしてたのだ
から子どもを厳しく叱ったりしてはいけないよ　自分もいずれ歳をとるのだ
から老人を笑い者にしたりしてはいけないよ」とでもなろうか。いたずら好
きだった子どもの頃の私，いずれ歳を重ねていく未来の私。過去と未来はつ
ながっているということ。今生きている私もあなたも同じ空の下，同じ地球
の上で人としてつながっている。若者と大人とか，健常者と障がい者とか，
人と人の間に壁を作らず，すべての人が人として同じ権利をもつことが当然
の社会でなくてはならない。そのような社会を創り出すために努力を惜しま
ず精進することこそが，これからの保育・教育に携わる者の責務なのである。

（倉田）

課題 1　保育場面で差別を生まないためにはどのようなことが大切か，
　　　　話し合ってみよう。

【参考文献】
- 『障害のある幼児の保育・教育』明治図書出版　2003
- 『障害のある乳幼児の保育方法』明治図書出版　2008
- 『これからの子ども家庭ソーシャルワーカー ―スペシャリストの養成の実践 』
　ミネルヴァ書房　2010

第6章　多様化する保育ニーズと保育原理

第18講

子どもの健全育成と
　　サスティナブルな未来を創造する

1．子どもの健全育成

　子どもの健全育成を考える上で，「健全」「育成」とは何かを考える必要がある。「健全」という言葉は，身体と精神の両方のすこやかさを表している。また，考え方や行動が偏らず調和がとれていることという意味もある。そこで問われるのは，その健全の尺度である。文部科学省は「実績評価書・施策目標 2-4」において「青少年の心と体への健全な発展を促し，自主性・社会性や正義感・倫理観を持った豊かな人間性を育むため，青少年の体験活動や青少年を取り巻く有害環境対策，子どもの読書活動等を推進することにより，青少年の健全育成を図る」と言っている。

　自主性・社会性や正義感・倫理観を持った豊かな人間性とは何であろうか。何をもって健全かどうかジャッジするのは，それぞれの時代や国家の価値観の影響が大きい。何をもって健全とするのか，不健全とするのか，多様性を尊重し個性を認め合う自由社会の中でその判断基準を定めるのは極めて難しいということを，まず理解しておくことが重要である。

　日本ではかつて有害と言われていた漫画やサブカルチャーも現代では市民権を得ているし，世界の先進国でもある。時代や社会，ひいては国家の在り方でも異なる。自由主義社会では認められても，権力の統制が強い国では低俗な文化として認められないことも多々ある。また宗教上の理由により制限

される場合もある。また，性教育など北欧では当たり前のことが現代の日本では未だタブーであったりもする。つまり何をもって健全かということは国家の意思，つまり政治の影響を受けるのであるということをまず理解しておくとよいだろう。またその上で，学生それぞれが子どもの健全とは何かを考え，議論していくことが重要である。

「日本国憲法」第1条には，「すべて国民は，児童が心身ともに健やかに生まれ，且つ，育成されるよう努めなければならない。2 すべて児童は，ひとしくその生活を保障され，愛護されなければならない」とある。

子どもが健全に育つということは何よりもその養育者，保育者，教師の人としての生き方の問題である。そして社会や国家が健全であることが重要である。大人が虐待や差別やいじめ容認していれば，子どもは決して健全に育つことはない。大人は子どもの鏡である。大人が子どもの人権を尊重しコンプライアンスを遵守し，心身ともに健康で平和な社会を創造し，子どもを守り育てることが子どもの健全育成につながるのである。

2．エシカルでサスティナブルな未来を創造する

エシカルでサスティナブルな未来を創造することは，現代の地球，社会が直面している急務の現代的課題である。それは子どもたちの未来を作ることであるのだから。これは世界的な問題でもあり日本の問題でもある。

SDGs（Sustainable Development Goals：持続可能な開発目標）は，2015年9月の国連サミットで採択されたもので，国連加盟193か国が2016年から2030年の15年間で達成するために掲げた目標である。17の目標を掲げ，Leave no one behind，つまり「誰も置き去りにしない」「誰一人取り残さない」と言うスローガンを掲げている。

具体的な目標としては以下の通りである。

エシカル：
倫理的な

サスティナブル：
持続可能な

持続可能な開発のための
2030 アジェンダ：

目標		
1	貧困	あらゆる場所のあらゆる形態の貧困を終わらせる
2	飢餓	飢餓を終わらせ，食料安全保障及び栄養改善を実現し，持続可能な農業を促進する
3	保健	あらゆる年齢のすべての人々の健康的な生活を確保し，福祉を促進する
4	教育	すべての人に包摂的かつ公正な質の高い教育を確保し，生涯学習の機会を促進する
5	ジェンダー	ジェンダー平等を達成し，すべての女性及び女児のエンパワーメントを行う
6	水・衛生	すべての人々の水と衛生の利用可能性と持続可能な管理を確保する
7	エネルギー	すべての人々の，安価かつ信頼できる持続可能な近代的エネルギーへのアクセスを確保する
8	経済成長と雇用	包摂的かつ持続可能な経済成長及びすべての人々の完全かつ生産的な雇用と働きがいのある人間らしい雇用を促進する

9	インフラ, 産業化, イノベーション	強靭なインフラ構築, 包摂的かつ持続可能な産業化の促進及びイノベーションの推進を図る
10	不平等	各国内及び各国間の不平等を是正する
11	持続可能な都市	包摂的で安全かつ強靭で持続可能な都市及び人間居住を実現する
12	持続可能な生産と消費	持続可能な生産消費形態を確保する
13	気候変動	気候変動及びその影響を軽減するための緊急対策を講じる
14	海洋資源	持続可能な開発のために海洋・海洋資源を保全し, 持続可能な形で利用する
15	陸上資源	陸域生態系の保護, 回復, 持続可能な利用の推進, 持続可能な森林の経営, 砂漠化への対処, ならびに土地の劣化の阻止・回復及び生物多様性の損失を阻止する
16	平和	持続可能な開発のための平和で包摂的な社会を促進し, すべての人々に司法へのアクセスを提供し, あらゆるレベルにおいて効果的で説明責任のある包摂的な制度を構築する
17	実施手段	持続可能な開発のための実施手段を強化し, グローバル・パートナーシップを活性化する

表 18-1
SDGs17 の目標

　この 17 の目標はそれぞれ単独で解決できるものではなく, 複合的に絡み合い, 取り組みに当たっては総合的な視点が不可欠である。これらの目標はすべて子どもたちの未来につながっており, 現代の大人がその責任を持つということである。

　ネイティブアメリカンの言葉に, 「地球は親から与えられたものではない。祖先からの授かりものでもない。子どもたちから借りているのだ」というものがある。この言葉の意味を考えなくてはならない。生活の中に自然を上手に取り入れてきた日本の文化, ことに食文化は日本の春夏秋冬の季節の恵みに満ちていた。古くから伝承される祭りの文化, 季節の行事は大地の恵みに感謝するものも多くある。歳時記などに見られるように, 日本人は四季折々の旬の文化を大切にしてきた。しかしそれらも地球温暖化の影響を受け, 気候変動や季節感の無さが問題となっている。

　人々は同じ地球, 同じ空の下で生きている。それらはつながり, 循環している。保育士や幼稚園教諭は, 子どもの専門家として現代において世界や日本の子どもたちが抱えている問題を知り, どうしたら子どもたちを守り育成することができるのかを, 一人一人が考え実践する必要がある。それが子どもの専門家になるということである。

3. 保育における食農・食育

　子どもの健全育成には様々な課題があるが，近年日本で注目されている課題として，保育における**食農・食育**活動がある。

　日本では 1990 年代後半から子どもの食をめぐり，欠食，孤食，偏食，脂肪や塩分の摂り過ぎや低血糖など，栄養バランスの偏り，また拒食，過食などの摂食障害といった，不適切な状況が，身体的なものばかりでなく様々な心の問題を引き起こしていることが社会問題となっている。少年の凶悪犯罪も異常なペースで増加し，2000 年には少年犯罪の刑事罰の適用年齢を「16 歳以上」から「14 歳以上」に引き下げる改正少年法が成立した。その背景には，家庭環境や養育の問題とともに，食の在り方の変容があるといえる。

　また 1986 年にイギリスで症例が見つかった BSE（牛海綿状脳症^{うしかいめんじょうのうしょう}）通称狂牛病が世界に広まり，食の安全について政府は対策を求められ，様々な形で食に関する見直しが始まった。

　2005（平成 17）年に開催された第 1 回食育推進会議の冒頭で，当時の小泉首相が「知育，徳育，体育はそれぞれ大事ですが，基本は食育だと思っております。厚生大臣の時も話してきましたが，お医者さんも薬も大事です。しかし，最も大事なのは食生活です。食は文化です。食事は人間関係を作る面において最も基本的な大事なものです。家族団らん，これは人生最高の喜びの一つだと思います」と挨拶をした。このことがきっかけとなり，食と心と体の健康問題は密接な関係があることから様々な施策が考えられた。特に乳幼児期の食生活・食習慣の重要性が問われ，食を営む力を育てていかなければならないと，食農・食育活動が保育所において積極的に取り入れられるようになった。

表 18-2
食育に関する日本政府の動き

日本政府の動き
1998 年　『「食」に関する指導の充実について』（通知）文部科学省
2000 年　『21 世紀における国民健康づくり運動〈健康日本 21〉』厚生労働省
2000 年　『食生活指針』（2016 年改定）文部科学省，厚生労働省，農林水産省合同
2002 年　『「食」と「農」の再生プラン』農林水産省
2003 年　『食に関する指導の充実のための取組体制の整備について』文部科学省
2004 年　『食を通じた子どもの健全育成（いわゆる「食育」）に関する取組の推進について』厚生労働省
2004 年　『楽しく食べる子どもに—保育所における食育に関する指針』財団法人「子ども未来財団」保育所における食育あり方に関する研究班

　食育という言葉は，陸軍の軍医だった石塚左玄（1851-1909）が記した「**通俗食物養生法**」の中で「今日，学童を持つ人は，体育も智育も才育もすべて食育にあると認識すべき」と言ったのがルーツである。左玄は「身土不二」との言葉も残し，その土地の環境にあった食事をとる。居住地の自然環境に適合している主産物を主食に，副産物を副食にすることで心身もまた環境に調和する，とも言っている。当時報知新聞社の作家だった村井弦斎（1864-1927）が，連載小説『食道楽　秋の巻「第二五二　食育論」』で「智育と體育と徳育の三つは蛋白質と脂肪と澱粉の様に程や加減を測って配合しなければならん，先づ智育よりも體育よりも一番大切な食育の事を研究しないのは迂濶の至りだ」と書いたことで日本中に広まった。

　食育基本法（2005）の全文には「子どもたちが豊かな人間性をはぐくみ，生きる力を身に付けていくためには，何よりも「食」が重要である。今，改めて，食育を，生きる上での基本であって，知育，徳育及び体育の基礎となるべきものと位置付けるとともに，様々な経験を通じて「食」に関する知識と「食」を選択する力を習得し，健全な食生活を実践することができる人間を育てる食育を推進することが求められている」と書かれている。さらに「子どもたちに対する食育は，心身の成長及び人格の形成に大きな影響を及ぼし，生涯にわたって健全な心と身体を培い豊かな人間性を育んでいく基礎となるものである。（中略）国民の食生活においては，栄養の偏り，不規則な食事，肥満や生活習慣病の増加，過度の痩身志向などの問題に加え，新たな「食」の安全上の問題や，「食」の海外への依存の問題が生じている」と食育は豊かな人間性を育んでいく基礎であると位置づけられている。

　保育における食育は「現在を最もよく生き，かつ，生涯にわたって健康で質の高い生活を送る基本としての食を営む力の育成に向け，その基礎を培うこと」（『楽しく食べる子どもに』）つまり，食育は食を営む力の育成の略である。現在の幼児教育，保育において指針及び教育要領により食育計画を作り実践することが求められている。

（倉田）

課題1　SDGsの17の目標について自分たちが今出来ることをグループで討議して発表してみよう。

エピローグ

― 新時代の保育原理 ―

　「保育」は有史以来の営みであり，人として普遍的な営みであると同時に，保育の問題や課題は時代によって変化をしていくものでもある。この教科書に「NEW ERA」〈新時代〉保育原理と名付けたのは，普遍的な保育原理を学びながらも，その原理を現代に活かしてこそ意味があるのであって，保育が常に実践の科学であり哲学であることを忘れてはならないからである。保育士には認知を超えたメタ認知能力が必要である。

　保育という営みは人生百年時代の大切な基礎を作る仕事でもある。神社仏閣を建築する宮大工の世界では「魂をいれ少なくても三百年生きる建物をつくる」という言葉がある。たとえばいい加減な大工が，いい加減な仕事をして家を建てた。大きな地震が来たらどうなるだろう。震災の時もしっかりした基礎が出来ている家は倒壊しなかった。保育士も魂をいれ百年生き続ける人間を作る仕事である。建物の基礎も，人間の基礎も同じ，建物は倒れたら建て替えればよいが人間はそう簡単ではない。保育者の子どもに対する影響力は極めて大きいのである。保育者は心と技が一体となって保育の専門性が発揮される。

　保育内容については現在様々な保育が展開されている。かつて広島大学の長田新先生が1955年に「フレーベルに還れ」と言ってから70年を迎えようとしている。エレン・ケイが1900年に「児童の世紀」で幼児教育の形骸化を批判してから120年を超えている。しかしながら，現代でも子どもの体性や自主性を踏みにじるような形骸化された保育・教育現場は存在する。それは保育の歴史や原理を真剣に学ばない者たちが少なからず存在しているからである。問題は解決するためにある。解決するためにはそれぞれが保育の原理を深く学び，自らも実践していくことである。学生の皆さんたちは本物を見抜く力が必要である。そのためにも自ら古典を師として読み学ぶ必要がある。保育原理，保育者論を徹底的に学ぶ必要があるのである。

　また近年不適切な保育と言われる虐待等も問題となっている。保育や教育には児童観や保育観が重要であり，人間性や教養，そして使命感が不可欠なのである。それは保育養成の質の問題でもある。保育者に常に求められているのは人間性である。同じように大学で保育養成に関わる教員に求められているのも人間性だということを改めて認識する必要がある。大学の教員は権威ではなくその人間性で選ぶ必要がある。現場を知らない教員が机上の理論

を並べるだけでは学生は育たない。保育者養成の教員に必要なのは理論と実践力である。大学でも現場でも未だ古く権威的で時代錯誤で差別的な教育者や保育者も少なからず存在する。そうした教育者に育てられた学生が保育者になり子どもたちの命を大切にする心を育てたり，自己肯定感を育んだりすることなどできる訳がない。自己肯定感の無さが命を粗末にする若者を増加させているのである。

　昔から現場では「今ここ保育」という言葉がある。子どもたちは今の時代と環境の中を生きている。時代や環境が無味乾燥で砂漠化していくならば，子どもたちが生きていくために必要なのは潤いや生きる力を取り戻すオアシスである。世の中が憎悪と破壊に満ちているならば，愛と再生に満ちた教育が必要である。子どもたちは愛されるだけではなく愛することも学ばなくてはならない。日本の15〜39歳の各世代の死因の第1位は自殺（厚生労働省「2020年版自殺対策白書」より）であり，先進国7か国の中では15〜34歳の年代で死因の1位が自殺なのは日本だけである。その責任は子どもにはない。すべてが大人にある。差別は再生産される。つまり大人から子どもへ伝えられる。それは親であり教師でありマスメディアである。子どもから子どもへも伝わるがそのもとは大人である。先輩から後輩へ。大人たちが普段なにげなく交わす会話。そのなかにある陰口や噂，へつらい，傲慢さ，暴力，態度を子どもは見逃さない。そこから子どもは差別を無意識に学習し意識化し，いじめなどの問題行動を起こす。だからこそ子どもたちを育てる親，教師，保育者の責任は重大である。

　また同時に，生きる力を育てることを大切にしなかった大人にある。命を大切にする心を育てるということが，現代日本の保育・教育において最も崇高な根本原理ではないだろうか。子どもの発達に必要な体験とは，身近な生活の中で命とふれあい命を育てることに他ならない。命を大切にする心の発達は，命とのふれあいの質と量に比例していくのである。命は命からしか学べない。命の環境を幼児教育の中で整備するのは現代の保育において極めて重要な課題であり責務である。

　また保育士の処遇，日本の保育行政の貧困も大きな問題である。保育の環境も最低基準等，いまだ劣等処遇の原則から発展していない。保育に従事する保育者に対しての処遇に対しても市区町村で大きな格差がある。これらは確実に保育士不足に直結してる。国は現場の守備範囲を広げる一方で，その現場に対して処遇の向上のための十分な補助をしないどころか，予算を削減する行政もある。こうした制度や社会の問題は大きな問題である。早急に解決していかなくては日本の保育は崩壊するであろう。それは日本の経済にも

大きな影響を及ぼす。子どもは未来の宝である。幼児期における豊かな直接
体験が未来の創造的な社会を生み出していくのである。

　また世界に目を向けると，現在も地球のいたるところで内戦や戦争が起き
ている。そして多くの子どもたちが犠牲になっている。唯一の被爆国として
日本は平和な社会を次世代にも繋げていかなくてはならない。ひとたび戦争
が起きると自主性や主体性，そして自由が奪われる。現在保育で大切にして
いるものがすべて失われる。愛する子どもたちを戦場へ送らないために，彼
らが兵士となり殺したり殺されたりしないように，保育者は声を上げなくて
はならない。国民主体の民主的な社会を維持発展させなければ，今まで積み
上げてきた豊かな保育の文化が根底から崩れてしまうということに気づかな
くてはならない。

　そして世界的な感染症，異常気象，気候変動の問題も，子どもたちの日々
の生活に大きな影響を与えている。生まれた時からマスクをした大人しか見
たことがない子ども。アタッチメントやコミュニケーションの研究からどの
ような影響があるのか。また感染症や異常気象の影響で園庭やプールで自由
に遊べない子どもたち。持続可能な開発目標（SDGs）から保育は何を学び
実践するのか，こうしたことも含めて子どもを中心にして，保育を家庭を社
会を環境を新しくデザインしてイノベーションしていく力が保育者には必要
になると考える。

　こうした様々な課題を，新時代の保育の重要な課題として，解決の糸口を
探しながら学び実践していくことがすべての子どもに関わる大人たちに強く
求められるのである。そのためにも本書が現代の保育の新しい在り方に少な
からず影響を与えることができればと願っている。

倉田　新

208

さくいん

〈著者紹介〉

（編集）近藤幹生　白梅学園大学・名誉教授

（編集）倉田　新　元城西国際大学・教授

石井章仁　大妻女子大学・准教授

猪熊弘子　駒沢女子短期大学・教授

大内善広　東京未来大学・准教授

小谷宜路　埼玉大学教育学部附属幼稚園・副園長

内藤知美　田園調布学園大学・教授

野村明洋　南台保育園・園長

広瀬美和　城西国際大学・教授

源　証香　白梅学園短期大学・准教授

NEW ERA　保育原理

2024 年 7 月 7 日　第 1 版第 1 刷発行

●編著者	近藤幹生・倉田　新
●発行者	長渡　晃
●発行所	有限会社　ななみ書房
	〒 252-0317　神奈川県相模原市南区御園 1-18-57
	TEL　042-740-0773
	http://773books.jp
●デザイン	内海　亨
●印刷・製本	協友株式会社

©2024　M.Kondo, A.Kurata

ISBN978-4-910973-31-9

Printed in Japan